JN197815

荒木宗太郎と阮福源

明の「東西洋考」が伝える日本とベトナムの実情

沖田英明

湘南社

プロローグ

低く重たげに垂れこめた鉛色の雨雲が、足早に観光地巡りのバスを追ってきたが、車がようやくそれらを振り切って、仙郷楼前の杉木立に分け入る間道に飛び込むと、翼を広げたような群雲は、足早に芒の原を抜けて桃源台の彼方へ去っていった。燃えあがる暑さが続いた八月の初旬、箱根の外輪山の一つである丸岳の小さなトンネルを抜けて、空高くに富士山がくっきりと顔を出している御殿場に向かう長尾峠へのトレッキングの後、谷底のゴルフ場から湧きあがる白い靄に包まれてさ迷いながら稜線を降りて、牧場創立の古い記念碑の横を通り、陽炎が薄がすむ箱根湿生花園を横切って、仙石停留所から美術館に向かうバスの後部座席に飛び乗っていた。

遠くの雑木山から、宙空に向かって二羽の鳶が弧を描いてゆっくりと昇っていく。半開きの窓から吹き込んでくる、みずみずしい風を顔に浴びてひとしきり夢うつつだった。でも、それもつかの間、バスはガクンと大きく前後に揺れると小さな停留所に停まった。慌てて降りると、目の前に低い灌木に覆われた森が静かに広がっていた。

ぞろぞろと列をつくる観光客に混じって、地下にある仙石原のポーラ美術館に入っていった。森に溶け込んでいる建物の広いガラス窓から、太陽が燦々とふり注いでいる。

館内に入ると、光ファィバーを使ってパリの夕暮れの光を再現したエコールドパリ時代の、見応えのある印象派の画家たちの世界に浸り、刻々と変わる陽の光を描いたその豊かな色彩に息を飲み、ひと時心を奪われて堪能した。その後、休憩を取るために、自然の光がふりそそぐ開放感いっぱいの「カフェ チューン」に入った。

遠くの小塚山が雲の狭間に浮いている。アイスカフェオレを飲みながら、静岡の市民団体から依頼された原稿を書いている。

ほのかに光って点滅しているスマホを持ったまま、ときどき大きな黒縁の眼鏡を鼻の下に思いっきりずらし、目を細めて、不思議そうな顔をして私を見つめている人がいる。幹にたくさんのこぶを持っているひめしゃらの木立の間から、透明な陽射しが射しこんできて、隣の席の三十代半ばと思わしき女性の白い頬を明るく照らしていた。赤・青・白のトリコロールカラーのカットソーのシャツを着ている、その細身のフォームからは、落ち着いた大人の雰囲気が醸し出されていた。

しばらく、何本かの光の筋の中でゆらゆらとゆらめいていた彼女は、丸い缶を持ってやにわに立ち上がり、ホワイトジーンズの腰にぶら下げた鍵をカチャカチャと鳴らし、重たそうなバストを揺らしながら、ゆっくりとにじり寄って来た。無理やり目じりに笑いじわをつくり、私の席の前にすくっと立った。丸顔で頬は少しこけていたが、意外と目鼻立ちがはっきりとしていて、なで肩で背も見上げるほど高かった。

「ホッ、ホッ、ホッ、お邪魔してもよろしいかしら……」

「ええ、結構ですよ、連れは居ませんので、そのベトナムの大きなバナナ葉笠のノンラーが置いてある、隣の席にどうぞ……」

「よろしかったら、湖尻の売店でゲットしたこのビードロ飴をいかが、コーヒーに入れて飲むと味がとてもまろやかになるわよ」

彼女はふんわりと横滑りで座り、飴の丸い缶を中央に置くと、自ら一粒取り出して口に入れ、片手の拳をぎゅっと握りしめて話しかけてきた。物言いは、かなり歯切れが良かった。

「あなた、さっきから、しかめっ面をして原稿用紙に何か書いているけど、どこかの広告業界のアナログ記者さん？ それとも芸能好きのエンタメ評論家？」

「いいえ、日曜日毎に図書館などで活動している、しがない歴史好きの物書きなんですよ」

「もし、文学に興味がおありなら、ちょっと私の話を聞いてもらえますか？」

「いいですよ、だけど何かアドバイスをというのなら、自堕落な生活を続けたあげく、いまだに負け組の私からはとてもできませんが、聞くだけなら……、どうぞお話しください」

「私、嫁いで家を出ているんですが、実家のまったく働かない兄に、本当に困っているんです！」

　怜悧そうな顔をひそめ、間をおいてやっと出たその声は、いちだんと低くなり、ひどく思いつめたような感じだった。

「実家の 30代の兄は、あなたとは違う、本格的な純文学作家を目指して、一日中部屋に閉じこもり、瞑想にふけっているのです。でも、そのために、家族が精神的にも、経済的にもひどく苦しめられているんです。兄は小さい頃から統合失調症や妄想性障害で、人とうまくコミニュケーションが取れません。そんなわけで、精神科の先生に何度もカウンセリングを受けてきました。心配していた教職の母は五年前に過労で倒れ、勤務先の学校で亡くなってしまいましたの。取り残された父は、軽度の認知症でたまにおかしくなるのです。それに母の遺産だけでは生活がとても厳しいのよ。それでも、本人は知らん顔をして働く気はまったくありません。それどころか、時々、兄は父や大学生の弟に向かって、いずれ応募する自分の懸賞小説が審査を通過するのは、ほぼ間違いないのだから、自分の面倒を文人として成功するまでみるべきだと言って騒ぐんだそうです。そんな我儘な変人でも、詩人や作家になれるんでしょうか？」と言ってから、ひずみのない弧を描く眉をよせてため息をついた。

「いや、私も人様に迷惑をかけてきた、ろくでもない人間の一人なので、あまり立派なことは言えないのですが、私生活はめちゃくちゃでも、偉大な作家になった人はいくらでもいますよ。お兄様は作家になるために部屋の中で、読書をしたり、執筆などをしているのでしょうか？」

「それが、部屋の中に本などはどこにもないのです。兄によれば、自分は生まれながらの天才的な作家なので、くだらない本など読まずとも、自室に籠って心を落ちつけて瞑想を続け、独創的なインスピレーションが湧くのを、じっと待っているのだそうです。その間ドアに鍵をかけ、誰にも邪魔はさせないぞと言い放ち、素晴らしいアイデアが生まれたならば、お金はいくらでも入ってくるのでそんなに心配するなと言い続けています。きっと、兄には既に邪悪な悪魔が乗り移っていて、そのために長年、父や弟そして私など家族全員が呪われているのです。でも、私はもう限界で、彼が大鼾をかいてベランダで寝ている姿をかいまみると、首を絞めて殺してやろうと思い、はっとして正気に戻り入口のドアに凭れて泣きぬれてしまいます。兄の才能を信じてこれまでどおり尽くしていくのか、就活を勧めるべきか、生活はどうするのか！

いくら考えても答えは皆目わからないのです。自称作家さん、この最悪で不幸な環境を打開できるヒントはないでしょうか？　それとも、才能がないと思われる芸術家志望をあきらめさせる、何か他に良い方法はあるのでしょうか」

「フゥーム、それはとても難しい問題で、困りましたね。私も友人、知人から、マニアックな抑うつオタッキーと言われて悩んだあげく、市内の医院でひそかに抗うつ処方薬による治療を続けていたので、少しはお兄様の行動がわかるような気がするのです。実際に診断の結果、脳機能に何らかの障害があるのであれば、精神科の専門医の治療は必要でしょうが、我が国の場合、世間は他人と違うことをする人を、すぐに変人や精神病の扱いをする場合がやたら多いように思われるのです。ましてや、純粋な心で作家を志すお兄様の、その独創的な創作のインスピレーションを極めるという発想は、芸術家の真摯な姿ではないか、とも思われるのです」

「クェッ、クックック……、ちょっと、イラついちゃうじゃな〜い、文学の勉強もろくにしない、怠惰な性格の兄を擁護するのですか？」唇を噛んだうえ、とんがった視線がじっと私に向けられている。

「いや、もしかしたら、彼は頭の中で創作活動をしているのじゃないのか、と考えているだけです。芸術家としての行動が、当時の社会に評価されなくて売れなかった人でも、後世になって独自の名声をかち得た芸術家、画家などが多くいるでしょう。たとえば、ポスト印象派の時代、パリの画壇に顔を出していた、イタリア人の画家兼彫刻家の、アメデオ・モディリアーニもそうですよ」

「モンパルナスの貴公子と呼ばれた、あの有名な美貌の画家が、当初売れなかったんですか？」

「そうです。彼はモンマルトルの洗濯船といわれるひどいボロアパートに住んでいて、サロンに出品しても、まったく評価されなかったようです。それにあなた、彼の肖像画や裸婦の面長の顔や首の異様に長いプロポーション、おまけにアーモンド形の目には瞳を描かない、などの作風を理解できますか？」

「でも、あれは、絵のモデルや画家の不安な精神状態の内面を表現しているという評論家先生たちの解説を読みましたが……」

「彼の死後、パリの美術大学の教授などが新聞でこぞって解説し、高い評価を受けてから、その画法が研究され、見直された結果なのです。彼のすごいところは、光の波長を考えた印象派をも超える画法ですよ」

「それは、どういうことですか？　だって、印象派の人々だって、その頃は一般の人たちにもまだ理解できなかったといわれておりますが？」

「そうです、創作過程の苦悩の中で彼は、印象派の人たちよりもさらに進んだ独自の画法を編み出したんです。それまでの、美術界の常識であった、見た目の想像を膨らませるというイメージで絵を描くということをやめ、心の中で感じる印象を、抽象化して絵を描くという、画期的な手法だったのです。ですが、印象派全盛時代でも、彼の画法はまったく理解されず、それがもとで、自堕落な生活態度を続けていたため画壇の友人や美術界からも孤立していて、長い間異端視されてきたのです。貧乏な青春時代を送り、生来患っていた肺結核や多量の飲酒が重なり、自分の芸術が美術界でまったく理解されないという、悲惨な貧困生活の中で追い詰められ亡くなったのです。私がここで言いたいのは、ただ一人、ずっと彼を支え続けていた妻のことです。彼には作風を理解した画家でもある、ジャンヌ・エビュテルヌという妊娠中の若い愛妻がおり、飲んだくれて、パリの路上で寝ているのを何度も探し廻ったということや、エコール・ド・パリ時代の芸術家が集まっていたモンマルトルのル・セレクト（Le Select）カフェの店先で、モディリアーニに長髪を掴まれ引きずられても彼の手を放さなかったのです。やがて病魔が彼を追い詰め、彼の死の二日後、長女のジャンヌ・モディリアーニがいるにもかかわらず、アパートの屋根から飛び降りて自殺したということです」

「アッア〜、アア〜、とても可哀想なモディリアーニの奥様！　夫婦の会話などは、なかったのでしょうか？」

「彼女は、いつも青白い顔をして、穏やかで無口、おまけにひどく内気な性格だったのです。もちろん、結核性の髄膜炎を患っていた病弱な彼と少しは、病状などの会話をしていたと思いますよ、でも、そこなんですよ、自分の殻に閉じこもった人を救い出す道は、日頃からうるさいといわれても、じゃんじゃん明るい会話を増やし、どんなことでも親身になって寄り添い、家族がやさしく、ソフトタッチで応対してあげることなのです。たとえば、あなたのお兄様の本が一冊も出版されなくともですよ」

「あんなに思いつめられているのだから、何でもいいから書いてもらって、一冊ぐらいは世に出してあげたい気持も少しはありますけど……、でも、いくら芸術のためとは言いながら、本が売れなければどうしようもないわ、現代の作家さんなどは、どんどん書いて出版し、印税が入って裕福な暮らしをしているそうじゃないですか」

「ご指摘の通り、現代の文壇において、名だたる作家たちは作品が売れているからと、年間に5冊も出版する人もいるのです。それらの成功者たちは、ほんの一握りの人たちだけなのですよ」

「でも、いくら芸術のためとは言いながら、本が売れなければどうしようもないわね」彼女は暗い顔を無理やり上げて、首を傾げ眉を寄せて私を見つめていた。

うす紅色の唇を固く結んで、凛とした気品を漂わす女性に向かって、おこがましいとは思ったが、たいした反論もなかったので、またもや嬉々として偉そうなことを言ってしまった。

「まず、作品を作りあげるには、テーマがとても大事だと思うことがあるのです。それから、もし長い時間を費やして、新しい視点からその主題を見つけたなら、あきらめず、その創作活動を続けることが大事なので、それまで、家族の人たちはもう少し彼を支えてやってくれませんか。お兄様は大真面目で、物事の真理を追求され続けているのですよ。私は早くから疲労困憊し、心が萎れて途中でくじけてしまい、苦渋や悔恨の思いを抱き続けたあげく、最近は深酒をあおって夜中に飛び起きてしまい、湘南の海岸を徘徊して地域社会の皆さんに多大な迷惑をかけているのです。彼はそういうこともなく、部屋の中でただひたすら、インスピレーションが湧き起こるのを、首を長くして待っているのですから……。他の人と同じことをしていては、真の芸術は完成しないのではと、老身になってからいたく感じ入る時もあります。それに、少し付け加えますと、先ほどのモディリアーニの妻であるジャンヌは、親戚や友人たちから子育てのできない、まったくのダメ人間とされていましたが、近年、彼女の作品が世界の美術界で高く評価され、日本の各地でも展覧会が開かれて多くの人が訪れているのです」

「ウ、ホホホ、理知的な人なら良いけど、狂気のような行動を伴った芸術家の卵の生きざまなど、凡人の私にはまったく理解できないわ。まさかあなたは、今流行のコピペ専門のゴーストライターか、捏造などを企む、ぱくり屋作家のナリスマシとかじゃないでしょうね！」女性は首を前に突き出し、まなじりを決して、ぐっと唾を飲み込み、強い口調で言ってから、かなり長いため息をもらした。

「はっきり申し上げますが、本は今までに何冊か出版しています。歳はめっぽう取っていますが、いまだに作家の駆け出しであるとご理解ください。私の経験によれば、お兄さんが家族と過ごす時間がもっと増えれば、きっと良いアイデアも生まれるでしょう。もし仮に、彼が最期に挫折したとしても、そこから、とことんやったから、これからは真剣に働くという、気持ちのリセットが湧き起るかもしれません。なんせ、私と違って彼はまだ若いのですから……。時はうつろに変わりゆくのものですよ、今のあなたがこの苦悩を乗り越えれば、きっと彼の心も変わりますよ」

「よ～くわかりましたわ、話を聞いてくれてありがとうございました」と低く呟いて落ち着きを取り戻し、左手でそっと目頭を抑えた。その俯いた眼には、哀しみと怒りを噛みしめる玉のような一粒の涙が光っていた。しばらくの沈黙の後、顔をあげた彼女をまじまじと見つめると、さっきまで伏し目がちで、悲しげだった瞳が、まどろむように明るくなっている。そして、肉感的な厚めの唇をゆがめた顔からは、ほんのりとやさしい微笑が浮かんでいた。

「気持ちが少しは軽くなりましたわ。ところで、あなたのその脇にある紙包み、長崎の福砂屋さんのカステラの紙袋じゃない?」

「はい、以前住んでいた近くにある目黒の東京工場内の直売店で購入した時の物ですよ」

「私たち、母の教員時代に長崎にいたことがあるんです。秋になると、長崎のお祭り、長崎くんちの演《だ》しものの一つである宗太郎さんやアニョーさんという安南国の花嫁を演じる子どもが船首に乗った朱印船の荒木船の山車が、諏訪神社の境内や市内の大通りを豪快に廻るのを思い出しますわ」

「あのう〜、毎年、NHKの衛星放送で長崎くんちのお祭りを見ているのですが、来賓者の名前がどうもよくわからないのですが、そのパレードにはきっと荒木家の末裔の方も出席なさっているんでしょうね? 私、江戸初期にベトナムに何回も渡航した貿易商の荒木宗太郎さんに興味を持っていて、一度、荒木家の血筋の人に会ってみたいのですが……」

「でも、そりゃ、ちょっと無理みたいよ」

「なぜなんですか、そんな大きなお祭りに荒木家の人が招待されないんですか」

「荒木宗太郎さんのご親族が、来賓としてお祭りに出ていたような記憶はまったくないのです。それどころか、荒木家の直系は、今は長崎に住んでいないとかとの噂もありますよ」

「そうですか、それでは今年の長崎くんちに出かけていって、そのお話の真偽を確かめてみましょう」

「そう、お祭りは確か、10月の7、8、9日だったと思いますが、気をつけていってらっしゃいませ。ではこれで失礼しまぁ〜す」そう言うと、晴れやかな表情を取り戻した彼女は、ふうっと大きく息をついてから、ぴょこんとお辞儀をすると、カールした黒髪をなびかせながら、小走りで奥の画廊の中に消えていった。

やがて夏が終り、秋口が近づいた頃、遠くから足場にやってきた驟雨があがるのを待ってやっと家を出た。ヨロヨロとおぼつかない足取りでようやくたどり着いた小田原市内の駅前のコンビニから、長崎空港行きの航空券を、私はあわただしく予約したのである。

朱印船時代に大きな飛躍を見せた日越交流史

アニオーさんとは、阮福源の娘 Nguyen・Phuc・Ngoc・Hoa（阮福玉華）

阮福源の王妃となった莫氏佳王女と数奇な運命を辿った大越の公女たち

目次

第二章　御朱印船と投銀

第一章　現代に受け継がれる日本とベトナムの友好関係

荒木宗太郎の活躍を今に伝えるおくんち祭り

長崎市民から「おくんち」と呼ばれているこのお祭りは、370年余の長い伝統を持つ、長崎の秋を彩る異国情緒が溢れる例大祭である。この例祭は江戸時代の、寛永十一年（1635）、二人の遊女が諏訪神社の境内で、謡曲「小舞」踊りを奉納したのが起源であるといわれている。

その後、この奉納踊りには、異国趣味や巷の風俗などが多く取りいれられて、江戸時代より豪華絢爛な祭礼として全国に響き渡り評判となっていった。

長崎の伝統行事である「長崎くんち」は、毎年10月7日、8日、9日に諏訪神社（長崎市西山町13—15）の境内で演じられる。もともとは、旧暦の9日に祭りを行ったので「おくんち」と呼ばれるようになったという。

この例祭は、国の重要無形民族文化財に指定されていて、神事にのっとり、6月1日には、各踊町が諏訪神社と八坂神社で清祓いを受け、「小屋入り」「打ち込み」と呼ばれる奉納踊りの稽古が始まる。演し物である荒木船を豪快な船廻しで市内をパレードするが、今までに一度も船を倒したことがないといわれるのは、集まった若い衆たちが10月の本番までの間に、長老たちの指導に従い、誇りを持って、みっちりと稽古を研鑽しているからだといわれている。

10月3日は、「庭見せ」といって、各踊町内で、今年のくんちの演し物や豪華な衣装などをお披露目する。

この行事は、毎年、持ち回りで市内の中心部の各町が踊町として流し物を担当するので、長崎中心部にある八十一町は、7年ごとに、年番町《ねんばんちょう》として祭事を取り仕切る。この例祭には、「長崎商工会議所」「長崎伝統芸能振興会」「長崎新聞社」などが総力をあげて後援をしている。

10月4日になると、「人数揃い」といって、若い衆たちが町内の人々に稽古の成果を見せる日である。

10月6日の夜には、招待された来日中のベトナムのアンサンブルグループがライブで長崎の町の夜を盛り上げる。

今年は、本石灰町《もとしっくいまち》の奉納する演し物は「傘鉾」「御朱印船」で、本石灰町ゆかりの海外貿易商である荒木宗太郎がベトナムの王女アニオーさんを娶り、荒木船と呼ばれていた「御朱印船」に乗せて安南国の会安（ホイアン）から南海（南シナ海）を渡り長崎港に連れて帰った江戸初期の驚愕的な国際結婚の状況を再現し、この港から出帆した船を連想させる壮大な引き出物の行列を市内に向けて繰り出し、厳かに奉納する。

10月7日には、三体の神輿が諏訪神社からお旅所へ渡る「お下り《おくだり》」の行事が行われる。そして、最終日の10月9日には、諏訪神社へ神輿が還る「お上り《おのぼり》」のお供をして、「踊り町《おどりちょう》」として、演し物を奉納するのである。

これらの情報をインターネットで知った私は、江戸時代前期に山田長政が長崎の港から商船に乗って、交趾《コウチ》や暹羅《シャム》に渡航したということもあって、御朱印船時代の行事が垣間見えるという長崎のおくんち祭りに行こうと、前々からひそかに計画を立てていた。

私は10月7日の夕刻に長崎市に入ったが、前夜から台風が九州北部に接近しており、まだ雨は降っていなかったが、どんよりとしたぶ厚い灰色雲が長崎の空全体を覆っていた。

翌8日の朝早くに起きると、既にどしゃ降りの雨がすり鉢状の底から張りめぐらされた長い坂を打ちつけていた。宿泊先の浦上駅近くのビジネスホテルを出た私は、長大付属病院（旧長崎医大付属病院）前の急坂を打ちつける横殴りの雨にたたきつけられ、あえぎながら少しずつ上り、長崎大医学部に向かった。そこには、尊敬してやまないシーボルト先生の記念碑がある。

シーボルトの住んでいた「鳴滝《なるたき》」は、幕府が彼との接触を禁じていたにもかかわらず、ヨーロッパの学問を学びたいと熱望する日本人たちが密かに訪れていたという。

そして、シーボルトと幕末の男たちの交流のドラマが、この目立たない風光明媚な鳴滝の地から生まれたのである。このことに強い関心を抱いていた私は、まず宿舎に近いこの記念碑を訪ねることにした。

長崎大医学部の庭内の奥には、シーボルトの記念碑と銅像がある。

入口にいた守衛さんは快よく構内の奥に案内してくれ、記念碑の前に立った私は、激しく降り注ぐ雨の中、小さな胸像を眺め、江戸時代、遠い国であるオランダから来たドイツ人医師にしっかりと手を合わせた。

文政六年（1824）に彼が来日してから、200年になるという。当時、「出島に名医現る」とシーボルトの蘭医としての評判が広がり、日本国内において、医術を志す者たちは、蘭学を学ぶために全国から長崎を密かに訪れるようになり、居住地（鳴滝の地）に隠れて開設した「鳴滝塾」の門を叩いて教えを乞うた。

当時、カピタン（長崎出島の商館長）の江戸参府の時に同行した、オランダ東インド会社の社員の記録によれば、

彼らが途中の宿場を通過する時、一般の民衆は、江戸に向かう一行の駕籠を遠巻きに眺めては、好奇心から駕籠の手前までどっと押し寄せ、オランダ人が駕籠から顔を出すと、今度は恐怖心なのか、潮のように列から一斉に離れ、警護の侍が「シタ」と怒鳴ると、人々は、泥土の道端で腰を折り、前に屈んだまま地面を見続け、一行が通り過ぎるのをじっと待っていた。


と伝えている。

宝暦八年（1758）～天保四年（1833）、長崎奉行の高橋越前守重賢は、市民らの講義や診察の要求が高まると、異国人との接触を禁じた幕府の厳格な規則を破り、往診や山野での薬草採集を許可した。やがてシーボルトは鳴滝塾に門人たちを住まわせ蘭学や医術を教えた。

その内容や実態は必ずしも明らかではないが、幕末において、初めて西洋近代医学の扉を開いてくれた日本医学界の恩人といわれている。

「シーボルト来日１９０年　第26回特別展」平成25年　於シーボルト記念館、以下は、シーボルト著『日本』より抜萃して紹介する。

鳴滝塾の誕生

まもなく鳴滝はヨーロッパの学術を愛する日本の友人の集合地となり、（美馬）順三と（岡）研介は、我々が設立した塾の最初の教師となった。この目立たない地点から科学的教養の新しい光が広まり、それとともに我々の結びつきが日本の国中に行きわたった。

なお、シーボルトは来日後、長崎で最愛の日本女性と出逢っている。「其扇」（そのおおぎ）という源氏名の長崎丸山の遊女で、年は17歳、本名は「お滝」（お滝さん）と伝わっている。

その後、お滝さんとシーボルトの間に生まれたのが一人娘の「イネ」(おイネさん)で、長崎の人々から「阿蘭陀おイネ」「橋本イネ」と呼ばれたという。この女性は、日本で初めての「女医」であると言われている。

長崎大医学部の構内を出て曲がりくねった長い坂を上り始めると、雨足が速度を速め、雨風がかなり強くなってきた。私は坂道が続くさらに上の位置にある浦上天主堂をめざして歩きだしたのだが、氷雨で冷えた体が小刻みに震え出し、坂の途中で引き返した。

しかし、しばらく歩くと右側に「長崎市民族資料館」の標示版が右方向を指しているのに気がついた。その建物は、長崎国際文化会館の地下にあった。豪雨の避難所と軽く考えていた私は、そこで、本石灰町の古地図や17世紀の御朱印船、ポルトガル船、オランダ船の模型などの貴重な資料に巡り合うことになる。

長崎の平和会館の手前にある国際会館の地下に通じる階段を下りると、かなり広いスペースの展示場があった。長崎くんちの紹介をする展示の中で、今年の踊り町として本石灰町のコーナーがあった。標示板には次のように書かれている。

本石灰町《もとしっくいまち》
本石灰町御朱印船2013

〈踊町〉（長崎民族資料館展示書から参照）

本石灰町は、江戸時代初期、長崎において石灰を扱う商人が集った町である。

石灰は、土と混ぜて建築や防水に使われたり、油の精製に使われた。はじめは石灰町《しっくいまち》と称されたが、油屋町を挟んで、石灰町、新石灰町ができたので、本石灰町となった。

諏訪三社の一社である住吉神社は、この町の尾崎にあった。

〈傘鉾〉

本石灰町の傘鉾重

〈飾〉

昭和59年までは「紅葉と火炎太鼓に町名を記す」、平成4年に「蓋塗り八角の台座の上にアニオーさんの宝箱」を表し、平成11年から「大小の瓢箪一対を台上に載せ、正面に朱印状、後面に交易の金札を配す」となる。

〈輪〉

ビロードに町名を金刺繍文字（大浦澄泉書）

〈傘鉾垂〉

赤染めの塩瀬羽二重にアニオーさんの行列を刺繍で再現された。

房は組紐平緒に玉を鏤《ちりば》め四本で、東西南北を表わしている（原田廣増氏寄贈）。
・演し物
昭和38年までは「本踊」、昭和45年からは「御朱印船」となった。
・永島正一氏は、本石灰町を以下のように紹介している。
「もとしっくいまち。石灰をしっくいと読むのは唐音である。唐人ことばの訛《なま》ったものである。漆喰。長崎では天川シックイという。天川はアマカワ、マカオのことである。石灰町とは誠に味のある町名である」

シックイは、土間、流し間、壁に用い、屋根がわらの固めに用い、その他用途は広いが、唐人船は水漏れを防ぐ目塗りにも用いた。

この町はシックイを一手に扱った町であるという。

当町の傘鉾は、町名を記した「かえん太鼓」を中にして左右に紅葉の楓《かえで》を配し、輪はシメ飾り、タレは塩瀬羽二重五色模様入り三社紋の金糸縫いである。

傘鉾の飾り、段尻の屋根飾りにある紅葉の楓は、蝋紙《ろうがみ》を用いた。蝋を染みこませた和紙である。防湿用、装飾用であるが、秋日に映えると、なんともいえない色の冴えを見せている。

この町の出し物は本踊りで、「紅葉狩り」であった。明治時代以来、この行事は続いていて、昭和31年にも「紅葉狩り」に「神山車《みやまぐるま》」の曳《ひき》物であった。昭和38年には本踊り「月花蒔絵不皿」と外題が変わって、「神山車」がついた。

ところが、昭和45年になると豪華な「御朱印船」が出たのである。

本石灰町には、昔、荒木宗太郎一族の荒木家があって、くんちの出し物に「アニオーさんの行列」を出していたという。

そして本石灰町の「アニオーさん」の行列は爆発的な人気を博したと昔から市民に伝わってきた。

そこで、本石灰町の日和原忠雄さん、原田拡増さん、尾崎敏夫さんなどから演し物について、さらに相談を重ねたところ、「御朱印船」のヒントが浮かび、衆議一決、日和原さんたちは、たちまちにして見事な御朱印船を造り上げて、かわいい荒木宗太郎とアニオーさんを船に乗せ、いろいろと趣向を凝らしたのである。

荒木船の船旗は、オランダ東印度（インド）会社のマークを逆さにしたものだが、これを知らない人たちからご親切（?）にも「旗が逆さになっている」と注意やら文句やらがいつも舞い込んだという。荒木宗太郎は、数百年前に既にそのことを見込んで、東インド会社のマークを逆さにして東インド会社のマークと見誤らせ、航海上の安全を図ったものではなかろうかと「徳川初期の海外貿易家」の中で、著者の川島元次朗博士は言っておられる（昭和53年長崎新聞「くんち長崎」より）。

また、越中哲也氏は、本石灰町を以下のように紹介している。

町名はモトシックイ町とよむ。昔、この町の玉帯川の河口あたりを浜崎と呼んでいた。シックイのことを長崎では天川《あまかわ》と呼んでいた。天川とはマカオのことである。

長崎のシックイの原料は、始めマカオから船で運ばれ、ここの「大波止《おおはと》」に一旦降ろされ、この波止場から船に積みこまれたことにより石灰町の町名になったという。

このことが、奉納踊りにとり入れられて、昔、長崎を出船した御朱印船が遠くベトナム、マカオ方面にまで出かけた故事に因んで、荒木宗太郎の御朱印船を出している。（昭和62年　長崎フォトサービス「長崎くんち」より）

本石灰町は、市電の思案橋電停を降りてから思案橋通りを南下し、創業寛永元年からポルトガル伝来のカステラを製造、販売する老舗福砂屋本店のある船大工町に至り、丸山公園を目指すメインストリートの両側に広がる長崎県内一の歓楽街を持つ町である。

2013年の踊町を代表する、船大工町、丸山町に隣接している。思案橋は、遊び人から「行こか、もどろか思案橋」と詠われ、かつては、江戸の吉原、京都の島原と並び称された長崎の花街で隆盛を誇る「丸山の地」の入り口にあった。

荒木船の船旗

木造りの思案橋は、明治八年（1875）に火事により石造りになり、その橋も埋め立てられて今は欄干の跡を残すのみとなっている。

「思案橋ブルース」などの大ヒットした演歌の曲に歌われて、地名だけが日本国中に響き渡っている。

その両側に広がる歓楽街は、24時間営業のキャバレーを始め、クラブ、バー、料理屋、パチンコ、カラオケ、居酒屋といった業種が立ち並んで営業している。昼は静かな通りも夜はネオンも輝き、魅惑的な町に変貌する。

しかし、客引きなどもいなくて、一人でそぞろ歩きを楽しむ人も多く、「ちょっと寄って行こうか、それとも今夜は帰ろうか」と、思案に暮れる酔人の気持ちは現在でも変わらない。

しかし、昔はこの地域まで海岸線が食い込んでいて、マカオから運んできた石灰《しっくい》を御朱印船から下ろしたりしていた荷役人足がせわしく通りを行き来していたという。

この石灰《しっくい》については、後に山口へ行き荒木宅を訪問した際、荒木崇男さんは、次のように語っている。


荒木家に伝わっている話として、この石灰は船を安定させるために使用したようだ。


このように伝わっている。

当時の木造の帆船の木製の床は、現在の鋼板を使用している船とは比較ができないほど不安定であったという。船自体の復元力がまったく違うのである。中国の海禁策のため、まともな海図もなく、南シナ海の荒海に翻弄された木造船は、まるで木の葉のように揺れまくっていたと思われる。

いろいろな原因はあるが、当時、外洋を航行する御朱印船の二隻に一隻は、故郷である長崎に帰帆できなかったのである。潮流の速さ、舵の不具合、台風、過積載などにより船が傾いた時に、船体を安定させるために重しとして、最新の大形船は、「バラスト」を給排水する装置をコンピューターでコントロールしている。

鎮西大社　諏訪神社

おくんちの行列が街の中心を練っている中、しゃぎりのにぎやかな笛や太鼓、鉦などの音に誘われて市電（長崎電気軌道）に乗り、諏訪神社前で降りて、一の鳥居をくぐり、階段を上り始めると、「モッテコーイ、モッテコー」の掛け声が鎮西大社と称えられる長崎の総氏神様が祀られている諏訪神社の境内から湧き上がっている。

境内の左右の隅に設けられた鉄骨を組んで急造した立ち見席に上ると、広い境内をぐるりと取り囲んだ観客席が見える。そこに陣取った観衆を前に賑やかな囃子に合わせて、町毎に豪華に飾り立てた演し物《だしもの》が次々と披露されて、それを称える見物人の喝采が長崎の秋の空を突き抜けるようにこだまする。

やがて、本石灰町の出番がやってきた。境内の端からベトナムの民族衣装であるアオザイを着こなした人々やベトナムのアンサンブルの公演団の行列が境内の中央の席前に設けられた式台に向かって、恭しく頭を垂れ、奉納品、献花、挨拶などの祝賀行事を粛々と行った。

「アニオさんの行列でござる」
「安南《アンナン》には龍《りゅう》の船がござる」
「蛇船に集まって安南の王女が長崎に入り、行列したとよ」

こんな言いならわしが昔から長崎の町に伝わっている。

この絢爛豪華な行列とは、安南からやって来た花嫁の華麗な嫁入り行列を再現したもので、この女性が長崎に上陸した際、豪華で異国情緒に溢れた嫁入り道具や衣装を見た人々は、「こりゃたまげた、こんな行列は見たことがない。豪勢な物《とおおろもの》よ」と言って、以来、町の語り草となり、長崎おくんちの奉納出物に加えられ今日に至ったという。

やがて、「長崎おくんち」の重要な演し物である「御朱印船」をかたどった山車が、中央の帆柱の上に「金札《きんさつ》」を高々と掲げて、先導の若者たちによってゆっくりと曳かれて来た。

ベトナムからやって来た華やかな民族衣装の楽隊が笛や鉦で荒木船を境内に導き、船上では長崎の子どもたちが元気よくお囃子を続けている。

その船首には、荒木宗太郎と付きしたがっているベトナムの公女の役を演じている子どもがさっそうと立っている。遠眼鏡で二人で交互に観ているのは、帰国した時の長崎の陸地を確かめているのだろうか？

この公女は、日本では「王加久戸賣《わかくとめ》」と記録されているが、当時の長崎の人々は「アニョーさん」と言って親しげに呼んでいた。

また、荒木宗太郎は長崎の豪商で、暹羅《シャム》や交趾《コウチ》（ベトナム中部地方）に何回も渡航し交易をした際、当時、この地方の領主であった「阮福源《グエンフックグエン》」に気に入られ、阮朝の公女と結婚した彼は、グェン・フック・ターイ・ラーン（阮太郎）という国姓を与えられこの花嫁を日本に連れ帰ったのである。

諏訪神社奉納おくんち祭りの荒木船

やがて、朱印船は、左右に大きく揺れだし、山車の歯車がギィギィと軋んだ悲鳴をあげている。

山車の荒木船は全長10m、幅2mで、18人の根曳衆が全力で5トンもある船を豪快に引き回し、船の回転に合わせて、波しぶきを表現するように根曳が何回も飛ぶと大きな歓声が起こった。湧き上がったその熱気は地の底からむくむくと高まり、その圧倒的な迫力に、台風などの影響で少しまばらな観客からは、アンコールを意味する「モッテコーイ」「モッテコー」の勇ましいかけ声が発せられ、雲一つない秋の空に連続して響き、その熱気も最高頂に達した。

今や長崎の町は、くんち一色になって盛り上がっている。

だが、一連の行事の中で、招待された町の名士やベトナム大使、元石灰町の自治会長さんの挨拶はあったものの、とうとう最後まで、荒木宗太郎さんの末裔である親族や家族らは式典に参加しなかった。噂は、やはり本当であったのか、私はがっかりして、諏訪神社の境内を後にした。

振り返ると、諏訪神社の参道には、大きな石造りの鳥居が聳え、山門を見下ろす広い境内からの、途切れることのない歓声が長い階段を伝わって流れてきた。

長崎では、鎮西大社諏訪神社のことを親しみを込めて「おすわさん」と呼んでいる。

諏訪神社は「鎮西大社」と称えられる長崎の総氏神様で、長崎県長崎市上西山町18番15号に鎮座している。

室町時代に、諏訪、森崎、住吉の三社がお祀りされて、厄除け、縁結び、海上安全守護の神社として地元民から崇敬されいる大社である。

この三社は、室町時代の弘治年間（1555~1557年）より長崎に祀られていた。

だが、カトリックのイエズス会の教会領となった天正八年（1580）に長崎市内に祀られていた諏訪、森崎、住吉の三社は、キリスト教徒たちから、焼かれたり、破壊されたりして消滅してしまった。

激しい布教の実態に震撼した秀吉は、天正十五年（1588）に禁教令（バテレン追放令）を出したが、さほどの効果が上がらなかったため、天正十六年（1589）に長崎を天領とし、長崎代官に鍋島直茂（肥前佐賀城主　在位・天文七年〔1538〕〜元和四年〔1618〕）を置いた。文禄元年（1592）には、長崎奉行として寺沢広高（肥前唐津城主　在位・永禄五年〔1562〕〜寛永九年〔1632〕）を配置して、キリシタンを抑え込もうとしたが、彼らの勢いを止めることは出来なかったのである。

それは、九州の博多、太宰府、長崎などの貿易路が南蛮貿易の主要な航路であって、ここから、瀬戸内海を通り政治や商いの中心都市である堺、京都、大阪に、文明の最先端の物資を届けていたからである。

そのため、天正十六年（1589）には、「海賊取締令」を発令し、倭寇の取り締まりを強化している。

文禄元年、長崎町衆の一人で、後に朱印船貿易で成功する村山等安（生年不詳〜元和五年〔一六一〇〕）が文禄の役で名護屋（佐賀県唐津市）に布陣していた秀吉に謁見し、長崎の地銀二十五貫を納める代わりに御免地以外の直轄地の代官の地位を得ている。だが、この人物は、実はイエズス会の熱烈なキリスト教徒で、洗礼名をアントン（Antao´／アントニオ／Antonio）と称した。

日増しに増加するキリスト教徒に手を焼いた秀吉は再び弾圧を開始し、慶長元年（1596）、全国から外国人宣教師および修道士6名、日本人修道士および信者18名、追加として、イエズス会の日本人世話役1名、フランシスコ会の日本人世話役1名の合計26人が捕縛され、十二月十九日、長崎の西坂の丘で処刑された。

慶長三年（1599）、伏見城で秀吉が没し、徳川家康が天下を握り長崎を天領と定めた後も村山等安は代官として統治していたが、彼は、慶長九年（1604）イエズス会のジョアン・ロドリゲス神父（Joao Tcuzu Roddrigues　?〜1633）と共に伏見で徳川家康に謁見し、引き続き長崎の代官となることの承認を得て長崎の町に再び君臨した。

このような社会状況の中、幕府は密かに長崎の町をキリスト教徒から奪還する機会を窺っていたようだ。そして、寛永二年（1626）、時の長崎奉行長谷川藤正（慶長十九年〔1614〕〜寛永十八年〔1626〕）は、キリシタンから「天狗」「悪魔」などとののしられていた青木賢清《あおきかたきよ》をかつぎだし、西山郷円山（現松ノ森神社）に社殿を建立し諏訪・森崎・住吉の三社を再興し産土神とした。

この時の社殿の建立にあたっては、キリシタンの様々な妨害に遭い、資材の調達や大工らが集まらず、長崎の地以外の島原などから強制的に集めて、社殿の完工までに何年もかかったことが伝えられている。

寛永十一年（１６３５）、長崎奉行の神尾元勝（寛永十年［１６３４］～寛永十八年［１６３８］）、榊原職直（寛永十年［１６３４］～寛永十八年［１６３８］）の財政的援助を受けた青木賢清は、旧暦の九月七日、九日を祭日に制定し、これを祝して丸山町、寄合町が踊りを奉納したのが、「長崎くんち」の始まりだといわれている。

なお、明治十二年に西浜町が奉納した「アニオーさんの行列」を描いた絵馬を、荒木家が諏訪神社に奉納し、この絵馬が明治十二年（１８７９）頃まで、諏訪神社の境内に掲げられていたというが、現在は所在が不明である。なお、寛政年間に描かれたと諏訪神社の祭りを描かれたといわれる絵巻が現存している。

『崎陽諏訪明神祭祀図絵巻』（縦36・１㎝×横１００・３㎝）

・大阪中之島図書館蔵

なお、享保十三年（１７２８）、江戸幕府第八代将軍徳川吉宗の希望によって、

諏訪明神祭祀図絵図

ベトナムから2頭の象が長崎にやってきた。この象は「従四位広南白象」の位を朝廷から賜っている。

長崎の交易商人の妻である「アニオーさんを称える歓迎の行列図」を描いたものである。

現代の「長崎くんち絵巻」の原形であるといわれている。

明日は、荒木宗太郎の墓があるといわれている「大音寺」に行って、彼の末裔の存在を確かめてみようと考えた。

荒木家の菩提寺「大音寺」

大型の帆船に乗ってやってきたポルトガルの商人や宣教師たちから、羽を広げた「鶴の港」と呼ばれていた長崎港を見下ろす風頭山の中腹に大音寺《だいおんじ》がある。

長崎三大寺のひとつと呼ばれる大音寺は、長崎県長崎市鍛冶屋町5—87にある名刹である。

宗旨は浄土宗で、山号は正覚山で院号は中道院。また本尊は阿弥陀如来。

大音寺は、慶長十九年（1614）、浄土僧の伝誉関徹が、幕府の命を受けて長崎のキリシタン撲滅を目論んでいた長崎奉行長谷川

アニオーさん輿入れの絵図

藤正（慶長十四年〔1610〕～寛永三年〔1626〕）からの依託を得て、本博多町にあったミゼリコルディア教会跡地（現在の長崎市万才町）を賜り、さらに近辺の寺地や堂宇、塔屋などの寄進を受けて、寺社を建立し創建した。

当時、長崎の貿易家として成功していた荒木宗太郎も、当然、多額な寄進をしていたと思われる。

創建当主の伝誉は、最初に全国各地の浄土宗寺で修行した。彼は、当時キリシタンの町と呼ばれていた長崎に赴き、他宗の布教はとても困難であるといわれていたこの地での布教に臨んだ。この壮大な仏教布教計画の裏には、長崎からキリシタン撲滅を謀っていた長崎奉行という強力な後ろ盾があったのだ。

以後、江戸時代の初期から中期にかけての大音寺は、幕府から朱印状を与えられて大いに隆盛した。

寛永十五年（1637）に現在地に移転する。今でも、大音寺があった万才町の坂道は「大音寺坂」と呼ばれている。

寛永十八年（1641）に本堂が建てられる。

延宝二年（1674）、移転した新たな地に歴代将軍の位牌を祀る御霊屋が建立される。

なお、本堂は原爆投下を免れたが、その後放火により焼失、後に新たに本堂を建立する。

長い階段を上り、「正覚山」と書かれた額が掲げられてた葵の紋が入った紫の垂れ幕が風にそよいでいる大きな山門をくぐると、正面に白亜の本堂があり、裏手には、見上げると樹高20ｍを超すほどのイチョウの大木がそびえ、本堂下には墓地や石灯籠が港を見下ろすように並んでいる。

白壁の本堂に入ると、静まり返った構内には社務所があり、妙齢の婦人が経本を読んでいた。

「お忙しいところ、失礼します。私、神奈川県の小田原市から来ましたオキタと申しますが、このお寺には荒木宗太郎さんの墓所があると聞いて参りました」

「ええ、本堂を出た通りの右側の斜面にありますよ、小さな倉庫がある場所を右に上がったところです。道が狭くてわかりづらいので、簡単な地図を書いて差し上げましょう」

「それは、ご親切にしていただき、ありがとうございます。ところで、荒木宗太郎さんの末裔の方は長崎市内に住んでいらっしゃるのでしょうか？」

「もう長いこと、お墓参りに来られる荒木家の方のお姿は見かけていません。それに、荒木さんの本家の方は、今、他県に住んでおられますが……、どこの県に住んでいられるかは存じておりません」

「申し訳ありませんが、本寺の過去帳などを見せていただけませんか。そこにはっきりした住所が書いてあると思うのですが……」

「それは、一切お見せすることはできません。なんせ個人情報に関するものなのですから……」

「それはよくわかりますが、私、歴史を扱う作家でして、次回作に荒木宗太郎さんの生涯をめぐる作品を準備しているので、何とかならないでしょうか」

「いくらお願いされても、それはできかねます」

　そうした問答が何回も繰り返されたが、いっこうに埒があかないので帰ろうとすると……。

「あのう、荒木家のご長男さんが、埼玉県に住んでいます。ちょっとした知り合いなので、お問い合わせの確認の電話をしてみますわ、でも、当てにしないでくださいね」と言って携帯電話を取り出した。

　しばらくの間ひそひそと話をしていたが、やっと電話を切りこちらを向いて、「息子さんの正信さんは、あなたのことを知っていましたよ、インターネットで名前を見たことがあるそうです。山口県にいらっしゃるお父様に電話してみるから、後日に電話をくださいとのことです」と言って、彼の電話番号を書いたメモを渡してくれた。

「いろいろとご足労をおかけしまして、ありがとうございました」

　私は、うれしさのあまり、彼女を拝むようにして頭を何べんも下げた。

　まったくわからなかった荒木家の足跡をたどる、その一歩がやはり、この荒木家の墓所がある大音寺から始まったのだ。

これも、きっと、亡き荒木宗太郎のお導きがあったからではないか……。

私は彼女に厚く礼を言うと、小躍りする気持ちを抑えながら、本堂前の参道から斜面に上る坂に向かった。

イチョウの木から5～6分ほど上ったが、かなりの急斜面で、小道も二人がやっと交差できるほどの狭さで、行ったり来たりと何回もうろうろした。やがて水飲み場を通過すると、右に向かう細道があり進んでいくと、道が突き当たる左奥に荒木家の墓所があった。墓地はきちんと整備されていて、右側に市の指定史跡の標識が建てられている。

指定年月日　昭和50年12月5日
所在地　長崎市鍛冶屋町大音寺後山墓地

墓石が並んでいるが、墓石の正面には、墓地番号五百五十八号「先祖代々諸精霊」と刻まれていて、右側に荒木宗太郎の戒名である「不断院一挙覚圓居士」が読み取れる。左側には、「寛永十三年丙子十一月七日　開祖荒木惣右衛門」と刻まれている。

ちなみに、寛永十三年は１６３７年で、江戸幕府が寛永通宝の

大音寺の荒木家の墓地

鋳造にふみきった年である。私の他には訪れる人もいなくて、辺りはひっそりとした静寂に包まれている。荒木家の墓標に手を合わせ、冥福を祈った。

帰路、この斜面の頂から長崎港を西南に臨むと、荒木宗太郎の居住跡がある「飽の浦《あくのうら》」方面が遠くに霞んで見えた。

なお、荒木宗太郎の没年時の年齢はわからない。

妻のアニオーさん「王加久賣」は、宗太郎の死の一年後の寛永十四年（１６３８）、宗太郎と同じ十一月七日に没している。

この荒木宗太郎の隣にアニオーさんの墓があったと荒木家に伝わっているが、残念ながら、現在、個別の墓はない。

宗太郎の墓石の左側面に「彗光院覚誉妙心大姉」とアニオーさんの戒名が刻まれ、「正保二年乙酉十一月七日、同妻」と記されている。

また、正保二年とは、１６４５年である。正保元年には俳人の松尾芭蕉が死去している。

荒木家は、長崎奉行同心の三代伊太郎から十三代惣八郎春章まで、西築町の「乙名《おとな》」をつとめた。

明治初年、第十三代荒木春章の時、彼は仏教徒だったが、当時の新興宗教の黒住教徒に改宗した頃にアニオーさんの墓碑が撤去された可能性が高いとされている。

・荒木家の伝習

荒木宗太郎とアニオーさんの命日は同じ月日である11月7日のために荒木家では、この日が来ると赤飯を炊き、安南渡来と言われていた「九年母《くねんぼ》（大形のミカンの一種）の樹木の比翼を霊位に献げて供養する習わしがあったという。

長崎の朱印船貿易家荒木宗太郎

荒木宗太郎は、安土桃山時代から江戸初期に活躍した長崎の貿易商人である。生まれたのは肥後国熊本であるが生誕日は不詳である。名を一清《いっせい》と呼び、後に、通称「惣右衛門」と改めている。

荒木宗太郎は、熊本の藩士の出身であるといわれているが、出自は不明で仕えた。藩の名前はわからない。彼が荒木家のある長崎の奉行所に提出した「覚書」（写）には、「肥後国、浪人」と書かれている。

荒木家に代々伝わっている宗太郎の風貌は、「六尺（182㎝）豊かな偉丈夫」であったという。つまり、当時としては、かなりの大男であったようである。

宗太郎は、安土桃山時代の天正十六年（1588）頃に長崎に移り、浦上淵村の稲佐郷鮑の浦（現長崎県長崎市鮑の浦町《あくのうらまち》）に住んだという。

長崎に来てからの荒木宗太郎の特色は、船乗りから船主になり、船長として自ら大船を操り財をなして、「直乗り船頭《じかのりせんどう》」として、船員や客商の尊敬を集め、長崎の商人衆からも、「安全航海術長崎第一人者」としての腕を買われ、絶大な信頼を得ていったという。

朱印船制度の創設の初期には、船主として遠洋を航海して財を成し、徳川幕府から朱印状を拝受できるほどの豪商になったということである。しかも、当時、航海に出た朱印船の半分が何らかの理由で帰還できなかったのに、彼は、「交趾《コウチ》」などへ都合六回の渡海をしたが、一度も失敗したことがなく、すべて無事に船を帰還させている。当時、「出帆すれば、板子一枚下は、地獄」といわれていた。

しかし、危険ではあるが、儲けも多かった朱印船貿易に飛びついて、資金を出すだけの豪商たちが多かった時代に、彼は、豪商たちから「船乗り船頭」とも呼ばれて、船員や資金を出す投資家たちからも信頼されていたといわれている。

彼は、商人の身分でありながら、代官所から「苗字帯刀」を許されていたことが荒木家に伝わっている。

彼が長崎に現れた頃である天正十八年（１５９０）頃は、秀吉が小田原征伐を成し遂げ、全国が統一されたが、その後の倭寇の暗躍や秀吉の無謀な朝鮮侵略により、南蛮貿易商人たちは、南海（南シナ海）の貿易航路を失ってしまったのである。

それまで、繁栄を謳歌していた堺や博多の商人は、徳川の時代に入ると、唯一、貿易を許されたオランダを中心とした新たな交易ルートの道を模索し始めている。そして、東洋や西洋との交易が、長崎を中心にして行われるようになったのである。

当時、朱印船を出した長崎の商人としては、末次平蔵、船本弥七郎らがいる。

末次平蔵（?～寛永七年〔１６４７〕）は、江戸初期の博多の豪商であったが、元亀二年（１５７１）に長崎に移住する。元和四年（１６１９）に長崎代官であった「村山等安」を、長崎の「キリシタンの黒幕」として訴え、江戸で等安が処刑されると、長崎代官となった。

しかし、彼自身も「ジョアン」という洗礼名を持つキリシタンだったが、同じく棄教した長崎町年寄高木作右衛門や長崎奉行の水野守信（寛永三年〔１６２６〕～寛永六年〔１６２９〕）に協力してキリシタンの弾圧を激しく行った。彼は密かに棄教し、徳川幕府から朱印状を得て、呂栄《ルソン》、暹羅《シャム》、東京《トンキン》、高砂《タカサゴ》（台湾）などと交易して巨利を得ている。だが、延宝四年（１６７６）、四代茂朝の時に密貿易が発覚し、一族は処罰され、平蔵は捕縛後牢内で狂って病死して、墓石も破壊された。

船本弥七郎（船本顕定《ふなもとあきさだ》・生没年不詳）は、織豊時代から江戸時代前期の貿易商である。

彼は朱印状を得て、交趾などに10回以上朱印船を派遣している。船本も荒木宗太郎と同じように自ら船長となり、後に「直乗船頭」として渡航先の「交趾」で名を馳せたまことに稀有な朱印船の船主であった。

船本弥七郎は、慶長九年（１６０４）、徳川家康から阮主の阮《グエン》潢《ホアン》に贈る「外交文書」と屏風絵や太刀などの「贈答品」

を託されて交趾に渡来し、贈り物を受けた阮潢から「養子」の待遇を受けたと言われている。

船本弥七郎についての消息に関する資料は少ないが、「長崎縁起略」は次のように伝えている。

船本弥七郎と申す者は、天竺国セビラという所にも六〜七年逗留して、セビラという地を借り、居ながらわが物にして、自由致すにより、国王より度々返すべしと催促すれども返さずして、国王にも甚だ辛苦至せし也。この意味を以て長崎の方言に、人をセビラかすということを申しならわしけると也。

しかし、元和四年（1619）以降から、彼には朱印状は一枚も下付されていない。一説によると、「現地で同業者から密告され、キリシタンとの嫌疑を掛けられたため」だと主張する学者がいる。

交趾は、船本にとっては、第二の故郷だったのか、その後彼は、茶屋船などの交易船に潜り込んで、「交趾」を数回訪れている。

また、荒木宗太郎は、暹羅にまで行って交易をしていたから、「山田長政」のように、国家権力と結びつき、王の庇護のもとタイ国の朝廷で大臣にまで上り詰めた人物を知っていただろう。

ベトナムでも、当時、度々起こった「国王崩御」における、親族の内乱に加担し、自滅していった日本人の武士団のことを、つぶさに見ていたに違いない。

そのことを教訓にしたのか、彼は阮福源王から寵愛を受けても「分をわきまえ」、跡目をめぐる王子たちの政治闘争には、一切関わらなかった。

彼が、すべての航海を無事に終えて帰国し、その後も失脚せず、アニオーさんと生涯を無事に過ごしたことは、「精錬潔白」を重んじる長崎市民の誇りでもある。

荒木宗太郎の故郷といわれている「熊本県玉名市」

玉名市は、熊本県の中心的な都市で、国の出先機関や九州新幹線の玉名駅が置かれている。市内にある「玉名温泉」「小天温泉」は、１３００年の歴史のある温泉郷で、風情ある温泉宿が多数点在している。

御朱印状を下付された「林三官」なる人物は、慶長9年から12年にかけて、西洋（中国・澳門）、呂宋（フィリピン）、占城（ベトナム・チャンパ国）へ朱印船を出した貿易家で、その林を名乗る人物の墓は、玉名郡天水町立花にある。

なお、唐人町のあった伊倉の西、北牟田には、現在でも「三官」の地名が残っている。

【玉名市の公式ホームページ】

「朱印船貿易と肥後」の荒木宗太郎の項目から抜萃する。

江戸時代の初め、大名や大商人が東南アジアへ朱印船（朱印を押した渡航許可証をもらった船）を出し、貿易をしていました。渡航先は、交趾（ベトナム）・暹羅（タイ）・呂宋（フィリピン）・安南（ベトナム）・柬埔寨（カンボジア）・高砂（台湾）です。

慶長九（１６０４）年から寛永十二（１６３５）年の鎖国まで、３５６隻の船が貿易したことがわかっています。

荒木宗太郎は、本姓は藤原氏で、名を一清、のちに惣右衛門と改めました。もと肥後の武士で、天正16年（１５８８）長崎に移り住みました。東南アジアへの渡航は6回、暹羅（タイ）、交趾（ベトナム）・安南（ベトナム）に渡りました。航海では、自ら船を操縦したといわれます。元和5年（１６１９）安南に渡航したとき、安南国主の娘を娶り連れて帰りました。妻王加久戸賣との間に1女家須がありました。戦国時代末以来の高瀬町の商人に荒木氏があり、宗太郎も当地の人であった可能性があります。

荒木宗太郎の末裔　第十六代荒木家当主、崇男氏の軌跡

荒木家当主の崇男さんと何度かのメールを交換した後、私は、２０１４年1月中旬、羽田空港からＡＮＡの便で、岩国錦帯空港に飛び、ＪＲ岩国駅から山陽本線に乗り、柳井駅に向かった。

岩国を出た山陽本線の列車は、しばらく市街地を走っていたが、やがて海がぐっと線路に近寄って来て、夕陽を浴びた大小の島々がつり橋の橋桁に乱反射していた。

柳井駅近くの柳井ビジネスホテルに宿を取り、フロントマンから、柳井市の明細地図をコピーしてもらい、荒木家の位置を確認した。

川沿いに歩くと40分くらいかかりそうで、目的地に向かうバスも1時間に1本ぐらいだそうだ。

翌日、暖かい風を浴びながら、バス停に立っていると、通りすがりの自転車に乗った男性が、「そんなところでバスを待っていても、いつ来るかわかりゃしないぞ」と声をかけてくれた。仕方がないので、川沿いの道を気ままに歩きながら、荒木家に向かった。

柳井は、町の中心を流れる土石穂川沿いに商家の町並みが続き、白壁の土蔵が川に面して、江戸時代の小さな船着き場の面影をひっそりと残している。

商家の入口には、赤い金魚が連なった何本もの吊るし雛が微風にゆれて、ゆったりとした時間が静かに川面を流れている。一月中旬でも暖かで、橋桁に置かれていた融雪剤の塩化カリウムの袋も心なしか、あちこちに散乱している。

駅前のタクシー運転手に聞くところによれば、この地は年末になると、温暖な柳井でも木枯らしが舞い、雪がちらつく中、白壁の商家通りを托鉢のお坊さんの列が鈴を鳴らして、黙々と歩いて行く冬景色が見られる日もあるとのことだった。

途中で何度も家の石垣に腰を下ろしては休み、川の魚影を追ったりしてしばし歩いた。小さな橋を渡り細い路地を進むと車庫を挟んだ住まいがあり、荒木家の表札があった。

荒木家のロビーで待っていると、崇男氏が二階の階段を伝わりゆっくりと現れた。奥様が手を取り、少しよろけるような足取りだった。

「すみません、目が良く見えないものですから、あたりの物がぼんやりと映るだけなんです」と言いながらも、背筋を伸ばし、シャンとした姿勢で話し始めた。

八十代くらいで、細面の顔だが、話しぶりはしっかりとしていて歯切れが良かった。

「ここに取材で見えたのは、NHKやベトナムのラジオ局のスタッフ、作家の富田春生さん、それに、あの「わが名は荒木宗太郎」を書いた岩崎京子さんらです。もう三十数年前になりますかな、あのお方は元気でいらっしゃるでしょうか。その時は、まだ、目がはっきりと見えていたのです」

「児童文学作家の岩崎先生は、御健在で、実家の敷地に近所の子どもたちのために、私設図書館を開いているとの報道が最近ありましたよ。もうご高齢なのですが、まだまだ、お元気だと思われます」

「ところで、去年の長崎おくんちを現地で見ていましたが、崇男さんは出席されませんでしたね……」

「ええ、なにぶん目が見えないものですから、出席は控えさせてもらっています。その祭礼には、随分昔のことですが、一度だけ夫婦で出た記憶があります。私どもは、長崎を出てしまった者ですので、自然と長崎との音信も途絶えてしまったのです。今回の取材も久しぶりで、荒木家の資料も意外と少ないですが、何かお役に立てるものがあれば、どうぞご覧ください」

箱から出したのは、書状等、「家紋」の入った掛け軸、家の伝記、由緒書（家系図）、宗太郎が残した文書類、（金札和解《きんさつわげ》）の写し、富田春生氏の論文「アニオーさんの影を訪ねて」、宗太郎の御朱印船の模写図のコピーなどであった。「その他に、荒木宗太郎の出自について何か資料はありますか」

「宗太郎が長崎にやって来て浦上淵村稲佐郷飽の浦に居を構えたのは、天正十六（1588）年で、豊臣秀吉が九州を制圧した頃に、秀吉軍に追われて、熊本から逃れてきたともいわれていますが、はっきりしたことはわかりません。それに宗太郎が寛永に死亡した年月日ははっきりしているのに、なぜか誕生の年月日を記載するものがどこにもないのです」

「私も今までに出版された宗太郎さんに関する書籍などを読みましたが、そのことに関しては不詳ということしかわかりません。それに最大の謎なのは、長崎でどんな商売で成功して、朱印状を拝受するまでになったのかよくわかりません」

「当時、外国との交易を目的とした朱印状を得るのは、将軍の側近、大名や幕府の重臣、および京都や博多の豪商たちで、これらの人々は、今でいう超エリートたちで、どうして外国航路の経験もないと思われる宗太郎さんが幕府から朱印状を賜ったのか、とても不思議に感じています」

「ここにある資料から何がわかるかよく調べてみてください」

私は、何枚もある資料の中から、「帳大蔵」と書かれていた宗太郎の出自に関する部分を見つけた。

そこには、長崎奉行所に届けた書類（写）の中で、自分の身分を「浪人」として書いてあったが、どこの国の浪人か、

荒木家の家紋（荒木家資料集）

記入されていなかった。

「荒木宗太郎に関して、荒木家の話しから総合的に判断すると、宗太郎は「艘主」(船長)であって、長崎の商人から、外国貿易の投資の資金を調達して、自ら船長として船を操縦して交趾国まで渡航したと考えられる。

彼が浪人であったことは、朱印船を護衛する腕の立つ武士上がりの浪人たちを統率し、束ねる能力に長けていたからだと思われます。

また、異国に朱印船を派遣した豪商たちのほとんどは、中国人やその他の国の船長や手代を雇い船を運航させていたから、宗太郎が自ら操縦することに大きな信頼を置いていたに違いない思われるのです。それは、外国航路の途中で、暴風、海賊、不慮の事故などで、朱印船の半数が日本に帰還できなかった時代に、彼の船は6回も渡航して全部生還しているからです」

「それはすごいですね、私の先祖は本当に偉かったんですねえ〜」と、深くため息をついて嘆息された。

荒木宗太郎の史実については、川島元次郎教授が詳細に述べている。

『徳川初期の海外貿易家・本傳・荒木宗太郎(上)』より抜萃する。

(中略)荒木宗太郎、本姓は藤原氏、名は一清、後惣右衛門と改む、肥後熊本の士なり。天正十六年に長崎に来り、浦上淵村稲佐郷飽の浦に住す(家記)。即ち長崎の公領となりし当時にして、剛膽細心なる彼は早くも秀吉の政策を洞観し、士を捨て商となり新開港場に来住して、指を海外貿易に染め、以て新なる運命を開拓せんとしたりしなり。文禄より元和に至るまで彼が惨憺たる経営の跡は、之を記録に微するに僅かに異国御朱印帳暹羅国の部也

慶長十一年丙馬八月十一日

長崎惣右衛門

本上有レ状、請取さする也、八ノ十八日渡レ之、普界一恵レ之、の数行を止むるに過ぎざれども、按ずるに彼の通商法は末次、茶屋、角倉諸氏と趣を異にし、此等の鉅商が概ね親族、子弟若しくは使用人を差遣して朱印船に乗込ましめ、海外各地に於ける実際の取引は此等の乗員に一任したりしに反し、彼は自ら自己の商船に乗り、親しく乗員を指揮して風浪と戦い、暹羅交趾地方に渡航したりし、就中交趾即廣南に於いては其地の阮氏に見え無比の信用を博したりき。阮氏は安南國王の外戚にして、累世の高官たり。廣南に駐剳して、清化、廣南等の地を領し威権頗る盛に、安南國天下統兵都元帥端國公、安南國大都統端國公等と称して、屢次我國に音問を通じたり（中略）

しばらく黙して聞いていた崇男さんは、伏し目がちにしていた姿勢をぐっと立ち上げると、「ところで、あなたは、長崎の大音寺にある荒木家の墓所に行きましたか？　私どもが三十年前に参拝した時は、竹藪が覆って、墓標の一部が崩れて、見る影もなかったのです。訪れる人もいなくて、長らく連絡を絶っていたので、大音寺さんからも、無縁仏に近い扱いを受けていて、荒涼とした雰囲気に包まれていたのを無念に感じた私が一大決心して再建したのです。最近では、長崎市の史跡となって、市が墓所を整備してくれたそうですが……」

「今では、立派な墓地に生まれ変わっていて、亡き宗太郎さんも墓石の陰から喜んでくれていますよ」

「それでは、荒木家が長崎を後にした頃からお話しましょう……」目頭を抑えた崇男さんは、少し胸を張っているように見えた。

「世間では荒木家が絶えてしまったように伝わっているようですが、この通り今も続いています。私が第十六代目で、長男の正男が第十七代目となるでしょう。明治の中頃でしょうか、曽祖父の第十三代荒木春草の時に、一家をあげて青島《チンタオ》（中国）に移住しました。きっと、一旗揚げるつもりだったのでしょう。それ以来、長崎の人々とは、連絡が途絶えてしまったようです。青島に移住する時に、アニオさんの鏡、椰子椀、阮福源の金札和解状などを長崎市に預かっていただいたようですが、今では、それらの資料の行先は、今はまったくの不明となりました。そして、私の父の第十五代荒木登志彦のことですが、彼は立教大学を卒業後、当初、長崎の十八銀行に勤め、家族と一緒に中国に渡り、その後一時、上海の商社に勤めたのですが、大陸の蒸し暑い気候に体調を崩し、生来の病弱な体質のため、重い病を発し、昭和の初めに日本へ帰ってきたのです。帰国後病状は回復し、十八銀行の大阪支店の開設とともに再就職し、家族を連れて大坂に移転しました。そして、大阪に長く住み、私も、山口の柳井に来るまでは、家族と共に大坂に居ました。その後、父は病気が再発して亡くなりました。残された家族は、母ヒデ、長女トヨ、次男崇男、次女ミヨの四人家族でした。残された母のヒデは大変な苦労を続けながら、子どもたちを抱えて、戦争中は山口の防府に疎開し、戦後になって柳井にやってきたのです。私は、柳井商業を出て、商事会社の経理などをした後、トヨタのセールスマンになったのです。セールスコンテストで何回も表彰されたんですよおかげさまで、頑張ったおかげでこの柳井の地に家を建てることができたのです」

「これは偶然ですね、私も学校を出た後、トヨタオートのセールスマンをしていました。だが、私はまったく車が売れないダメセールスマンでした。それに引き換え、荒木さんは、とてもまじめで優秀なセールスマンだったんですねえ～」

少年期から、かなりの苦労をされたようだが、この地に家を建て、長崎の大音寺の墓所を改修した崇男さんの根性は見上げたものである。

崇男さんは、さらに、深く前傾姿勢を取ると、荒木家伝来の掛け軸などを私に見せてくれた。そして、重箱の中からぶ厚い書類を取り出した。

「荒木家の家系図です。どうぞご覧になってくださいませ」

「ありがとうございます。読んだ後は、この家系図をコピーしてもよろしいでしょうか？」

「結構ですよ、この近くにスーパーがあり、そこにコピー機が置いてあります」
私は暫くの間、この家系図を見てから、荒木崇男さんに取材の礼を述べて、急いでスーパーに駆けこんだ。
この家系図は、第十三代荒木春章が起草した系図のコピーといわれている。

『荒木家資料集』

荒木家家系図（由緒書　春章作成の家系図より　大音寺過去帳を参考とする）

由緒書　長崎西築町乙名生所郷当地

開祖　一清　宗太郎　本姓　藤原　名乗り　宗右衛門　通称　惣右衛門　寛永十三年十一月　七日　歿
妻　交趾国阮氏女　王加久（王加久戸賣）　正保　二年十一月　七日　歿　長女　家須
二代　本光：名乗り　宗右衛門　通称　惣右衛門（本姓　奥野山氏（京都））長女　家須の婿　寛文四年六月十五日　歿
妻　家須（家須戸賣）　貞享元年子八月二日　歿
三代　好信（役祖・乙名）　通称　伊太郎　先名　次朗兵衛　享保十四年二月十二日　歿
以後、第十三代荒木春章までこの「乙名」の役を世襲している。
妻　芦塚毛登戸賣　元禄九年子二月十四日　歿　（後妻　礼伊戸賣　享保元年申十二月七日）
相続不致　荒木宗右衛門（藤原忠清）　享年四年卯正月五日　歿
藤原忠清の妻　荒木天布戸賣　享保十二年未三月九日　歿

四代　屋栄：通称　荒木三兵衛　（本性　宇野氏）　寛保元年七月十三日　歿
妻　多満女嫗（旧）　天明五年己四月九日　歿
五代　倫久　名乗り　伝次右衛門　通称　伝治右衛門　宝暦十三年五月十二日　歿
六代　愛亮　名乗り　伊太郎　（本姓　西川氏）　明和四年一月五日　歿
七代　道好　名乗り　素右衛門　（本姓　頴川氏）　天明五年八月十八日　歿
妻　宇野志保戸賣　天明四年辰五月十日　歿
八代　道勇　名乗り　宗太郎　天明六年午十月四日　歿
九代　貞喬　名乗り　小十朗　（本姓　藤原氏）　文化元年子七月六日　歿
妻　計　伊戸賣　文化十年酉六月二十三日　歿
十代　定廣　名乗り　作三郎　文化七年午七月十三日　歿
十一代　定興　名乗り　貞五郎　文化十三年二月十四日　歿
十二代　嘉計　名乗り　金四郎　（別家荒木氏より本家に入る）　天保十年十月三十一日　歿
妻　頴川登與女嫗
十三代　春章　名乗り　惣八朗　明治二十七年二月二十五日　歿
十四代　春端　昭七年四月十六日　歿
妻　ハル　大正四年六月十九日　歿
十五代　登志彦　昭和十六年十二月二十七日　歿
妻　ヒデ（享年八十一歳）　昭和五十四年1月五日　歿

（著者後記）

十六代　崇男（平成二十八年八月二日　歿（享年八十二歳）

妻　　蓉子

十七代　長男　正信

好信が長崎奉行所から乙名の役を拝受すると、荒木家は本屋敷を西築町に移転し、鮑之浦の屋敷は以後「梅屋敷」と呼ばれ、本邸は「乙名屋敷」と呼ばれた。

西築町の住所は明治になると、「築町38番地」と町名が変更された。当時の屋敷の敷地は１４３坪もあり、邸内には大きな石造りの蔵があったという。

三代目の伊太郎好信は、江戸幕府二代将軍の徳川秀忠（天正七年〔１５７９〕～寛永九年〔１６３２〕）から元和八年に授かった朱印状を徳川幕府第五代将軍の徳川綱吉（正保三年〔１６４６〕～宝永六年〔１７０９〕）の治世の時に長崎奉行所に返還している。

その行事が誠に殊勝であると、時の長崎奉行の宮城和充（天和元年〔１６８１〕～貞享三年〔１６８６〕）が褒め称えたと伝わっている。

この朱印状の写しは、荒木家に留め置かれてあったが、現在は所在が不明である。

元和八年十一月四日、将軍秀忠より朱印状を受けたり。

従二日本一到二交趾國一船也

元和八年十一月四日

この系図ではっきりしていることは、三代伊太郎の項目に、「役祖」と記されていることで、三代目から、「西築町」（現在の長崎観光名所で国の重要文化財に指定されている眼鏡橋付近）にあった。また、「乙名《おとな》」とは、町役人の職名で長崎奉行に属し、町内の行政や事務を扱った職に就いたことが記録されている。

明治になって、川島元次郎氏が長崎の荒木家の遠縁である森喜智朗氏を訪れ、アニオーさんの鏡などの話や、宗太郎の鮑之浦の居住宅などを案内され、後に「徳川初期の海外貿易家」の中で、彼は、数々の史実を明らかにしている。

荒木家家伝「春章手記」（与）、及び荒木宗男さんの話では、父親の第十三代荒木春章《はるあき》と一緒に中国大陸に渡った後の、第十四代荒木春端《はるもと》は、晩年に帰国した際、長崎で川島元次郎氏と会っている。

『朱印船貿易史』より

春端氏は今長崎に帰住し、京都に在学したる余は職を報じて同じく長崎に在り、相逢う何ぞ必ずしも偶然ならんや（中略）春端氏国を出でて三十年、一旦志成りて泉郷に帰れば祖先の事蹟顕揚せられて郷党の敬慕、一門に鐘まる。亦人生の快事ならずとせず。氏清ふ益奮励して遠祖の遺業を小灰弘せられんことを「川島１９２１：２０９」

金札和解《きんさつわげ》

宗太郎のベトナムでの軌跡を物語る唯一の書状は、この「金札和解」で、享保十六年（１７３１）、宗太郎の曾孫である第四代荒木三兵衛屋栄が漢文の原本を邦訳させて、荒木家の「由緒書」として後世に遺している。
川島元次郎教授は、「朱印船貿易史」の中で、「金札和解」に触れて次のように記述している。

安南敬秋宗の弘定改元は、我慶長五年にして、その廿十年は元和五年なり。故に元和八年の朱印状とは関係なし。

また、囲碁の賭けによって息女を給わるとあるのは、家伝としては、之を尊重せんと欲すれども、必ずしも信憑すべき限りにあらざるべし。

之を要するに宗太郎は元和五年の渡海の際、前記（金札和解の書）の書を得て阮氏の女を携へ帰り、之を正妻として伉儷をまったくせしものなり。この夫人の名は系図に「王加久戸賣《おかくとめ》」とあり。

荒木宗太郎が広南《クァンナム》(当時はダーンチョーンと呼ばれていた現ベトナム中・南部)に渡航し、この地を支配していた阮(グェン)氏の第二代当主であった阮福源（グェン・フック・グェン）の公女と結婚して、彼は「阮太郎」（グェン・ターイ・ラーン）という国姓を与えられた。

弘定二十年（1619）四月二十二日付・仏王（阮福源）が荒木宗太郎宛てに出した書状が存在していた。

「宗太郎は『阮太郎』の名と『顯雄』の号を持ち、広南阮朝の貴族の一員となっている」（写本）。ただし、書状の原本は流失して荒木家には存在していない。

また、ベトナムの史書では、アニオーさんは阮福源の実の娘ではなく、公女と記している。

当時は、阮福源の親族の娘を名目上、福源の娘として公認し、有力な武将や豪商たちに嫁がせていた事例が多くある。

宗太郎がその公女を賜った年が、ベトナムの年号の「弘定二十年」（1619）で、阮福源は、廟号は「熙」で「仏王」

と呼ばれ、民衆から慕われ、尊敬されていたようである。端国公阮福源は、宗太郎に公女を娶らせる際に宗太郎に「誓書」を授け、広南での通交と交易の自由を保証したのである。

この時の誓書は、その後、宗太郎が大事に保持していて、書状は漢文で書かれてあって、書紙の外郭には金泥の花形《かおう》が押されていたことから「金札」と呼ばれるようになったという。

この「金札和解」は、荒木家が明治の中期に一家を挙げて中国大陸に移住するにあたって、長崎県に預けられ、長崎県立図書館に保管されていたが、後に荒木家に戻されてから各地の美術商や骨董商の間で取引が行われ、最後は、美術愛好家の手に渡ったが、現在その所在は確認されていない。

なお、江戸時代後期、日本全国の測量や蝦夷地等を含む北海道の探検が脚光を浴びた時に、間宮林蔵と共に活躍した、幕臣の近藤重蔵《こんどうじゅうぞう》（諱・守重、明和八年〔1771〕～文政十二年〔1829〕）が、江戸初期から宝暦年間までの諸外国との往復書簡や渡航朱印状などを年代順に編纂した「外蕃通書《がいばんつうしょ》」を幕府に提出している。この書は文政元年（1818）、に全巻が編纂されたが、この中で「金札和解」も紹介されている。

近藤重蔵は、寛政七年（1795）に、幕府から長崎に派遣され「長崎奉行手付出役」として、約二年間務めているので、長崎で荒木家の人々と接触していたと考えられる。

「誓書」

元和五年荒木祖太郎渡航時、阮福源から授けられた「誓書」

荒木家所有誓書（写本）

南安國殿下兼廣南等處爲二立書一事○蓋聞重二兩國之乾坤一斯言信矣、親二一家之和睦一何貴如レ之、肆我阮家自レ立レ國以來、務施二仁義一、遠來近說惠澤均蒙、茲有二日本國艚主木宗太郞一、乘レ艚駕レ海榮二耀我國拜見一、願レ承二膝下一、我乃推二其所一レ欲仍加二貴族阮太良一巨レ名顯レ雄、非二惟特宮庭之光顯一、抑亦堅二南北之利通一、詩人賡曰、之趾之角之頂、爾才稱二令子之才一、如レ日如レ月如レ松、我壽等二南山壽一、榮斯足矣、猗歟盛哉、國有二常法一、立レ書存照

弘定貳拾年肆月貳拾貳日

宗太郎の曾孫、三兵衛屋榮が享保十六年十月の記に「異國の文字讀分かたきを歎き、一日其道に達せし人を頼み、本朝の文字に和らげ、是を左にしるし、いささか先祖の事蹟を子孫にしらしめむことをこひねかふのみ」と記して之を和解せる文に曰く

安南國の殿下兼廣南等處書を立つるがための事

蓋聞兩國の乾坤を重んずといふこと此言葉まことなる哉、一家の和睦をしたしむこと何のたつとき事か是にしかんや、然るに我阮氏代々國を立しより此かた、務て仁義を施すゆへ、遠き者きたり近き者よろこび、各恩澤を蒙れり、ここに日本國の船主木宗太郎といふ者あり、船に乗海を渡りて我國にきたり、まみゆることを榮耀とし、親類のちなみを受けんことをねかふ、我

其こころを推察し、仍ち親族に加へ阮太郎と稱す、其の名高くあらはるる事、只是宮庭の光顯るるのみにあらず、南國北國通路のたよりを堅ふする也、詩經にいはゆる麟之趾麟之角麟之頂とて公族の多きにたとふ、其方の才令子の才にかなへり、日のごとく月のごとく我壽は南山の壽にひとし、たかひの榮花滿足せり、猗歟國につねの法あり、書を立て證據を與へをくもの也。」

逆さアルファベッド模様の船旗

船の科学館バーチャル博物館蔵（写本）に飾られている『荒木惣太郎異国渡海之図』（原本は長崎市森家所蔵）の荒木船を見ると、船尾に船旗がはためいているのが確認される。この船旗は朱印船の帆柱の中央や船首にも飾られていたという。

この船旗をよく見ると、アルファベッドの文字を逆さにしたような図柄なのである。歴史学者の川島元次郎教授は、『徳川初期の海外貿易家』の文中で、以下のように述べている。

この文字は「ＶＯＣ」の三文字を逆さにして組み合わせたもので、17世紀に繁栄を築いたオランダ東インド会社（Vereenigde Nederlandsche Oostindische Compagnie の頭文字を組み合わせた略称「ＶＯＣ」）は、この「ＶＯＣ」の三文字を外洋での航行中に掲げていた。

江戸時代の人々は、この三文字を見ても、どこの国の文字かはわからなかったと思われ、長崎でオランダと交易をしていた商人や管理をしていた役人、通訳の一部の人々しか理解できなかったようだ。

しかし、海上で、遠くからこの旗を見た多くの商船の中には、オランダの商船と見間違える者も出てきてもおかしくはないだろう。

当時の交易船の最大の敵は海賊船であったが、交趾では、ポルトガルと日本が交易を独占していたので、海賊船や密行船などもまたこの船旗を見て遠ざかって行った可能性がある。


東南アジアの公海上では、ポルトガルやスペイン艦隊の他に、イギリス艦隊、フランス艦隊、オランダ艦隊などが貿易をめぐって凌ぎを削っていて、各国の艦隊は、最新の装備を施した艦艇を多数配備していた。

その中でもオランダの艦船は最強を誇っていて、慶長五年には、呂宋《るそん》（フイリッピン）沖で、日本の山下船がポルトガル艦船を捜索中のオランダ艦隊に拿捕され、バタヴィアなどに連行されている。

特に荒木船の南海における最大の競争相手はポルトガルであった。

この逆さアルファベットの船旗は、当時大型帆船を所有し無敵を誇ったオランダ船に対して、スピードでは優るものの、中型帆船で遅れをとっていたポルトガル船に対する、小型帆船であった荒木船の示威的な威嚇行動と考えられる。

荒木宗太郎は、持船の乗組員の保身用にそのような逆さ船旗を自分の船に掲げたのではないだろうか。

荒木崇男さんの話では、この船旗は、長崎で外国の帆船を見ていた宗太郎が荒木の頭文字を西洋風に崩したものであると伝わっているという。

荒木宗太郎は、凄腕の船長で、乗組員をきっちり統率したと伝わっているが、自分の出生地や誕生日、商売の成功談など、重大な事柄を不詳にしたりして、かなり用心深く立ちまわっている。出帆や帰帆の場合などは、船乗りの経験から、かなり周到に天候の情報を集めていたので、常に空や風景を見上げていたのではないだろうか。

何事にも、周到に計算して事を進めていたかなりの辣腕家であったと思われる。

この船旗については、川島教授が長崎の森喜智朗氏所蔵の「荒木氏朱印船」として写真を撮り公表している。

また、この船旗については、江戸時代後期の幕臣で探検家であった近藤重蔵（明和八年〔1771〕～文政十二年〔1829〕）が、『阿蘭陀船旗説』の中でこの紋章の船旗を紹介している。

また、彼は『安南紀略稿』にも荒木船渡海図を記して、

「荒木宗太郎乗りて、安南《アンナン》に至りし時の船なり。宗太郎の裔いまその図を蔵し傳ふ。また、このコンハンヤの印し、墨にて書《かき》たる絹のはた一つを、いま持ち傳ふ」


と書かれている。

荒木宗男さんは、「これが荒木家の家紋です」といって資料集から一枚の写真を持ってこられた。布に金箔で縁取られた丸い草模様の絵柄である。

これは荒木家の紋章を表わしたもので、船旗として用いただけでなく、花押として、箪笥や行李などにも捺していたようだという。

なお、荒木宗男さんは平成二十八年八月二日、八十二歳にて急逝されました。ここに生前のご厚誼を深謝し衷心より御礼申し上げ、ご冥福をお祈りします。

長崎から始まった異国との正式な交易

天正十五年（１５８７）、秀吉は「伴天連《バテレン》追放令」を発令した。

その条例の内容は、神社、仏閣の打ち壊しの禁止、宣教師の二十日以内の国外退去などの厳しいものだった。

しかし、この法令は、南蛮貿易を完全に妨げるものでなく、キリシタンたちは、どこまで秀吉が本気なのかわからず一抹の不安を抱いていたようだ。

この時、筑前箱崎にいた秀吉から発令文書を手渡された宣教師は、ポルトガル人の通商責任者（カピタン・モール＝Capita'o - mo'r）であったドミンゴス・モンテイロ（Domongos Monteiro）とイエズス会初代日本管区長のガスパル・コエリョ（Gaspar Coclho）である。

コエリョは、前年の天正十四年、大阪城で秀吉と謁見し、日本での正式な布教の許可を得ていたので、この突然の追放令にはかなり面食らったのではないだろうか。

秀吉は、この時、長崎と茂木の土地をイエズス会から取り上げて公領としている。

荒木家伝来「長崎西築町乙名荒木三朗所蔵」の古文書（写）には、次のような書状がある。

「文禄の初、従日本国異国通商のため、渡海被為成御免、京都より、三艘、堺の浦より一艘、長崎よりの五艘の船主は、東京、交趾《コウサ》、東埔塞《カボウチャ》、太泥《タニ》、六昆《ロクコン》、暹羅《ニャムロ》等之国々渡海候。右之内一艘は、私先祖宗太郎と申者にて、元和八年壬戌年
壱徳院様御朱印頂戴仕、広南往来仕候」

と書いてあるが、文禄のこの渡航を裏付ける資料は他に見当たらない。また、秀吉が下付した朱印状も確認されていないのである。

歴史学者の中田易直氏は、秀吉が下付したという免許状の性格を吟味した上で、これは、「来航許可状」か「来航保護状」

の類であって、朱印船制度そのものとは、何の関わりもないものだと述べている。

したがって現代では、荒木宗太郎が初めて渡海したのは、慶長十一年（１６０６）の事で、許可されたのは一艘であると考えられている。

この時の将軍は、第二代徳川秀忠で、院号は「台徳院」である。

同年、家康が伏見城で、ポルトガル人のイエズス会第三代日本司教ルイス・セルケイラ（Luis Cerqueira）を謁見した。彼は、長崎に「司教座聖堂」「神学校」を設置して、日本人を含む、ポルトガル商人の「奴隷売買禁止」に努力したといわれている。

また、当時の長崎奉行は、長谷川藤広（永禄十年〔１６０５〕～元和三年〔１６１４〕）で、長崎代官は、村山等安（生年不詳～元和五年〔１６１９〕）であった。

等安は、秀吉の時代から長年、長崎代官職にあったが、同時に長崎の有力な貿易商であり、とりわけ、外交術に長けていた。朝鮮や中国の「海商」と秘密裏に交易をしていて、また、彼らの支援を受けた「倭寇」と呼ばれた海賊とも繋がりが深かったといわれている。

荒木宗太郎の屋敷跡

宗太郎の屋敷跡としては、長崎市「飽の浦町《あくのうらまち》」の国道２０２号線の三菱重工長崎病院の先、「飽の浦トンネル」入口左側にある「飽の浦公園」に記念碑が建てられている。

大正二年に川島元次郎氏が、当時長崎に居住していた荒木春章氏の長女である黒川たい子氏に取材した時に、そのおぼろげな記憶から、飽の浦の屋敷跡を探索したが、ついに見つからなかったという。

その後、黒岩義嗣氏が川島元次郎氏の資料や地元の伝承、長崎市資料などを基に調査をされて、黒川たい子氏の記憶の「鮑の浦川を隔てた崖下の辺り……」という伝承から、ついに、その真の場所を特定され、昭和十七年（１９４２）、「長崎談叢第三十二輯」にて、荒木宗太郎の居住地についての新たな発見の論文を発表された。

その場所は、当時の町名表示で、「鮑の浦四丁目九番地」であると記載されている。

なお、黒川たい子氏とは

第十三代当主である荒木春章の長男は「春端《はるもと》」であり、長女は「タイ子」である。タイ子は縁あって黒川家に嫁ぎ「黒川たい子」と名乗っていた。

春端は、父親の春章と共に朝鮮半島の北西にある遼東半島方面の商用に同行したが、晩年に帰国して長崎に戻っている。この時に川島元次郎氏は春端に会い、また、たい子とも接触していたのである。

もう少し具体的な宗太郎の居住跡の記載について、「アニオーさんの影を訪ねて」（富田春生）から抜萃して紹介する。

「……現在鮑の浦公園の一隅に、『荒木宗太郎邸跡』と記した記念の標識があるが、この辺りの地勢は、黒岩氏が調査の目安とされた「鮑の浦川を隔てた崖下の辺り」の環境とは余にも違いすぎる。

案内して下さった越中先生の話では「この標識は便宜上建てたもので、この辺りは、荒木船の船着場があった地域ではないか、梅屋敷の跡は、正確には別の所です」ということであった。

越中先生の説明によると、屋敷跡は、鮑の浦公園の前の広い道路を隔てた向こう側、慈光院という寺の左脇の細い路地を入り、細流を渡ってほんの十数歩、伊勢宮神社の石伊勢宮神社の石垣の下にあたる部分がその中心に当たるそうである。（中略）また、同文中に宗太郎が航海の安全を祈ったという『恵美須神社』は、（宗太郎の屋敷に向かう途中にある）「恵美須神社の前を左に行くこと二三丁」と邸跡調査の起点になった場所であるが、今でも確かに現存している。

しかし、その建物は何度も建てかえられたようで、宗太郎との縁《ゆかり》を示す物は何物も遺してはいない（後略）

先の荒木宗男氏の話では、荒木船は、鮑の浦の今の三菱重工長崎造船所付近の岸壁から小舟で大波止に向かい、そこから端舟に乗り換えて高鉾島沖合に舫われていた本船に乗船していたと聞かされていたという。

また、海岸より約110ｍくらい陸に上った所に、恵美須神社があって、その社殿に「恵美須沿止」と書かれた石柱があったといわれている。

戦中、戦後の三菱重工長崎造船所は、素晴らしい発展をして、今では日本有数の大型造船所であるが、その度重なる港の拡張工事で、現在では小船を係留していた場所を特定するものはない。しかし、三菱重工長崎は、荒木宗太郎が建造した朱印船「荒木船」の模型を製作し、ＪＲ長崎駅構内において展示している。

この鮑の浦の屋敷は、「梅屋敷」と呼ばれていて、荒木春章氏の頃まで荒木家が使用していたが、春章氏が一家を揚げて大陸に進出する際に人手に渡ったという。

今では、現存が確認されていないが、この屋敷にはアニオーさんが使った湯殿と古井戸があったと伝わっている。

御朱印船に乗って安南国から嫁いできたアニオーさんとは？

元和五年（１６１９）、宗太郎の花嫁は、長崎の港に到着し、鮑之浦に向かうその豪華な行列をもってして、長崎市民の羨望の的となった。

当初、彼女は「王加久戸賣《オウカクトメ》」と呼ばれた。

また、この「王加久戸賣」とは、「王加久戸士賣」と書き、日本名の呼び名としては、当時の「神道」の用語から、「王家に近い女性」と解釈する人もいる。

それ以来、宗太郎の花嫁は、当時、ダーンチョーン（中南部ベトナム）を支配していた阮《グエン》氏政権の阮主《グエンチュア》である「阮《グエン》福《フック》源《ゲエン》」の娘であるといわれてきた。

以来、すなわち、阮氏の王女説がしきりに唱えられてきたのであるが、今もって王女の本名がわからないのである。

また、王女であれば、長崎に到着後、従者や下僕を引き連れて、長崎の町に上陸したものと思われるが、そのような記述はあるが、彼らの墓も存在しないし確かな証拠は見つかっていない。その後、元和九年（1623）、宗太郎は、再度、交趾国に渡航するが、妻の王加久戸賣さんや従者たちが宗太郎と一緒に一時帰国した詳細も皆無である。

つまり、王加久戸賣さんは日本に来てから、故郷のベトナム国には一度も帰っていないのである。

その後、彼女は、長崎の住民から「アニオーさん」と呼ばれるようになったという。

この「アニオー」という呼び名は、どういう意味なのか、諸説あるが、最も有力な説は、日本語がまったくわからない彼女が、夫の宗太郎に向かって本国の言葉で呼びかけていたベトナムの言葉の「アインオーイ」や「アニュオーイ」が長崎の人々に「アニオー」と聞こえたのではないかという説である。

ベトナムでは、夫や兄、伯父などの男性に対して、呼びかける時の敬語であるといわれている。

また、この呼び名は、アニオーさんが、長崎に到着した際に本国から、多数の従者を引き連れて来て、彼らが彼女を「ア・ヌオン」と呼んだので、長崎の人々がアニオさんと言い始めたという歴史学者もいる。だが、安南での王加久戸賣ら一行の日本への出国の記録や現地での状況を伝える話や資料は、現在のところまったく伝わってきていない。

当時、ベトナム中部を支配していた広南阮氏の阮主である阮福源王の王妃か娘さんが、かなり遠い国である日本へ嫁いで行くことになったとても重要な出来事だったと思われるのに、彼女の実名すらまったくわからないのである。

それで、もう少し二人の婚約時の状況を詳しく調べてみると、ベトナムの史書では、荒木宗太郎は、グェン氏の当主である阮福源の公女と結婚し、阮朝から「阮太郎」という国姓を与えられたと書かれている。

その詳細は、「弘定二十年（1619）、阮福源は、日本商人に対する厚遇の証しとして、荒木（木村）宗太郎に「阮太良　グェン・ターイ・ラーン（阮太郎）」という国姓を与えているのである。

阮福源の王女たち

国会図書館で、当時の阮福源の家系をベトナムの史書から調べると、阮福源の王女たちについて次のようなことがわかった。

『大南寔録《だいなんじつろく》』（Dai Nam thuc luc）
『大南寔録前篇』―「大南（列照）前全編」―「熙宗（阮福源）皇帝諸女」
大南寔録とは、阮朝欽定の史書である。
阮朝の広南啓定帝（カイディン　khai Dink　1916～1925
Nhugen・Phuc Buu Dao）の時代までを全543巻で編纂した史書である。

「熙宗（阮福源）皇帝諸女」項目から

阮福源の皇女名

①皇女　玉蓮（Ngo,c　Lie'n　ゴク・リェン）
②皇女　玉萬（NNgo,c　Vinh　ゴク・ヴァン）
③皇女　玉誇（NNgo,c　Choa　ゴク・コア）
④皇女　玉鼎（NNgo,c　Danh　ゴク・ダィン）

皇女の消息

①皇女　玉蓮（NNgo,c　Lien　ゴク・リェン）＝嫁ぎ先→阮氏武将「阮福栄」（Nguyeen　Phuc　Vinh　グェン・フック・ヴィン）に嫁ぐ
②皇女　玉萬（NNgo,c　Vinh　ゴク・ヴァン）＝欠伝（伝書・隣国カンボジアのチェイチェッタ2世〔1618〜1625年の間に嫁ぐ〕）
③皇女　玉誇（NNgo,c　Choa　ゴク・コア）＝欠伝（伝書・チャンパ王に嫁ぐ）
④皇女　玉鼎（NNgo,c　Danh　ゴク・ダィン）＝嫁ぎ先→阮氏武将「阮久喬」（Nguyeen　Euu　Kieu　グェン・クゥ・キュに嫁ぐ）

さらに、皇女の消息について、詳細に述べている記述がある。

「アニオさんの鏡」『南方文化』（富田春生 著）から、

（略）「昭和40年代の後半に東京外国語大学の客員教授を勤めたグェン・カク・カム（Nguyeen　Kha'c　Kham）教授は、筆者の照会に答えて、
「この点について、（注　玉萬、玉誇の両皇女の消息）大南寔伝は、沈黙を守っているので、フランスやカンボジアの資料に頼る方法はないが、小生の調べたところでは阮福源の四人の公女のうち、カンボジア王家に嫁いだのは玉誇、荒木宗太郎の妻になったのは玉萬である可能性が高いと述べた」と記している

この点について、私の知人でもある東京外語大学名誉教授の奥平龍二氏に、お願いして、同大学の元ベトナム語学科の教授に、グェン教授のことを照会してもらった。

元教授はグェン教授について、

グェン・ハク・ハム（Nguye˙n　Khac　Kham）教授は、ベトナム文化史の研究家で、1964年東京外語大学ベトナム語科創設のために、客員教授として日本に招聘された。私もその真摯にご講義されているお姿は、多少記憶に残っているが、彼の教え子が、まだ幾人かいると思う。1968年に帰国して、ベトナム王立大学図書館（現ホーチンミン市総合図書館）の館長に就任されたが、1975年4月30日、北ベトナム正規軍と解放軍の統一戦線（ベトコン）の一斉攻撃により、サイゴンを脱出して、フランスのパリに亡命した。その後の消息はわからない。
と書いた元東京外国語大学ベトナム語学科教授のメールが、後日送信されてきた。

このベトナム屈指の歴史学者であったグェン教授の阮福源の皇女のその後の調査報告は、彼の人生と苛酷なベトナム

の歴史を垣間見るようでとても興味深かった。

アニオーさんの鏡

では、現存しているアニオーさんにまつわる遺品は何か、それはアニオーさんが嫁入り道具として母国の安南から大事に持参した、ガラス製の古い手鏡がある。

この鏡は「交趾の鏡」と呼ばれている。

17世紀に作られた日本製の金箔の漆箱の上に備え付けられた木製の鏡である。

構造　漆塗り木枠（縦38・6㎝×横34・5㎝）

硝子鏡　縦22・5㎝×横18・1㎝）

アニオーさんがベトナムから日本へ渡って来た時に、嫁入り道具の一つとして持参した物であると伝わっている。

木製の箱は日本製であるが、鏡自体は、安南国から持ちこんだ物の一つで、この鏡がベトナム製なのかペルシヤ製なのかはわからない。総漆塗りの厨子を覆う外箱には、「鏡　荒木宗太郎 蔵」と書かれている。

鏡の持ち主はその後、荒木家から何度か代わり変遷を繰り返した。

近藤重蔵は、「安南紀略稿」の中で、この手鏡を図で表し、「交趾国鏡」

アニオーさんの鏡

と記している。

江戸時代後期の幕臣であった近藤重蔵は、寛政七年（1795）に長崎奉行手付出役として出仕した後、幕命で蝦夷地（北海道）の調査、開拓に従事した探検家でもあり、生涯に六十余種、一五〇〇巻の史書、紀行文などの著作を遺している。

また、川島元次朗教授も黒川たい子氏宅を訪問した際、この鏡を見て実物の写真を撮っている。

鏡は、総漆塗りで金蒔絵の厨子中央にはめこまれている。

箱のふたは左右に開くようになっていて、右側のふたは二羽の鶴、左側のふたには二匹の亀が蒔絵で画かれている。

また、交趾からアニオーさんが持参した器としては、「椰子」椀があったが、現在は所在が不明である。

これらの厨子等に関しては、後世になって作られた可能性が高いといわれている。

荒木家の妻女に大事に受け継がれて使用されてきたこの鏡は、現在、長崎歴史文化博物館に所蔵されている。

荒木船の渡航歴

荒木宗太郎の渡海に関する名前が初めて記録に表れるのは、文禄の初年のことである。
文禄元年（1592）年頃に、豊臣秀吉は、南蛮貿易に強烈な興味を抱き、南洋への渡航船に朱印状を下付したといわれる。そして、南洋船の渡航先は、広南、交趾、東京、などの印度支那が挙げられているのである。
長崎実録大成
正編「異国渡海御免ノ事」には、次のように記されている。

文禄の初年より、長崎、京都、堺の者御朱印船を頂戴して、広南、東京、占城、柬埔寨、六昆、太泥、暹羅、台湾、阿女馬港に商売のため渡海する事御免これあり、

長崎より五艘

末次平蔵　二艘

船本弥七郎　一艘

荒木宗太郎　一艘

絲屋隋右衛門　一艘

京都より五艘

茶屋四朗次郎　一艘

角倉　一艘

伏見屋　一艘

堺より　一艘

伊予屋　一艘

以上

広南阮氏と江戸幕府との通商の始まり

しかし、秀吉が当時、朱印状を交付した他の記録はまったく見つかっていないので、この年に、秀吉から朱印状を交

付されたこれらの渡海船が出港していったことに関しては、歴史の専門家などから、少なからず疑問の余地が生じているが、日本側の史料では、文禄元年（１５９２）頃には、暹羅などの交易地から帰還する日本船がツーラン（Tourane現在のダナン）に風待ちのために投錨したり、また、広南の沖に数隻の日本船が出没し、当時の領主である阮氏の軍や漁民と摩擦を起こしていることが伝えられている。

このように、江戸時代以前から、日本船は「交趾」方面に、交易を求めた商人たちが少しずつ進出を始めているので、仮に秀吉からの朱印状の交付はなかったとしても、秀吉は彼ら南洋貿易の先駆者たちに、何らかの「渡海承認状」を発行したことも考えられる。しかも、ベトナム側の史料の「広南地誌」には、この頃に日本船が交趾に頻繁に現れるようになったと書かれているのである。

徳川政権時代　荒木宗太郎の渡航先と年代

一、慶長十一年（一六〇六）、暹羅《シャム》に渡海（途中で交趾に寄港している）。
・徳川幕府の将軍は徳川秀忠。慶長十年（一六〇五）に家康は将軍職を息子の秀忠に譲った。
・老中職は、大久保忠隣、大久保長安、本多正信、成瀬正成、安藤直次、本多正純、内藤清成、青山忠成、榊原康政。
・外交僧（外交文書作成）は、相国寺僧侶西笑承兌《さいしょうじょうたい》から南禅寺金地院の金地院宗伝に移った。
・長崎奉行は海外品の購入が主な職務で、長崎の統治は長崎代官が担っていた。
・長崎奉行は旗本の長谷藤広、長崎代官は村山等安。
・安南国の使者が来航する。

一、慶長十五年（一六一〇）、「交趾國《こうち》」に渡海。
・徳川幕府の将軍は徳川秀忠。
・老中職は、青山成重、酒井忠利、酒井忠世、土井利勝。
・外交僧（外交文書作成）は、臨済宗僧侶金地院崇伝《こんちいんすうでん》。
・長崎奉行は旗本の長谷川藤広、長崎代官は村山等安。
・スペインに通商を許可する。慶長十六年（１６１１）、中国商人に長崎での貿易を許可する。
・慶長十八年（１６１３）、平戸にイギリス人の商館開設を許可する。

一、元和五年（一六一九）、「交趾」「広南國《クアンナム》」に渡海。
・徳川幕府の将軍は徳川秀忠。
・老中職は、酒井忠利、酒井忠世、土井利勝、安藤重信、内藤清次、青山忠俊、井上正就。
・外交僧（外交文書作成）は、臨済宗僧侶金地院崇伝。
・長崎奉行は旗本の長谷川権六（字は藤正）、長崎代官は末次平蔵。

一、元和八年（一六二二）、「交趾」「広南國」に渡海。
・徳川幕府の将軍は徳川秀忠。
・老中職は、青山成重、酒井忠利、酒井忠世、土井利勝。

元和八年の荒木船の交阯渡海船（荒木家資料集）

・外交僧（外交文書作成）は、臨済宗僧侶金地院崇伝。
・長崎奉行は旗本の長谷川権六（字は藤正）、長崎代官は末次平蔵、
・キリシタン多数を処刑する（元和の大殉教）。

一、元和九年（一六二三）、「交趾」「広南国」に渡海。
・徳川幕府の将軍は、七月二十七日までは、徳川秀忠、以後、徳川家光、老中職は、酒井忠利、酒井忠世、土井利勝、阿部正次、稲葉正勝、内藤忠重。
・外交僧（外交文書作成）は、臨済宗僧侶金地院崇伝。
・長崎奉行は旗本の長谷川権六（字は藤正）、長崎代官は末次平蔵。

一、寛永九年（一六三二）、「交趾」「広南國」に渡海。
・徳川幕府の将軍は徳川家光、老中職は、阿部正次、永井尚政、稲葉正勝、内藤忠重。
・外交僧（外交文書作成）は、臨済宗僧侶金地院崇伝。
・長崎奉行は外様大名の竹中重義、長崎代官は末次平蔵。
・寛永十年（一六三三）、奉書船以外の海外渡航を禁止する。
（朱印船は、従来の朱印状に加えて老中連署の奉書が必要とされた）
・鎖国とは、貿易の権限を独占した徳川幕府が「鎖国」として出された法令ではなく、貿易の管理を強めた「鎖国令」を次々と布告していった一連の「鎖国策」であった。

アニオーさんとは、阮福源の娘の「阮福玉華／グェン・フック・ゴック・ホア」

２０１７年　アニオーさんに関わるベトナム側の最新情報

２０１７年６月29日付

歴史学者トゥエン先生との会談

日本側＝沖田英明、（Ｕ－Ｃａｆｅオーナー）臼田玲子氏

通訳者＝Cam　Nhung（カム・ニュン）さん

（履　歴）ダナン国家外国語大学在学中　日本語学部日本語学科３年生

（出身地）ホイアン

（経　歴）２０１６年５月、日本の富士吉田市在住の製紙会社社長が主催した「日本文化について」の日本語スピーチ大会で、優秀賞に輝き、６月１８日から1週間、富士吉田市に招かれ講演のために来日する。新幹線に乗ることを楽しみにしている。

ベトナム側＝歴史学者Dinh　Trong　Tuyen.（ディン・チョン・トゥエン先生）

会談場所＝先生のご自宅（Quang　Nam省　Dien　Ban県　Dien　Phuong区 Thanh　Chiem村）

会議の主旨説明のあと、トゥエン先生へのご祝辞（沖田英明）

「先生は長い間、阮福源の研究や広南（クアンナム）の歴史を研究され、この度、政府

カム・ニュンさん

臼田玲子さんとU-Cafeのスタッフさん

の文化庁から、その功績を讃えられ、名誉ある功労賞を受け、さらにそのことで、ベトナム国営新聞の取材を受けて、ベトナム中に先生の名が広まりました。そして、先生の『グェン時代』の著書が、クアンナムの地誌として、高く評価されたことは、誠におめでたく、ここに謹んでお祝辞を申し上げます」

トゥエン先生のお言葉

「ありがとうございます。今までも数多くの日本の歴史学者が私を訪ねて来ましたが、その中でも特に印象に残っているのは菊池教授で、この方は、熱心に三回も自宅に来られました。日本でも著名な考古学、歴史学者で大学教授と伺っております。あなたが昨年に来られたことも、もちろん覚えておりますよ。どうぞ何なりとご質問くださいませ」

質疑応答

①沖田氏の質問

「日本でアニオーさんと呼ばれている人物は、誰だったのでしょうか？　一説によると、彼女は阮福源の王妃の姪であるといわれていますが、先生はどう思われますか？」

ホイアン市街地近郊図

トゥエン先生の回答
「彼女は阮福源の娘です。決して、王妃（孝文皇后）である阮氏佳の姪ではありません。それから、荒木宗太郎が彼女と初めて出会ったのは、1619年頃で、場所はフェです」

②沖田氏の質問
「グェンズ中学校にある碑文は、近年に建てられたそうですが、なぜ、グェンズ中学校の校庭に建てられているのでしょうか？」
トゥエン先生の回答
「碑文は、昔からあの地に建てられていたのです。タインチェム村では、とても由緒ある碑文だったのですが、先のアメリカとの戦争により、米軍の爆撃機により攻撃されて破壊されてしまったのです。この碑文を再建するために、タインチェム村の人々は、長年にわたって寄附を集め続け、ようやく2010年9月になって建立され、祝賀行事が盛大に執り行われました。この碑文がいつから建っていたのかはわかりませんが、かなり遠い昔からこの地に建っていたということです」

③沖田氏の質問

歴史学者のトゥエン先生

「タインチェム村には、広南国時代に「広南鎮営」があったのでしょうか？

トゥエン先生の回答

「ディェンバン県のタインチェム村には、トゥーボン川が入り組んでいたために、水軍基地が数多くありました。しかし、タインチェム村にクアンナムの「鎮営」があったのかは、タインチェム遺跡そのものがほとんど水田などに埋まってしまいましたのでよくわかりません。今や、その痕跡さえも探すのはとても難しいのですが、グェンズ中学校庭内にある碑文から考えると、そこに何らかの広南阮氏の拠点があったのは間違いありません」

④沖田氏の質問

「先生のご著書である「Dinh Tran／THANH CHIEM QUANG NAM」に出ている共同著者の「Dinh Ba Truyen（ディン・バー・トゥエン先生）」とは誰ですか？」

トゥエン先生の回答

「私の息子ですよ。彼は、歴史学者で、大学で博士号を授かっています」クアンナム省（Tinh Quang Nam）ズィスェン県（Huyen Duy Xuyen）チェム ソン村（xa Chiem Son）

⑤沖田氏の質問

「先生のご著書にも記載がある「Dinh Nguyen Phuc Tuong（ディン グェン フック トゥング先生）」とは、誰ですか？

広南阮氏「Nguyen Phuc Nguyen」一族の末裔の方ですか？ この方は、「HOANG MAC THIGIAI」や「莫朝」の著者ですが、Web Site にも問い合わせの確認のメールを入れたのですが、まったくわからないということでした」

トゥエン先生の回答

「この人は、我が国の有名な歴史学者でしたが、3年前に亡くなりました。けれども、グェン一族とは、何の関係もありません」

⑥沖田氏の質問

「阮福源王の陵墓はどこにありますか？ また、「阮氏佳王妃」の陵墓はどこにあるんでしょうか？」

トゥエン先生の回答

「阮福源王」の陵墓は、Hue（フェ Thanh pho Hue）／香茶県羅溪社にあり、そこの「永基陵」（Nhon Qcoc cong）に祀られております。住所は、(Huong Tra huyen 県 Huong Tho dien 社 La Khe hurong thon 村)です。また、「阮氏佳王妃」の陵墓は、Hue（フェ Thanh pho Hue）／香茶県羅溪社の「永基陵」に近接して祀られております。そして、もう1箇所は、クアンナム省（Tinh Quang Nam）ズィスェン県（Huyen Duy Xuyen）チェム ソン村（xa Chiem Son）にございます」

沖田氏のお礼の言葉

「トゥエン先生、本日はお忙しい中、お時間を作っていただき、誠にありがとうございました。これからも歴史学者として、末永くご活躍されますよう日本からお祈り申し上げます」

以上

公女玉華（ゴク・ホア）通り

ベトナムのＷｅｂからアニオーさんに関する論文を紹介する。

「公女玉華」（ゴク・ホア）

著　書＝「Dinh Nguген Phuc Tuong」（ディン・グェン フクチゥン先生）

翻訳者＝Cam・Nhung（カム・ニュン　ダナン国家大学日本語学科三年生）

「公女玉華（ゴク・ホア　?～１６４５年）は、阮朝の王女であり、阮福源の養女といわれております。

彼女は日本の荒木宗太郎に嫁ぎました。二人の不思議な出会いは、今も長崎でよく知られております。

王女の正式な名前は、「阮福玉華」です。

ベトナムの著名な歴史学者の「Than　T　rong　Thuy」（タン・チョ

公女 阮福玉華 肖像画

ン・トゥイ）氏の著書や日本の史料によると、玉華さんは、阮福源の王女です。

阮福源王は公女である阮福玉誇（グェン・フック・ゴク・コア）である三女をチャム王の「Po Rome」に嫁がせたと考えられていますが、彼女は 最終的に「Po Rome」に嫁がず、荒木宗太郎（ベトナム名 Nguyen Thai Lang）という日本人商人に嫁入りさせたと考える学者もいます。

１６１９年、阮福源王は公女玉華を荒木宗太郎に嫁入りさせました。

荒木宗太郎は、当時、日本人豪商の一人としてホイアンでは既に有名であり、出身は肥後熊本の武士でした。

そして一年後、公女玉華は、荒木宗太郎の妻として一緒に日本に行きました。

公女玉華はその後、日本で26年間も暮らし、１６４５年に亡くなった後は、長崎の大音寺に葬られました。

公女玉華が愛用した鏡は、現在も長崎の美術館で大事に展示されています。

また、毎年、長崎で行われる「おくんち祭り」（10月7日～9日）には、２人の子ども（1男、1女）が荒木宗太郎と公女玉華姫

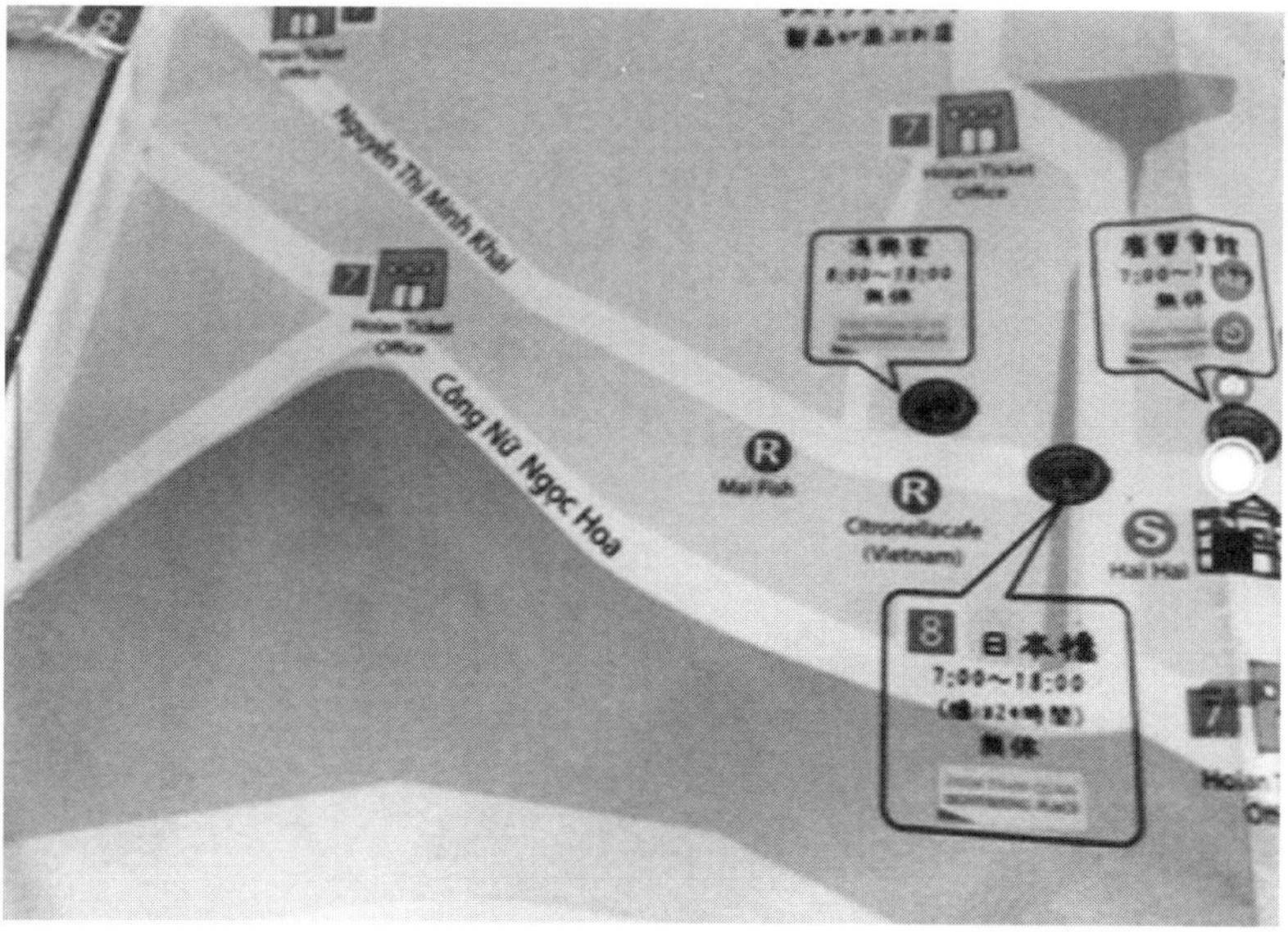

公女 阮福玉華通りの付近の地図

に扮して、二人を乗せた御朱印船が再現されます。公女玉華姫の名前は、日本とベトナムでは呼び方が異なります。当時、阮福源は王ではなく、「仁國公」と自称されていたので、阮氏の娘が「公女」と呼ばれるのは、至極、当然のことでございます。その一方、阮福源が王に即位した後は、阮氏の娘たちは、「王女」と呼ばれた方が正しいのではないか、とする学者の意見が数多くあります。そして、日本へ到着後、公女玉華は、「王加久《おかく》」または、「王加久戸賣《おかくとめ》」と呼ばれました。

また、「アニオー」という名前でも呼ばれています。「アニオー」という言葉は、ベトナム語での夫の呼び方で、日本語がほとんどわからなかった公女玉華が宗太郎をこう呼んでいたために、この呼び方が長崎市民の間で生まれたと考えております。

彼女は、高貴な家柄の「公女」なので、長崎の人々から「アニオー姫」と呼ばれていました。２００4年2月13日、ホイアン旧市街の日本橋の傍の道に『公女玉華』という名前が付けられました。この道路は、長さが３００ｍもあり、日本橋近くのメインストリートにあります。「Hung Vuong」通りから「Tran Hung Dao」通りへ名前が変わる地点から始まっています。」

W:K:Wand
「Cong nu Ngoc Hoa」
Nguyen Phuc Ngoc Hoa
（阮福王華）

なお、お二人の結婚当時の年齢は、公女王華が25歳前後で、荒木宗太郎は50歳を少し越えていたと伝わっております。

第二章　御朱印船と投銀

荒海に向かって出帆した「御朱印船」

東南アジアとの交易史を調べると、「遣隋使」「遣唐使」の時代まで遡ることができる。

記録で見ると、12世紀から13世紀に初めて作られた絵巻物「吉備大臣入唐絵巻《きびのおとどにっとうえまき》」（ボストン美術館蔵）で有名な吉備大臣らを乗せた「遣唐使船」は、船中と船尾に櫓を構え、船尾舵側の舵を「三副舵」という棹を船尾舵側に装備して、隔壁を入れた船体と竹で編んだ網代帆の「ジャンク船型」の構造を採用している。

遣唐留学生の吉備真備《きびのまきび》（持統九年（６９５）～宝亀六年（７７０））と阿部仲麻呂《あべのなかまろ》（大宝元年（７０１）～大暦五年（７７０））は、養老元（７１７）年に入唐する。

玄宗皇帝に重用された阿部仲麻呂は、天平勝宝四年（７５２）、唐朝から「衛尉少卿」に任命され昇進する。

翌年、入唐していた藤原清河らと共に日本へ帰国の途についたが、船が暴風に巻きこまれ漂流し、当時、唐の支配地域であった安南（ベトナム）の「驩州」（現在のベトナム中部ゲアン省Tinh Nghe An の省都「ヴィン」）附近に漂着し、７５５年に

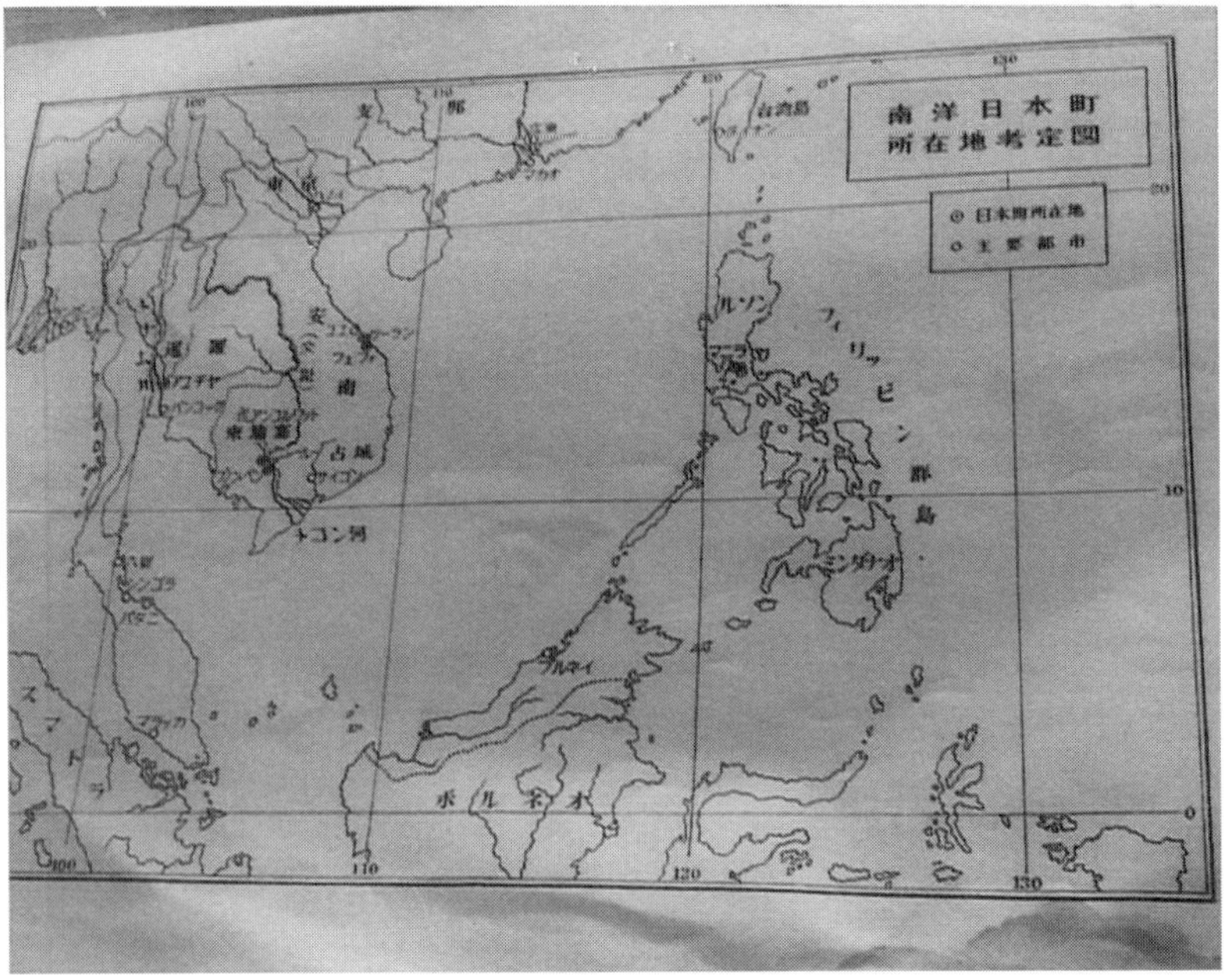

南洋日本町所在地考定図

唐の「長安」に帰着している。

天平宝字四（７６０）年、唐朝は、仲麻呂を「鎮南都護／安南節度使（正三品」として任命し、彼は、７６１年から７６７年まで6年間も「現在のハノイ」の「安南都護府」に赴任し、７７0年には、「安南節度使／大都督（従二品）」を贈られている。

阿部仲麻呂は遣唐（中国）の留学生であったが、唐で科挙の試験に合格し、「朝衡」（唐名）と名乗った。

その後、唐に帰朝した仲麻呂は唐に残留し、大暦五年（７７０）年に同地で没した。

吉備真備は、天平七年（７３５）に帰国している。彼は天平勝宝四年（７５２）に再度入唐している。

この時の「遣唐船」の建造地は、「安芸国」（広島県西部）であるといわれ、この地には、大陸系の造船技術を身につけた中国系集団がいたことが伝わっている。

造船にあたっては、「造船使《ぞうはくし》」という長官が朝廷から任命され、彼が複数の次官を選び、国家的な事業として造船を開始したが、寛平《かんぴょう》六年（８９４）、菅原道真の建議によって「遣唐使廃止」が決まると、外洋を航行できるような高度な技術はいつのまにか途絶えてしまったのである。

その後、10世紀末から13世紀にかけて、「日宋貿易」が民間主導で行われ、15世紀に入ると、「日明貿易」が栄えることになるが、貿易の相手国はあくまでも中国であった。

時が経って、16世紀初頭の天文十二（１５４３）年、種子島にポルトガル船が漂着し鉄砲が伝来した。

天文十五年（１５４６）年　ポルトガル船３隻、薩摩に碇泊する。

天文十八年（１５４９）年　フランシスコ・ザビエルらが鹿児島に上陸する。

天文十九年（１５５０）年　ポルトガル船が平戸に入港する。

天文二十年（１５５１）年　ポルトガル船が豊後日出《ひじ》に入港する。

ポルトガル船が次々と日本にやって来ることにより、海外貿易は南蛮貿易が主流となっていった。

ポルトガルは、１５５７年中国からマカオの居住権を得ると、薩摩、大分、平戸、長崎などに来航して、日本への貿易拠点を模索し始めた。日本の有力な戦国大名らも、貿易を促進するために、自らキリスト教に改宗し、彼らの布教を許可する大名が登場してくる。

その反面歴史を紐解くと、明との貿易は、大内氏や博多および堺の有力商人が主力となって交易を続けていた。しかし、嘉靖二年（１５２３）・（日本では室町時代の大永三年以降）「寧波の乱《ねいはのらん》」の結果、大内義隆がその権益を一手に握ったが、天文二十年（１５５１）家臣の陶晴賢による謀反（大寧寺の変）により大内義隆が討たれ、明側が貿易を中断し、遣明船による莫大な富を得ていた博多の商人らは大打撃を蒙っている。

そこで、事態を打開しようとした陶晴賢が担ぎ出した大友晴英（後の大内義長）は、明側に貿易の再開を求めるも、明は義長を簒奪者とみなして貿易再開を断固拒否した。

そして、弘治三年（１５５７）に義長が「防長計略」で討たれると、大内氏が名実ともに滅んだことによって明との「公貿易」の見込みが絶たれ、東アジアでは、商人倭寇（後期倭寇）による「私貿易や密貿易」が中心となっていったのである。

明の太祖朱元璋《しゅげんしょう》は宣光年（１３７１）には、倭寇の防護策として「通蕃《つうばん》」下海の禁令を出していたため、中国への貢船との交易のみを許可し、民間の商船には、貿易を認めない政策を打ち出したが、「倭寇」の船は、中国沿岸の島々で中国の密行船と密かに落ち合って貿易を続けてきた。

崇禎十六年（１６４４）、反乱軍の李自成軍に明は破れ滅亡し、この李自成軍を清が破り清朝が興り、より厳しい海禁止政策である「遷界令」を打ち出している。

康熙十二年（１６８４）、明朝の遺臣である鄭成功一族が支配していた台湾の鄭氏が清に降伏すると、「遷界令」は解除され、さらに、「海禁政策の緩和」もあって、民間貿易による取引量は、「勘合貿易時代」を上回るようになり、後の

16世紀末頃になると、徳川幕府では、日本人の海外交易の必要性から「朱印船」による「朱印船貿易」が盛んに行われるようになるのである。

日本では、織田信長の死後、天下を握った秀吉による無謀な朝鮮侵略の戦争である「文禄・慶長の役」が悲劇的な決末を迎える中で、慶長三年（１５９９）、秀吉は、嗣子の秀頼を有力大名の徳川家康ら「五大老」に託して病没した。

慶長四年（１６００）、豊臣政権を継いだわずか六歳の秀頼の後見人である前田利家が死去すると、家康が次第に政権を我が物顔で掌握するようになった。そして、五大老の一人で、海外交易に熱心だった徳川家康は、慶長五年（１６００）に豊後国（大分県）の臼杵にある黒島に漂着したオランダの商船「リーフデ号（De Liefde）」の生存者たちの報告を聞くと、彼らを大阪城に呼んで引見した。この時には併せて、彼らが乗ってきた船も大阪に回航させている。

来日していたイエズス会の宣教師たちは、乗組員のオランダ人やイングランド人を敵視して、即刻の処刑を要求したが、幾度かの引見で家康は、彼らが宣教師たちが言う「海賊」ではないことを確認し、生存者の中でも、「ウイリアム・アダムス」（William Adamus イングランド人の航海士）や「ヤン・ヨーステン・ファン・ローデンスタイン（Jan Joosten van LOOdensten オランダの航海士）らを気に入り外交顧問として採用した。

家康は、慶長九年（１６０５）にウイリアム・アダムスに命じて「ガレオン船（Galleon）」を建造させている。

この船は、豆州（静岡県）伊東の松川河口に、日本で最初に設けられた造船ドックで建造されたマスト付の排水量八十屯の帆船であった。

家康は、完成した船を見て大いに気に入り、気を良くした彼は、慶長十二年（１６０８）三本マスト付の大型船の建造を命じ、完成したのが排水量百二十屯の帆船であった。

それまでは、日本では、商用船として弁才船と呼ばれる「和船」（廻船・北前船）が国内の沿岸地方の輸送を目的として運用されていたが、これ以後の造船は、外洋を渡る長距離輸送を目的としての和洋折中の船の建造が海の主役となっていったのである。

しかし、その過程では、「後期倭寇」の時代から、長崎県の松浦地方などでは、沖縄や中国のジャンク船の技術が密かに導入されていて、朱印船貿易時代を迎えると、この和洋折衷方式のジャンク船構造の造船が急速な発展を遂げた。

17世紀初頭に荒木船、末次船、末吉船などに代表される「日本前」と呼ばれた大型遠洋ジャンク船などが造られたが、この「日本前」は、「合いの子船」（あいのこふね・東西技術の折衷の意味）で、「ミスツイス造り」とも呼ばれている。

船体は、中国のジャンク船を基本にして、船尾や舵に西洋方式の航洋船である「ガレオン」船の技術を取り入れたものである。

大きさは、400~500屯位で、それ以上の大型船（加藤船など）も建造されている。

家康は慶長六年（1601）以降、「安南」「スペイン領マニラ」「カンボジア」「暹羅」「パタニ」などの東南アジア諸国に使者を派遣して、外交関係を樹立し、

日本前型御朱印船（荒木家資料集）・出典不明

１６０４年に幕府の朱印状（海外渡航許可証）を得た者だけが海外交易を行うことができる「朱印船制度」を実施した。

朱印状と御朱印帳

朱印状とは、日本において、（花押の代わりに）朱印が押された公的文書（印判状）のことである。主に戦国時代から江戸時代にかけて、戦国大名や藩主および将軍により発行され、南洋地域向け渡航証明書、あるいは船籍証明書として幕府が発行したのが、「異国渡海朱印状」といわれ、この朱印状を携えて渡航した船を「御朱印船」と呼んだ。

江戸時代において、東南アジア諸国に使者を派遣して外交関係を樹立した。交易の相手国との間で、政府間の朱印状についての了解、承認、あるいは相互保全の協定の成立が前提として発行された。

江戸幕府は、海外に渡航する日本商船に渡航許可の朱印状を下付する際には、その作成と交付に専門の外交僧をあてている。

慶長十七年（１６１３）、臨済宗の僧である金地院崇伝《こんちいんすうでん》（以心崇伝　永禄十二年〔１５７０〕～寛永十年〔１６３３〕）がその

朱印船（荒木船）（荒木家資料集）・元和八年の渡海船

役を相国寺の「西笑承兌《さいしょうじょうたい》」から引き継ぎ、慶長十七年（１６１３）～元和二年（１６１６）の間の朱印の控えを「異国渡海御朱印帳」と呼んでいる。

秀吉が下付したといわれている朱印状は、現在のところ1枚も見つかっていないが、家康を通して下付したものは、24通現存している（家康は外国に対して約千通の朱印状を発給している）。

この「朱印状」を作成したのは金地院崇伝らで、こ朱印状に、将軍の印、すなわち家康の場合は、「源家康弘忠怒」の朱印が押されて初めてその効力が生じたのである。

したがって、朱印状の筆者である禅僧らに対しては、下付される立場の者たちから、本人、補佐する者を含めて、「染筆料」として、多額の金銭、あるいは輸入絹織物などが贈られている。

江戸幕府が最初に下付した朱印状の日付は、「慶長九年（１６０５）八月二十六日」、京都の豪商である角倉了以《すみのくらりょうい》（天文二十三年〔１５５５〕～慶長十九年〔１６１５〕）らの貿易商人に渡航朱印状が下付された。ちなみに、角倉了以の渡航先は「交趾」である。

これ以後、寛永十二年（１６３６）までの間に、３５０隻以上の日本船が朱印状を得て渡航した。

渡海する際の主な条件としては、

①朱印船は、必ず長崎から出航し、帰港する場合も、長崎に限定された。
②朱印状の有効期間は、一航海に限られた。
③一航海が終了したならば、下付された朱印状を必ず返却すること。
④万が一、船主や船体に故障があり、もしくは天候不順などでその航海をなさず、そのまま翌年に入ると、その御朱印状は無効とされ、幕府の取り扱い奉行所に返却すること。

朱印船のコーチシナ方面の主な渡航先

安南＝当時、ベトナム北部を領域にしていた「大越《ダイエツ》国」の正当な王朝である「黎《レイ》朝」を陰で操っていた「鄭《チン》氏政権」のことであるが、日本では、中国での当時のベトナム国の呼び名である「安南国」と呼称している。王都は「東京」（トンキン）。

交趾＝当時、実質的に中部ベトナム地方を領有していたフェの阮《グエン》政権（広南国・広南阮氏のこと）。その主な交易港は、「會安《ホイアン》」であった。

占城＝当時、ベトナム人勢力によって、ベトナムの中南部に押し込められていた「チャンパ王国・Cham Pa）のことであり、ベトナムの北中部および南中部にかけて存在していた「オーストロネシア語」を話す部族を中心とした王国で、中国では「占城」と呼んだ。

朱印船（大船）の構造

平均的な朱印船大船（長船）　長さ＝二十二間（約四十メートル）、幅＝五間（約九メートル）

積載量＝二千石（約三百屯、約36万リットル）～三千二百石（四百八十屯）。ただし、五百屯～七百屯とする説もある。

マスト（帆）＝約三本　帆柱は前檣と本橋の二本で、船首と船尾に補助帆もあった。

甲板等の船材木＝薩摩産楠、松等

船の構造＝中国のジャンク船をベースにし、帆装の一部や舵や船尾回りに、欧州のガレオン船の技術を採用している。

日本式の独特なタイプは、「船首楼」を日本式の「櫓」「楼閣」形式としたことである。特に「荒木船」の場合は、船尾にも巨大な楼閣を有していた。

安南からさらに遠くの暹羅などに向かった船（荒木船等）の中には、明国のジャンク船の仕様をまねて、船の大きさは、三千石から四千石積みの大船で、船の長さ40m、横幅9mから12m。船の中に小楼を持ち、楼内には座敷が3間もあった。その中には16畳の大広間もあり、風呂もあったと記されている。

乗組員＝船長、按針、水夫・賄い夫等……約五十人。

商人（客商・外国人を含む）＝約百五十人～三百人……平均の乗船者は約二百三十六人。

傭兵（海賊対策）＝約三十人～六十人（関ヶ原の戦で敗れた西軍の大名たちの浪人が数多く乗組んでいたという）

人員総合計＝約二百人～三百人

御朱印船の主な所有者

・亀井船＝因幡鹿野藩初代藩主亀井茲矩《かめいこれのり》（弘治三年〔1557〕～慶長十七年〔1612〕）……暹羅に和洋折衷型のジャンク船を発注する。

特徴＝八十万斤積（三千二百石積、積載貨重量＝約四百八十屯）

・加藤船＝（肥後熊本藩初代藩主・加藤清正）

特徴＝三本マスト、船尾には長方形の帆を張っていた。このため、進行方法の調整や逆風にも対処できた。

長さ＝約二十間、幅＝五間

櫓を組んだ座敷を三重に設け、十六畳の広間と「風呂場」を備えた「大船」であった。

加藤清正の大船に招待され乗船した、当時の公家の記録がある。

当時の公家であった舟橋秀賢《ふなはしくにたか》（天正三年〔1575〕～慶長十八年〔1614〕）が遺した日記から抜萃する。

慶長日件録

慶長九年四月十六日条

「清正公の新造船は、長さは、二十間、幅は、五間と見られ、船中には、座敷が三重に造られており、総数で十六畳もあり、風呂を備えている。私は、清正公からこの船中で、盛大な饗応を受けて感激した。」

・薩摩船＝島津藩初代藩主・島津忠恒（天正四年〔1576〕～寛永十五年〔1638〕）
特徴＝中国沿岸のフクチュウ（福州）に和洋折衷型のジャンク船を発注する。

・荒木船＝（長崎の大商人）「直乗り船頭」
特徴＝日本前型（ミスツィス型「和洋折衷方式」）、中国ジャンク船の形式を基本に、ガレオン船のような装飾を備えている。日本の

御朱印船（荒木船）日本前型　（荒木家資料集）・出典不明

朱印船の基本形といわれている。建造地は長崎と伝わっている。

三本マスト＝船尾には、長方形の帆を張っていた。このため、進行方向の調整や逆風にも対処できた。

長さ＝約二十間、幅＝五間

積載量＝約七十五萬斤（三千五百石積）、載貨重量＝約五百八十屯、乗船総員＝約二百五十人～三百人

船体＝四角形の櫓棚が船首にあり、さらにそこから長い帆柱を沖に向けて突き出し、四角の広い帆を張り出していた。各地の港湾内に入るとこの帆を張り、水夫が櫓を請いで航行していたという。

船体の中央部分の側面に四角形の小櫓の「厠」を備えていたという。櫓頭や船尾には、オランダ東インド会社旗であるＶＯＣを逆さまにしたような旗を掲げていた。

船首の横帆を突き出す櫓の下には、「客商」を乗せる船室があり、船尾には、乗務員の小さな船室が備わっていた。

船体下部の三角形の排水口は十八個あり、船底には、船首から船尾にかけて「竜・キール」という構造材が組み込まれていた。

船底には、船のバランスを保つために、最初は注水（海水）方式が採られ、やがて「真水」や「漆喰」などの「重し」（バラスト）が使われた。

中国のジャンク船や日本の朱印船に大きな影響を与えたガレオン船（Gaiieon）とは、大航海時代の基礎を築いた帆船で、西欧各国でこぞって建造された大型帆船で、船体は細長くてとても低かった。そのため、操縦性に優れ、荷が多く積めて、速力もかなり速かった。当初は、軍艦用に造られたが、次第に大型商船として遠洋航海で利用された。

スペインは、このガレオン船（ゴールデン・ハイドン号　３０５トン）で世界一周に成功している。

なお、長崎駅構内には、荒木船を模した朱印船の模型が展示されている（三菱重工長崎造船所製作）。

・末次船＝（長崎の代官　末次平蔵）、絵馬＝寛永十一年（１６３４）七月、長崎の清水寺に絵馬が奉納される。

日本前型（ミスツィス型「和洋折衷方式」）、中国ジャンク船の形式を基本に、ガレオン船のような装飾を備えている。

日本の朱印船の基本形といわれている。建造地は長崎と伝わっている。

特徴＝三本マスト、船尾には、三角形の帆（ランセール）を張っていた。このため逆風に対して、舵取りが素早くできた。

長さ＝約二十五間、幅＝約六間

積載量＝約七十五萬斤（三千五百石）、載貨重量＝約五百屯、乗船総員・約三百人

船体＝四角形の櫓棚が船尾にあり、さらにそこから長い帆柱を沖に向けて突き出し、四角の広い帆を張り出していた。各地の港湾内に入ると、この帆を張り、水夫が櫓を請いで航行していたという。船首の横帆を突き出す櫓の下には、船尾に四角形の櫓を張り出している。この船首の櫓の下には、「客商」を乗せる船室があり、船尾には、乗務員の船室が備わっている。船体下部の三角形の排水口は二十二個あり、船底には、船首から船尾にかけて「竜・キール」という構造材が組み込まれていた。

御朱印船（末次船）日本前型　（荒木家資料集）・出典不明

・末吉船＝大坂の豪商・末吉孫左衛門（元亀元年〔1570〕〜元和三年〔1617〕）
長さ＝三十間、幅＝九間、乗船定員＝三百九十七人
特徴＝角倉船に似ていた。
船底が深く外面を油石灰で塗り、上部は丹土色に塗られ、百二十屯〜二百石斤積みで、米なら五〇〇〇〜八〇〇〇石を積める大船であった。
・角倉船《すみのくらせん》＝京都の豪商　角倉了似（天文二十三年〔1554〕〜慶長十九年〔1614〕）、茶屋四郎次郎、後藤庄三郎と共に京都の三長者と言われた。
長さ＝三十間、幅＝九間、乗船定員＝三百九十七人
角倉船は、総屯数七、八百屯くらいの大船で、船長の前橋清兵衛の他、水夫七十人余りが乗り組み、さらに、商人や船客が一人あたり、渡航費約五十匁を払って三百人も便乗した。
・茶屋船＝（京都の豪商　茶屋四朗次郎）
長さ＝三十間、幅＝九間、乗船定員＝三百九十七人
京都の呉服師、茶屋四郎次郎が長崎を出帆させた船は、幅四間半（約八メートル）、長さ二十五間（約四十五メートル）総屯数数三百屯の船。船尾には高楼もあり、三本のマストには網代の帆が折からの北風を受けて丸くはらんでいた。
船長は茶屋の一族の茶屋新六郎らで、それまで何度か渡航して経験も深い操船手五十名ばかりの水夫のほか、大勢の

船客も乗り込んで総勢三百人。船中には船員も船客も、手に手に多くの商品を持ち込んだ。

・幕府御用船＝元禄十二年（１６３６）、長崎代官の末次平蔵に命じて、福州系のジャンク船を建造させ、延宝三年（１６７６）、小笠原諸島の探検に出発する。

長さ＝約二十五間、幅＝約六間

末次船に似ている。

「日の丸の旗」は幕府御用船で使用された。

朱印船は、日本にも莫大な富を齎したが、しかし、その繁栄は次第に陰りを見せ始め、荒木宗太郎が没する一年前の寛永十三年（１６３７）には、「日本人の海外渡航禁止令」に先立つ同年正月に「朱印船渡航派遣禁止令」が出され、新たに朱印状並びに奉書の交付を受けた「奉書船」でも、幕府の命令で出帆出来ずに長崎港に係留されていた。

「奉書船」とは、将軍が発給した朱印状に加えて、老中の書いた「奉書」という許可証をもって渡海した船のことである。

寛永五年（１６２９）、高木作右衛門の朱印船が焼き討ちにあい、朱印状を奪われたことがきっかけで「奉書船制度」が始まった。

寛永八年（１６３２）、「長崎奉行の竹中重義」の奉書を得て、「長崎代官の末次茂貞」が安南のトンキン（東京）に出帆したのが最初である。

寛永九年（１６３３）、奉書船以外の海外渡航が禁止となった。

寛永十四年（１６３８）十二月、島原の一揆が勃発すると、係留されていた「末次船」「角倉船」「三浦船」（按針）の四艘が島原沖に曳航され、日本史上最大の一揆との戦闘に参加している。

なお、「奉書船」は、寛永二十年（１６４４）まで運航していた記録が存在する。

朱印船の運航管理

朱印船の運航や貿易の積荷を管理し、全体を指揮するのはすべて船頭の役目であった。大名や豪商たちは、これに腹心の手代や手下などの身内の者を従事させたが、中には荒木宗太郎や船本弥七郎のように、稀ではあるが、自分で船を操舵して渡航する者（直乗り船頭）もいたのである。

また、船の航路や進路を決めるのも按針と呼ばれた操舵主（航海士）の最も重要な任務であった。記録によると天候が安定して外洋を航行するのはせいぜい2～3日で、それも、時速15～20キロ位の自転車の走行速度で航行していたので、どうしても、長い距離の航海を続けることができなかった。いつでも近くの港や入り江に退避する必要があったので、高額であった羅針盤などを持たないほとんどのジャンク船や朱印船は、中国の沿岸地帯の沖を中国人の水先案内人を乗せて航行している。

なお、羅針盤は、古代中国の四大発明の一つである。

16世紀から17世紀にかけて、明に渡海してきた「イエズス会」の中国使節は、西洋科学と天文学を中国に持ち込む代わりに、古代中国の四大発明である「羅針盤」「火薬」「紙」「印刷」の高度な技術をヨーロッパに持ち帰っている。

交趾方面への航路

渡航先＝印度支那（ベトナム・タイ）地方宛、安南、東京、順化、交趾、迦知安、占城、暹羅。

出航（出帆）地＝長崎港
朱印船の長崎湾内の専用停泊地＝長崎沖、高鉾島《たかほこじま》沖合である。その沖合には、オランダ船などの大きな外国船が舫われていたという。そこから端船で荷を積み替えて大波止（本石灰町の荷揚げ場所）に陸揚げした。
出航時期＝七月〜十月
所要日数＝約四十日
帰帆時期＝翌年の四月、五月、六月
航路＝秋から冬にかけて吹く季節風（毎年七月頃から吹き始める北東の風）を待って長崎の高鉾島の沖合いを出帆した船は、三本の帆に北東の風をはらんで、港口の伊王島を進路を西南に取り、五島、妻《め》島を経て、外洋に出ると島影はまったく見えない南海（東シナ海）を「寧波《ねいは》」の方向に進路を取り、浙江省松門《せっこうしょうしょうもん》（スルボン）の岬を右手に見てから、禿山続きの中国の海岸に沿ってさらに南下した。そこから真っすぐに五島列島沖を通過し、約十二日間位で中国沿岸にある「寧波」や中国沿岸の近郊の島々の港に到着した。

朱印船の中には、長崎から「澳門」（マカオ）まで直行し寄港する船もあった。そこで貿易の仲介をする海商から水や食料を購入し、操舵手を雇い、現地の商人（客商）などを乗せて、安南《あんなん》の「交趾」を目指して航海を続けた。不慣れな航海であったので、昼間は島陰や漂流物で方向を確認し、さらに、全円儀で太陽の位置を測って、その角度を航海暦に照らし合わせながら船の位置を決め、夜間は月の形や北斗七星などの星の形を観測し、常に船の位置を確認しながら航行を続けている。
大型船の中には、中国製の「羅針盤」を用いてさらに確実な方向を定めることができた船もあった。これに加えて船首には「南蛮渡りの海図」（ポルトガル・オランダの羊皮の海図）を拡げた操舵手や水夫が交替で遠眼鏡で見張りをしていた。

暴風などの発生で、緊急に避難した途中の島々や寄港地では、追加の水や食料を買い込み、乗組員として、現地の按針（航海士）や水先案内人、水夫、水夫見習い、炊夫、炊夫見習いなども雇い入れ、安南行きは総勢約三百人にもなったという。

船の航路や進路を決めるのも按針の最も重要な任務であった。

また、豪商たちの朱印船の中には、スペイン、ポルトガル、オランダ、イギリスなどの欧州諸国の航海士を雇い入れている。イングランド人の三浦按針（ウイリアム・アダムズ）やオランダ人のフランシスコ・ヤコブセンのような人であり、清水寺の絵馬には、角倉船に乗り組んでいた西洋人の按針が描かれている。

この頃には、肥後の池田与右衛門《いけだよえもん》（好運）のように西洋人の航海技術について、進んで航海術を学んだ者も出てきた。彼が書きとめた「元和航海記」というヨーロッパ風の航海術の書き物も残っている。

彼は、来日したポルトガル人のマヌエル・ゴンザレスから航海術を学んだ、
やがて、欧州で改良された航海に必要な最新式の全円儀、半円儀、羅針盤や航海図も手に入るようになり、暫時使用されていった。

船中の雑用をさばく荷役夫や水夫、炊事人（料理人）も、およそ四、五十人くらい乗り組んだが、領民を課役や奴隷として働かせた朱印船もあったようだ。しかし、水夫には別に大きな役得があった。多くの商品を持ち込んで、船頭（船長）に届ければ、勝手に渡航先で交易することが出来て、時にはその全体の量が船荷の三分の一にまで達したという。

この他、多数の商人「客商」が、自分の商品を持ち込んで便乗し貿易に参加したが、その渡航費と商品の一部が船主に支払われて、彼らの貿易資金に廻された。客商の中には中国人などもいて、途中で乗り込む「飛び乗り」（密航者）も多かったようだ。

船はハイナンタオ（海南島）の南端を過ぎてから、左手に西沙諸島（パラセルシーシャー諸島　ベトナムの東、東ベ

トナム海域約240キロ）の浅瀬の難所を警戒しながら、「トゥアン・ホア／Thuan Hoa」（順化・フェ）の沖を通過して、ゲアン（乂安）沖を通り、航海四十日でいよいよトゥーロン（現在＝ダナン市・Thanh pho Da Nang）湾に到着し投錨した。湾に入ると、すぐに湾内の岩島のあたりから、土地の曳き舟三隻で誘導されて停泊地に錨を下ろしたという。長崎から交趾まで、海路千八百里（約7200キロ）で、途中の寄港地も含めて、順風で約三十日、波風の具合によっては、約四十日～五十日もかかった。

船が着くと、乗ってきた商人の中から五、六名をすぐにトゥーボン川（Thu Bon Song）南方の約20キロメートル上流にある主要貿易地であるフェフォ（Faifo）に遣わして、そこに住んでいる日本町の長（荒木船が渡海した頃の日本人町の頭領は、慶長九年以降九回も朱印状を受けて「交趾」に派船した船本弥七郎顕定）らと、この市場を管轄する阮氏の港務署の長官に来港を知らせると、彼らは「官路飛脚」を出して順化（シノア）の王宮にいる王にこれを報じた。

国王の臨検使が来るまで、荷物をいっさい陸揚出来ないで沖に碇泊して、許可が下りるまで待たなければならなかったのである。

客商は上陸後、これを各地で自ら売りさばき、絹織物など現地の特産物を仕入れて、長崎で売りさばいていたので、客商らはたいそうな利益があったという。船客の交趾までの渡航賃は銀約五十匁であった。また、船頭（船長）や船員も海外渡航の特権を利用して大いに儲けていたという。船長、船員や客商は手回り品の他、各自が商品を持ち込み、積荷の3分の1は船員や旅客の品であった。

ちなみにクアンナム（広南）では、生産される生糸などの収穫が見込まれるが、交易の季節的な性格のために、日本船はホイアン（会安）港などに約半年間ほど滞在しなければならなった。同地方では、九月から一月までは北西の季節風が吹き、二月、三月になって、ようやく中国大陸に向かう東北の季節風が吹いてくる。

寄港していた朱印船が、ベトナムから長崎に本格的に「帰帆」するのは、夏の風である「東南の季節風」が吹く、四月、五月、六月だった。よって交易商人は、どうしてもこの季節風に乗って帰らなければならなかった。そのため、中国の商人や日本の商人たちの中には、町中の商売を円滑に営むために現地に商店を持ち、また妻を娶る。またその他の外国の商人が現れた始めたのである。

そして、当時の貿易の決済は銀によって行われていた。決済の代価として「日本の銀」が用いられたのだ。

銀貨は「丁銀」と呼ばれ、秤量貨幣が基本通貨で裸銀として使用されることはなく、500匁（銀の貫は1000匁）毎に和紙に包んだ「包銀」として使用した。また、「小玉銀」は「銀秤」を用いて取引をしていた。

平成十九年（2007）に世界遺産に登録された「石見銀山」（島根県大田市大森町）は、戦国時代の後期（1562年）から江戸時代の前期（1620年）にかけて最盛期を迎えていて、当時の世界の銀の約3分の1を産出していた。石見銀山は鎌倉時代末期延慶二年（1309）に発見されて以来この銀山の争奪戦が繰り広げられ、大内氏や毛利氏から秀吉へと所有権が転々と変わり、そして慶長五年（1600）関ヶ原の戦いで勝利した家康は天下を掌握するとすぐに、大久保長安と彦坂元正を石見に下向させ、調査をさせた後に幕府直轄領（天領、約五万石）とした。

翌慶長六年（1601）家康は初代銀山奉行に、武田信玄や勝頼に仕えていた武田氏残党の大久保長安を任命した。これ以後、京都、堺、博多、長崎の商人たちも銀山の開発の手助けをしたといわれている。このように、江戸初期、日本も銀を豊富に所有していたので、海外交易の支払いを潤滑に決済できる下地があったのである。

15世紀後半から日本に来航した明の福建省の華僑たちや16世紀以降には、ポルトガル、オランダなどとの交易者らによって銀が多量に日本から持ち出された。では一般に、どのくらいの銀が海外に運ばれていったのか?

輸出許可済の銀座の極印付きのものだけでも、銀10貫目入りの箱が150箱も積まれていたと記されている。これは大資本であり、小資本は100貫ぐらいで、平均して500貫目の資本を積む船が多かった。

往路の航海に持参した日本の主な製品等は、

「丁銀、銅、鉄、日本刀（刀剣類）、銅器（薬缶）、弓矢、鎗などの武器、漆器、蒔絵、屛風、傘、扇子、硫黄、樟脳等」

復路にホイアンから買付、購入した物産は、

「生糸、絹、絹織物、金、鹿皮、羅紗、桂皮、砂糖、胡椒、沈香、伽羅、丁子、蘇木、唐木、漢方薬、陶磁器、象牙、黒砂糖、鹿皮、犀角、水牛角、白檀、奇南《キナン》珊瑚等」

これらの輸出、輸入品の中には中国産の製品も含まれている。このことは、ホイアンが海外交易港として仲介貿易をしていたことを裏づけている。

慶長六年（１６０１）、徳川幕府の朱印船制度が開始されてから、この制度が廃止された寛永十二年（１６３５）までに、安南（ベトナム）に向かったと記録されている朱印船は合計一二四隻である。その内訳は、東京行き二十三隻、交趾行き八十七隻と占城、他行十四隻であった。

朱印船の投資家「客商」の実態

徳川家康が朱印船制度を実施した慶長九年（１６０４）～徳川家光の鎖国令がでた寛永十二年（１６３５）までの記録から書き写す。

朱印船への投資をする者の資格

一、朱印船の貿易商人が単独で全額を出資し、自前の船を用立て、自ら渡海する者

（国内の有力大名、豪商たちから出資を受ける場合が多かった）

二、他の船主から船を借り受け渡海する者

三、複数の貿易商人が出資し、船を用立て渡海する者

四、一人の朱印船貿易商人の船に多数の「客商」が船賃を支払って渡海する者（地方の裕福な商人や資金を託された「手代」などが参加した）

（日本からの輸出品、現地で購入した商品購入資金を用意して乗船する者は、彼らの船賃や保証金が船主の貿易資金として扱われた）

五、貿易商人の船を操舵する船長や乗組員が自ら資金を用意して渡海する者

六、船員として乗組む者の中には、多少の資金を友人や親類から借り受けて、海賊対策や現地の日本人商店の傭兵として渡海する者（傭兵として乗組む者の中には「関ヶ原戦」以後に大量に発生した浪人たちが密かに応募してきたという）

慶長の始め頃から日本は外人部隊の傭兵として、暹羅（シャム）に渡航し、山田長政は国王の近衛兵の師団長として活躍していた。

暹羅から交趾まで渡海した荒木宗太郎について、山口県の荒木宗太郎末裔である荒木崇男さんとの面談の際、荒木氏は次のように語った。

「荒木宗太郎の逸話として当家に伝わっているのですが、どうやら宗太郎は、朱印船の護衛兵として乗船させていた浪人たちの何人かを、阮福源に懇願されて現地に留めてきたようです」

宗太郎が渡海した頃、広南国王の阮福源は、北の鄭《チン》氏（Trinh-thi）としばしば交戦していたが、日頃から自軍の兵力の不足に悩み、武装訓練された日本の武士たちが欲しかったのかもしれない。

当時、東南アジアの暹羅《シャム》やアラカン（現在のミャンマー）などでは、国王が傭兵として日本の武士を雇い入れていたが、ベトナムの交趾では傭兵の記録がない。

だが、日本から交趾に渡来していた商人の人たちは、いざ鄭軍との合戦となった時は、自分の店から応援の兵を出していたといわれているので、この朱印船の護衛兵は、平時は日本町の大店の商店などに用心棒などとして雇われていたのではないだろうか？

それに、荒木宗太郎の交趾渡航時の慶長年間には、関が原の戦いや大坂の陣で旧大坂方の浪人が巷に溢れ、海外渡航を目指して朱印船や密航船などに、長崎港沖で漁船から飛び乗った（密航）記録や当時の港を取り締まる番屋役人の収入が、正規の給料よりお目こぼしの賄賂の金の方がはるかに多かったという記録が残っている。

また、幕府は九州各地、特に長崎に集まってきた浪人の処遇にも手を焼いていた。

諸国からはみ出た欠落者や素浪人が、海外渡航という最後の成功を夢見て続々と長崎に集まっていたのである。これらの輩がまことに厄介な存在で、気に食わないとすぐに反抗する強者ぞろいであったようだ。

したがって、彼らを統率するには、剛腕な手腕が必要とされた時代でもあった。また、ポルトガルやオランダ商人の中には、日本人の男女を「奴隷」として売買している者もいた。浪人たちも外国の交易船の護衛兵として高値で売買されていたという。

長崎奉行（定員2名のうち1年交代で江戸と長崎に詰めて交替した）は短期赴任などのために朱印船の護衛兵の管理などには手が回らず、浪人の東南アジア行きをある程度黙認していたふしがある。そして渡航先に関しても、はっきり監視していたわけでなく、朱印船は朱印を受けた渡航先から、別の東南アジアの港に交易のために、しばしば立ち寄っていたのである。さらに、浪人対策に失敗して日本中に溢れだした浪人たちの処遇に対処するため、幕府はオランダとも密かに手を結んで、この輩を外国に放逐しようとしていたと思える。

1580年以降、モルッカ諸島（香料諸島）を巡って、南海で外国船どうしの砲撃戦や軍事衝突が度々起り始める。利権を得ていたスペイン・ポルトガルに対抗するために、オランダやイギリスが東アジアの交易に本格的に参入してから東インド地域を巡る紛争が展開されたのだが、その際、各国が貴重な戦力として最も重視したのが、気性は荒くて扱いづらかったが、武勇の誉が高い日本人の浪人たちの確保であった。

慶長十三年（1609）、オランダの東インド会社の船が平戸に入港し公館を設けた。スペイン船はポルトガル船より遅れて天正十二（1584）年、平戸に入港し公館を設けた。

この後、平戸は南蛮貿易の重要な港になる。

元和二年（1616）、幕府は欧州船の寄港地を長崎に限定する。

慶長十七年（1612）、徳川幕府第二代将軍秀忠の時、オランダ船のブラウエル司令官は、幕府の許可を得て水夫・兵士三百余名を海外に連れ出している。この年は、幕府の直轄領にキリスト教禁止令が出た。ちなみに、ポルトガルは平戸に天文十九年（1550）に初めて入港し商館を築いている。

そして、同年、初代オランダ商館長ヤックス・スペックス（Jacques Specx 1585~1652）も日本人70人を送り出したとバタヴィアに報告している。

ちなみにこの時期、ベトナムでは後黎朝の時代で弘定九年、高平の莫《マク》氏がかろうじてまだ勢力を保っていた時代である。

交易商人の規範

元和二年（1617）家康が亡くなった年に、幕府は中国船を除く欧州船の寄港地を平戸・長崎に制限した。同年、平戸で大阪出身の楠吉右衛門を頭領とする59人の傭兵の契約がオランダと結ばれ、モルッカ諸島、アンボイナ島などに配属されたという。また、朱印船を授与された大名や豪商たちは独自の規律を作り、日本国の代表として、海外で交易商人として恥じない行動を規範として戒めている。

慶長九年（１６０４）、徳川幕府から朱印状を拝した京都の豪商角蔵了以《すみのくらりょうい》の長男である素庵は、江戸の儒学者であった藤原惺窩《せいか》と共に、朱印船の乗組員に向けて「舟中規約」をつくり、乗船に対して守るべき規約を暗唱させた。

彼は慶長八年（１６０３）以降十年までに数回にわたり安南、東京に渡航している。

荒木宗太郎も乗組員の規律には、かなり厳格に対処していたようだと荒木崇男氏から聞かされたので、この規約を尊重したと思えるので紹介する。

『舟中規約』

一、およそ回易《くわいえき》の事は、有と無を通じて、人と己を利するにあり、人を損して己を益するにあらず。利を共にする者は、小と雖も却って大なり。利を共にせざる者は、大と雖も却って小なり。いはゆる利とは義の嘉会《かくわい》なり。故に曰く、貪賈は之を五とするものも廉賈《れんこ》は之を三となす。これを思え。

一、異域の我國における風俗言語は異なると雖も、その天賦の理はかつて同じからざるはなし。その同を忘れてその異を怪しみ、少しも欺詐慢四馬《きさまんば》することなかれ。彼は且つこれを知らずと雖も、我は山豆これを知らざんや。信は豚魚《どんぎょ》におよび、機は海鴎に見る。たゞ天は偽欺《ぎき》を容るさず。わが國俗を辱かしむべからず。もし他に仁人君子《じんじんくんし》を見ば、すなわち父師のごとくこれを敬ひ、以てその國の禁諱《きんき》を問ふて、その國の風教《ふうきょう》に従え。

一、上堪下興の間、民胞物興、一視同仁なり。況や同國人においておや。況や同舟人においておや。患難、疫病、凍餒《とうたい》あらばすなわち同救せよ。苟も獨り脱れんと欲するなかれ。

一、狂瀾怒涛《きょうらんどとう》、険なりと雖も、却って人欲の人を溺れしむるにしかず。到る處同道するもの、相共に匡正して、これを認めよ。古人の曰く、畏るゝの途は衽席飲食《じんせきいんしょく》の間にありと。それ然るなり。豈に慎まざるべけんや。

一、瑣細の事、別録に記し、日夜座右に置いて、以てこれを鑑とせよ

日本国慶長九年八月二十六日日本国回易大使司

幕府から朱印状を受けて海外に渡航する貿易商ならびに乗組員は、日本国代表として「日本國回易大司」として行動し、常に「信義」を重んずることを教唆している。

この時期、まだ日本の倭寇らの船が安南国（ベトナム北、中部）沿岸を襲い、沿岸住民の家財、婦女子を略奪する事例が後を絶たなかったのである。

荒木宗太郎もこの儒教の精神を尊重し、乗組員にこの書と同じ規約を厳格に強調したものと思われる。

それは、荒木宗太郎と妻であるアニオーさん（王加久）との間に、一人娘の家須《やす》が生まれたが、やがて成人になると、京都の儒学者奥野山庄右衛門の次男である本光を婿に迎えて家を嗣がせた。彼は二代目惣右衛門と呼ばれ、飽の浦の邸で近隣の人々に儒学を教えたという。

渡海における「荒木船」への投資家の「投銀」

投銀《なげがね》は、（抛銀）とも書かれる。

江戸時代の初期に、長崎、博多などの豪商たちが中国人、ポルトガル人および朱印船の船主、客商などに貸付けた資

金である。一種の投機的な性格を帯びた貿易投資の資金であって、船舶（朱印船）、船荷（輸出、輸入品）を担保として、三割～五割の高利で貸付けた。

この借用書を「投金証文」という。一航海（半年か一年）の期限で元利共が返済される約定を交わしている。

江戸時代初期、朱印船貿易が繁栄した頃に交易のために、博多、長崎などの海外と取引をした豪商たちが、中国人（華僑も含む）、ポルトガル人、オランダ人、イギリス人の商人、役人たちと直接取引を行うために、朱印船の船主、客商、船長などに貸し付けた投資を目的とした資金であるが、南蛮貿易で潤っていた長崎では資金が潤沢であった。

この投資は、利益も莫大だったが、暴風や海賊の襲撃などで、出航した船の半数は無事に帰還出来なかったので、かなり危険で投機的な貿易投資方法である。

したがって、長い航海を続ける船舶の構造、持参する積荷や現地で買い付け購入する物産などを担保として、約3割から10割の高利な利子を貸付けた。朱印船が帰還出来なかった場合は、まったくの投資損となる。

一航海半年から1年の期限で、元利共に返済される仕組みになっていた。一番重要なのは航海の安全を担う朱印船の船頭の腕で、この点では荒木宗太郎はオーナーでありながら、自ら船頭（直乗り船頭）として、海外に渡航したので、その実力は豪商たち投資家の絶大な信用を勝ち得ていたのである。

彼は、都合6回も東南アジアに渡航したが、すべて無事に帰還している。剛腕でありながら、渡海にあたっては緻密な渡航日記を常に書き持参していたと伝えられている。

『荒木宗太郎の和文証文』　元和9年（1623）2月の和文証文
「徳川初期の海外貿易家（下）」（川島元次郎）から抜粋する。

福岡市（県）博多濱口町の島井俊三郎氏所蔵の投銀証文によると、宗太郎は元和八年十一月四日附の朱印状により、翌元和九年二、三月、交趾渡海船を出した時の証文が在ると云う。

覚

合丁銀子五貫目者　　但めたり五拾め有利分四わり半。
若かこい申候はば、一割増しさん用申候
右我等銀子同前に高尾市左衛門に借し申候。
ただし荒木惣右衛門の船に海上申候。
帰朝之刻、銀子請取次第に相渡し申す可く候。
本手形は我等請取置申し候也、以上、
元和九年二月一五日　　勝野又左衛門花押並印
嶋井徳左衛門殿

元金は5貫50目（匁）であって、貸主・借主で50匁の超過を確認したもので、「かこい」は安全保護のための囲いが原義であると言われた。川島説によれば朱印船の出帆遅滞して北東風の時季を経過したならば、次の時季即ち1年後を待つことになるので、1ヶ年元本の据置によって1割増ということになる。

また、出発地に於ける出帆地の遅滞ではなくて、到着地の港に於ける帰航時の遅滞である。そのため南西風の時季まで1ヶ年延滞としているようである。

この証文の貸借関係は次のようになる。

○島井
↓
貸借関係
↓
○勝野　←→
↓
投銀関係（我等銀子と同前に高尾貸）
↓
○高尾（客商）　←→

（本手形は我等請取（受取）置申し候）　荒木惣右衛門船

証文の借受人勝野又左衛門は博多の商人であって、賃貸の要旨は勝野又左衛門が丁銀五貫目を島井徳左衛門より借りて、これを高尾市左衛門に転貸している。

高尾市左衛門はこの銀子を荒木惣右衛門（宗太郎）の渡海船に搭載して目的地にて仕入をなすべき資本としたことが記されている。

なお、高山右近も、貧しいキリスト教徒のために、イエズス会と共同で、ポルトガル船に多額の投銀を行った覚書が現存している。

長崎港の始まり

当時の長崎の安土桃山時代の状況は、天文十二年（１５４３）、九州南方の種子島に漂流してきた中国船に乗り込んでいたポルトガル商人らにより鉄砲が伝来された後、元亀二年（１５７１）、ポルトガル船が初めて横瀬浦《よこせうら》（現長崎県西海市西海町横瀬郷にある入江にの港）に入港した。これにより、長崎の六カ町の町の建設が始まっている。

その後、ポルトガル人は、松浦《まつら》氏の援助もあって平戸を寄港地としていたが、新しい港を模索し始め、永禄五年（１５６２）、近隣の深掘氏や龍造氏の侵略に悩まされいた大村純忠がイエズス会に対し、自国領の横瀬浦の土地の寄進を申し出た。永禄六年（１５６３）、平戸港でポルトガル人殺傷事件が起こった。

彼は、近隣の深掘氏や龍造氏の度重なる攻撃に悩まされていたので、ポルトガルの力を借りて自国の領土の防衛にあたろうとしたのだ。併せて、大村氏はイエズス会士の住居の提供などの便宜をはかっている。

イエズス会の記録では、教会領としての長崎の成立は、天正八年（１５８０）と書かれている。九州を平定した秀吉は、天正十五年（１５８７）六月、「バテレン追放令」を発令し、バテレンたちの国外追放を命じているが、南蛮貿易の取引は禁止していない。つまり、秀吉政権が主体となって、海賊行為を裏で後押ししている海商や領主たちを排除し、正常な海外貿易を独占し管理したいと考えていたと思われる。

文禄元年（１５９２）秀吉は、大村氏の所領で、イエズス会に与えられていた長崎と茂木を一方的に取り上げ、直轄地の天領にし、鍋島直茂（肥前佐賀城守）を代官とした。

同年秀吉は、本博多町に長崎奉行を置き、寺沢広高（肥前

長崎港開港時の市街地図

唐津城主）が任命された。長崎奉行の前身といわれている。

同年七月、彼は全国的な「海賊禁止令」を出して、九州、四国の領主たちに法に、背き怠慢な者は、厳しく成敗する旨を通告している。この頃の豊臣秀吉の一連の政策から慮《おもんぱか》ると、彼は朱印船時代の基礎を築いた人物であるといわれている由縁がよくわかる。

秀吉が朱印状を下付した記録はないが、この海外貿易奨励策は、やがて家康が引き継ぎ、朱印状を得た御朱印船が東南アジアの各地に渡航し、寛永十二年（１５３５）の鎖国令発布までの三十二年間に約三百五十六隻におよび、ベトナムの史料から鑑みると、中国のジャンク船などを利用した密行船の数は朱印船の三倍に及ぶと記されている。

天正十一年（１５８３）、イエズス会インド管区巡察師アレッサンドロ・ヴァリニャーノ（Alessandro Valignano）は、教会領成立間もない長崎の景観についてこう述べている。

「周囲がほとんど全部海で囲まれているほど海に突き出した高い岬があるので、この長崎港は、よく保護されている。陸地に続く方面は、石垣と塀によって城塞化しており、岬の先端に我等の修院があり、それは、町の他の部わから離れて要塞のような状態になっている」

長崎の唐人屋敷

寛永十二年（１６３５）、幕府は中国商船の入港を長崎一港とする制限措置を取ったが、来日していたキリスト教徒ではない中国人は、長崎市内に雑居することを許されていた。この頃は、中国の明朝が日本を「倭寇」の拠点と見なしていたために、渡来してくる中国人の数はわりと少なかったのである。

清王朝も当初は中国人の日本への渡航を禁止した。そのため、日本に渡航する中国人は、台湾や東南アジアから迂回して渡海して来た。

天啓帝の7年の治世の後、崇禎帝が即位するも、明は末期的症状をきたしていて、1644年、盗賊からのしあがった李自成に北京の王都を包囲された崇禎帝が自殺し、遂に明は滅んだ。

1656年、清朝は台湾、中国沿岸の福建省地方を根城に暗躍していた「鄭成功」一派の海上貿易を厳しく制限した。続いて、1661年に「遷回令」を出して、鄭氏と沿岸住民との接触を遮断した。この作戦が功を奏し、後の1683年に鄭氏はついに滅んでいる。そして1684年に「迂回令」を徹底した。

1684年、清朝は、「日本を倭寇の拠点ではない」ことを暗に認めた上で、1685年以降から、長崎に中国商船（ジャンク船）が多数来航するようになって、中国人が急激に増加したことや密貿易が横行したこともあって、長崎奉行所は、中国人の居住地区を制限することとなった。長崎奉行所は消失の為、寛永十年（1633）西役所となり（現在の長崎県庁の地）に移設された。

日本では江戸時代に中国人は唐人と呼ばれていた。彼らを収容する施設は、元禄元年（1688）、幕府が長崎郊外にある十善町郷にあった幕府所有の「御薬園」の土地に「唐人屋敷」の建設に着手して、翌年には、建物が早くも完成している。敷地面積は約9400坪もあり、その敷地に二千人ぐらいが寄せ集められて生活をしていたが、彼らはキリシタンとは無縁な商いが中心の集団だったのである。

「屋敷の出入り口の外と内」には門があり、外側の大門には番所があった。ここには門番が配置されていたが屋敷の出入りは比較的緩やかであったようだ。この唐人屋敷の広さは、現在の長崎、「館内町」のほぼ全域に及んだという。彼らはそれまで、町のいたるところに雑居していたが、密貿易やキリスト教の取り締まりのために、急遽、「唐人屋敷」に集められたのだ。

この来航した唐人を収容した施設は「唐館」と呼ばれ、周囲を煉瓦塀で取り囲み、さらにその外側は、水濠や空堀、竹藪、沼地などで囲んでいた。この収容使節は、長崎奉行の支配下に置かれたが、実際の管理は町年寄以下の地役人によっておこなわれた。

敷地内には、唐人居住の長屋が十九棟あり、上下階には五十の部屋に割り、階上の二十の部屋を来航商人の代表者である「船頭」の専用部屋となっていた。

屋敷の管理は、唐人による「乙名」が三名選出されて、その下に「組頭」が置かれ、館内の取り締まりや実務にあたった。さらに、敷地内に「牢屋」があり、彼らは自国の唐人の取り締まりも受け持った。彼らは、唐人と日本人の仲介貿易の事務や通訳をも受け持った。交易のための通訳には、オランダ通詞に対して、「唐通詞」と呼ばれる世襲の家があった。

また唐人は、役所へ行ったり、春秋の二回、菩提寺へ参拝するなどの他は外出を許されず、外出には、必ず役人が付き添った。病気になっても、町医に見てもらうことは出来なくて、唐人屋敷医師というのが特別に用意されていた。

その唐人屋敷に日本人が出入りできたのは、「指定の商人」「遊女や禿《かむろ》」のみであったが、その遊女たちの「呼び入れ遊女数」の最大人数は、元文三年（1738）の長崎奉行所の記録によると、延べ1万6913名であったという。

唐人屋敷の乙名は、日本や外国人の商人が唐人との貿易を望む際、貿易事務や密輸品の取り締まりを受け持った。舵、水先案内と唐人の優れた知識や技術の協力が不可欠だったのである。なお、鎖国体制下にあって、長崎という特殊な環境の町で生まれた職業に「おとな」と呼ばれる「乙名職」があるが、さらに、長崎しかない職業で江戸時代中期に長崎奉行所内に設けられた「唐絵目利《からえめきき》」がある。

この職は、中国から船載されてきた「書画、陶磁器、骨董品類、」などの鑑定と価値の評価、さらに、輸出入の交易品や鳥獣、山水画などの「写図」の作成が主な職務であった。

第三章　明の「東西洋考」が伝える日本とベトナムの実情

明国建国時の「海禁」政策

１３６８年に朱元璋（太祖・洪武帝）が明国（大明）を建国して以来、外征を抑え、万里の長城以南の領域の防備をし、海上では、国令として海賊の禁圧や密貿易の防止を目的とした海禁政策を発布した。この時期に対外関係で朝廷が最も悩ませていたのは、倭寇（前期）であった。北九州の民の一部が朝鮮半島から明の沿海地方である山島半島にかけて荒らしまわり、海賊行為を頻繁に続けていたのである。

『明実録』によれば、洪武元年（１３６８）〜洪武七年（１３７４）間に倭寇による本土沿岸への襲撃回数は23回を数えたと記録している。さらに、これらの倭寇と結びついた一部の反乱分子が倭寇に合流して入冠したため、明朝は、１３７１年、官民を問わず私の出海を禁止する「海禁令」を発布している。

しかし、倭寇への禁圧にもかかわらず渡来が相次いだため、この問題の解決策として、日本に鎮圧要請の使者を送ったことにより、室町幕府は倭寇の統制を厳しくしたため、倭寇の跳躍は一時下火となっていった。

１３９８年、洪武帝が崩じて長子である建文帝が即位したが、四

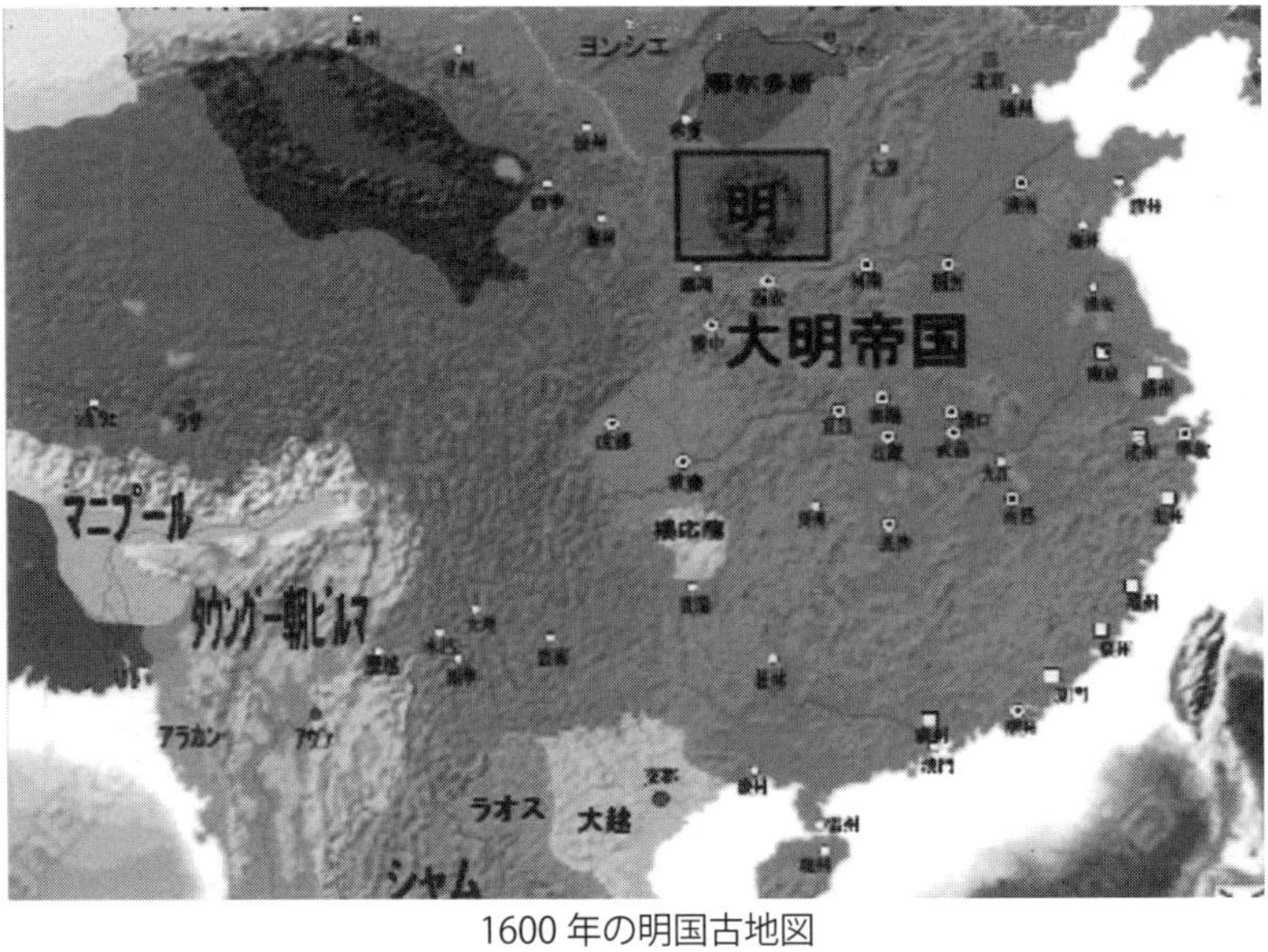

1600 年の明国古地図

男の朱棣一派だけが反旗を翻し、1399〜1402年の靖難《せいなん》の変により建文帝を追い落とし、第3代皇帝（永楽帝《えいらくてい》）として即位した。彼は1404年、「下海禁止令」を出しながらも、その一方で、積極的に海外との関係を拡大する政策を押し進めたが、この方策は、あくまでも明王朝に他の諸外国が朝貢をするという「朝貢体制」が目的であった。

そして1405年、世界帝国建設の密命を帯びた宦官の鄭和《ていわ》を長とした大艦隊を下西洋へ派遣した。「西洋下り」と呼ばれた船団の構成は、大船62隻、乗組員総数2万7800名からなる大艦隊であった。彼の艦隊は永楽帝の命により、30年間に7回の航海に出ている。この朝貢体制下で、朝貢国の「琉球」は、明との交易で利益をあげている。明代の他国からの朝貢回数は、多い順にあげると、「琉球＝171回、安南＝89回、日本＝19回」である。

16世紀に入ると、中国の蘇州を中心とした絹織物産業が盛んになり、この商取引に銀が使われた。ところが、この当時の中国の銀鉱山のほとんどが枯渇していたのである。16世紀以降になると、交易のために東アジア地域に出没しはじめたポルトガル、オランダ商人による商取引では、主として銀が使われていたのでその経済規模は、絹製品が欲しい日本も交えた大規模なものとなり、銀需要が急速に高まったが、明朝は私貿易を禁止する「海禁政策」で、日本との交易の公式なルートは途絶えたままで、日明間の密貿易が活発となっていった。

しかも、当時の日本の銀輸出量は、石見銀山（佐摩銀山）が38トンであった。世界全体の銀生産量は、総計で約200トンであったので、日本は、世界全体の約三分の一を生産していたのである。この日本の銀を目当てに密貿易が盛んとなり、海賊と結託した倭寇（後期）も10人に1人は、中国沿岸の浙江省や福建省の「郷紳《きょうしん》」たちに占められ、これを取り締まる「衣冠《いかん》」たちの多くは、倭寇と結託して賄賂を取り、密貿易を見逃す「衣冠の盗賊」となっていたのである。

そして隆慶元年（1567）、表面上、倭寇の討伐が終了して、「海禁止令」が緩和された。この頃、密貿易で財を成した商人は、「華人海商」となり、やがて彼らが公然と活躍する社会が到来するのである。

この時期に、日本やベトナムの実情を伝える『東西洋考《とうざいようこう》』が著された。この著は、中国明代の文人である張燮《ちょうしょう》らによって書かれ、万暦四十五年（1647）に半官半民の制作として発行された。この本についての詳細な研究は、十分に研究されていないが、日本やベトナムの僅かな情報から、両国に対する明国の興味や好奇心にあふれた詳しい著述が多く、明代の「南海交渉史」としても詳細な出来事が記載されているのでここに紹介する。

東西洋考

張燮、謝《しゃ》方訳
中華局、北京
1981年（原昌）

「東西洋考」

版元

①万暦本刻本（現、北京図書館蔵）

②明刻本（厦《あ》門大学南洋研究所蔵）漳

『東西洋考』書影

③〝四庫全書〟本（北京図書館文津閣本）

④〝惜陰軒叢書〟本第三函（南務印書館〝叢書集成〟）

⑤①の陰印本 正中書局本1961

⑥台湾商務印書館本、人人文庫1970

⑦謝方點校、中華書局本、1981

・序（王起宗）

・小引（蕭基）

・序（周起元）

・凡例

・巻一・西洋列國考・交阯（清化、廣南、新州、提夷）

・巻二・西洋列國考・占城、暹羅（六坤）

・巻三・西洋列國考・下港（加留巴）、柬埔寨、大泥（吉蘭丹）、舊港（詹卑）

・巻四・西洋列國考・麻六甲、啞齊、彭亨、柔佛、丁機宜、思吉港、文郎馬神、遅悶

・巻五・東洋列國考（東番考附）・呂宋（大港、南旺、玳瑁、中邦、呂蓬、磨老央、以寧、屋党、朔霧）、蘇録（高藥）、猫里務（網中礁老）、沙瑤・吶嗶単（班益）、美洛居、文莱、東番考（鶏籠淡水）

・巻六・外紀考・日本、紅毛番

・巻七・餉税考（水餉、陸餉、督餉職官、公署）

・巻八・税璫考：宦官高寀について

・巻九・舟師考

・巻十・藝文考

・巻十一・藝文考

・巻十二・逸事考

中華書局出版（北京王府井大街 36號） 1981年1月 第1版 日本とベトナム関する項目から抜萃する。

東西洋考 訳文 翻訳＝株式会社日本通訳翻訳センター・代表取締役綱島延明 綱島グループ編

目録

前言

一

訳文

張燮《ちょうしゅう》は、字名は紹和《しょうわ》と云う。

福建省漳州府龍溪県《ふくけんしょうしょうしゅうふりゅうけいけん》（現在の福建省龍溪市《ふくけんしょうりゅうけいし》）の出身である。

張燮に関する記述は、明の歴史伝記には見られず、福建の地方史と文集から少し伺い知ることができるのみである。

何喬遠《かきょうえん》「閩書《みんしょ》」巻一一八「英旧史《えいきゅうし》」の記載によると、張燮は明萬暦《まんれき》二二年（一五八四年）の挙人である（註　挙人とは科挙の試験に合格した者）。父、張廷榜《ちょうていぼう》は隆慶《りゅうけい》四年（一五七〇）に挙人となり、太平令、鎮江丞に任命された。伯父の張廷棟《ちょうていとう》は海外にも派遣されて礼部主事に任じられている。

廷榜の曾祖父である張綽は刑部郎だったことがある。「閩《みん》書」には張廷榜の伝記があり、「鎮江丞に抜擢されたが、上官との不仲のために退官した。三十歳余の時であった。晩年は船に住まう。水上で何も縛られず、悠々自適に暮らした」と記述されている。

『竜溪県志』巻一一「古跡」によると、「風雅堂は開元寺の左にある明朝地元の人張廷榜の別荘である。万暦辛丑年（一六〇一）に詩社に改め、諸名流は時々往来し唱和する」とある。以上の資料からわかるように、張燮の一族は朝廷および地方官を統括する仕官のような人物であった。

彼の父はまた「五斗の米のために、腰を折る」人ではなかった。いわば東晋時代の著名な詩人である陶淵明《とうえんめい》のような人物であった。張燮はこのような地方名士の家庭環境で育ったのである。

張燮の生没年は、薛澄清《せっちゅうせい》「明張燮およびその著述考」の一文（嶺南学報）第四巻第二期の考証によると、明万暦二年（一五七四）生まれ、崇禎《すうてい》十三年（一六四〇）に没した。享年六十七であった。まさしく明の封建王朝が揺れ動き、衰退の道を辿る時期である。社会は非常に不安定で、農民蜂起の狼煙はあちこちで上がっている。

張燮が二十一歳で挙人になったころ、明末は政治腐敗、宦官、汚職官僚の違法行為が横行していた。それに追い討ちをかけるように沿海で倭寇が大暴れをしており、人民の不満が高まる一方の時期であった。

張燮もまた父親と同じように、腐敗した官僚の道に未練などなく、すぐに辞表を出し自然環境に情を寄せた。黄道周《おうどうしゅう》はかつて彼が「天下の名山を遊覧した」と紹介した（「黄漳（章）浦集」二一巻の五参照）。

張燮は遊歴中にたくさんの詩文を作ったが、残念ながらいずれも残されていない。当時張燮と親交があったのは地元の著名学者の陳継儒《ちんけいじゅ》、曹学佺《そうがくせん》、徐霞客《じゃかきゃく》、徐燉《じょぼ》、何喬遠《かきょうえん》などがいる。晩年張燮は芝山に詩社を結社し、「霏《ひ》（非）雲居《うんきょ》」と名づけた邸宅に居住。挙人として生涯を終えた。張燮の著書は多い。薛澄清によると、詩文を中心に全部で十五種類、六九六巻を著した。

張燮は「博学」として知られた。当時、黄道周が著書『三罪四恥七如かず疏』の中で、「志が高尚にして高雅であり、博学にして多通し、華亭の平民陳継儒、龍溪挙人張燮に如かず」と評価している（「明史」巻二五五「黄道周伝」）。

しかし残念ながら、「東西洋考」、「漳（章）州府志」および「梁簡文帝御製集」以外は、すべて消失している。

日本の実情　巻六 外紀考 日本　王直の項目から

訳文

この時、王忬は、中丞（の戦）で、苦労して大きな功績を納めたが、やがて大同に異動した。李天寵がそれに代わった。盧鏜（金堂）、湯克寛。兪大猷は将軍であった。倭寇がそこかしこに出没して略奪を繰り返しており、交戦しても不利な結果に終わった。

正徳三年（一五三九）、張経が総督となった。張経は以前、両粤の総督を務めたことがあり威信があったため、粤の兵を調達し倭寇を防ごうとした。（だが）兵が未だ集まらないうちに、工部侍郎の趙文華が海の安全祈願のために（大同に）やって来た。文華は崇宰相の側近であったため、傲慢な態度で張経を指図した。

しかし張経は、自分の大臣の位は文華より上だと考えて指図を聞かなかった。そこで文華は、張経が倭寇と通じていて、天寵までもそうだと（朝廷に）弾劾した。やがて張経逮捕の命が下された。この時、張経は王江涇で倭寇と戦っていて、倭寇を破り、二千人の首を斬った。また、陸涇琉の倭寇を討伐し、それを破り、倭寇は大きな打撃を受けた。張経は自ら上書し弁護したが、まったく聞き入れられず、こともあろうに張経は処刑された。（張経が死んだ後）、周（王充）が張経に代わり、胡宗憲が天寵に代わった。まもなく琉は死に、楊宣がその任を継いだ。

文華は楊の軍隊の監督のために遣わされた。倭寇はさらに人数を増やして侵攻してきた。文華は陶宅の地で倭と交戦したが、もろくも敗戦を喫し朝廷に帰還した。（そして）倭寇の別の一派は、日照を経由して攻めてきて贛楡を攻略し、上虞を侵略して高埠を攻略した。（倭の集団は）いずれも百人に満たない小勢であったが、官軍は（侵攻を）防御できなかった。

（さらに）倭寇は転戦して浙南西を攻略し、まっすぐに進攻して南陵と漂水の防御陣を撃破した。（傍若無人に）横行すること数千里、殺傷された人々の死体が野原を覆い尽くした。（倭寇らは）蘇州に至って、はじめて参政である任環に破られた。大猷などでは、海上で倭寇を追い払い、斬ったり、生け捕りにした者が多数にのぼった。

その一方、閩《みん》、廣にも倭寇が来襲した。三十五年十月、倭寇が漳浦に上陸して、至る所で焼き討ち、略奪を行ったが、その被害の規模は計り知れないものであった。漳は、これより年々倭寇に苦しめられる（「漳志」によると、三十六年夏、海賊である許老、謝策などが突然月港に現れ、千戸あまりの民家を襲撃した）。

この冬、倭寇は浯嶼に泊まり、漳潮間を往来して、はなはだ凄惨な毒害を流した。三十七年夏、月港で海賊が民家を襲って焼き払い、漁船を奪い去った。（さらに）この冬、海賊が三千人あまりで倭寇を誘い、再び浯嶼に泊まって、三十八年正月、そこかしこで強奪を行った。二月、倭寇の数千人が潮より来襲し、海浜地域である長秦、南靖、平和諸島を強奪した。楊宣は既に罷免されていて、宗憲がそれに代わった。（また）阮鶚が宗憲に代わり、文華が再び軍隊総督となった。

この時、海賊として、浙の陳東の勢力が最も強かった。その次は徐海である。この二つが合わされると大きな勢力となる。（国防にあたる）関係者は、平和裏に対話で解決されることを願っていたが、阮鶚は（頑強に）武力鎮圧を主張した。海賊は桐郷に進撃してこの地を包囲したが、阮鶚の堅い守りを突破できず退却した。

葉福書『阮中丞伝』によると、海賊は集団で桐郷に来襲し、阮鶚公は先に入城し、知事の金燕と共にこれを死守した。自ら自分の女を城壁に刺殺し、四十日あまり匪賊と対峙した。胡に援軍を求めたのだが、胡はこともあろうにこれに応じなかった。匪賊は全力で城を攻め立てたが、（最後まで）入城することはできなかった。

匪賊は胡の公文をもって賞金を要求し、「我らは胡と手を結んでいる」と豪語した。阮鶚公は、怒り出し、銃を持って射撃し、敵の股を突き刺し、匪賊はそれで（慌てて）撤退した。

宗憲は二人の匪賊を離反させようと、話上手な人を徐海のところに遣わした。陳東はそれ（その使節）を疑った。そこで、徐海に厚い賄賂を贈り、陳東を捕え、自ら贖罪をするように勧めた。徐海はそれを受け入れ、謀をめぐらして陳東を捕えて献上した。（その後）徐海は自らの一派を率いて沈荘に駐屯した。阮鶚公は官兵を派遣して陳東の古巣を全滅させ、さらに梁荘のいる徐海を攻めた。徐海は死に、梁浙は暫く平和が戻った。

「李文定によると、徐海は沈荘に進駐し、地勢の利を生かし要塞化した。（このため派遣軍の）諸官兵はただ眺めるばかりで侵攻することはできなかった。そこで、阮鶚公は自ら重兵を率いて攻撃し、選りすぐりの強者が夜中に濠を渡り、匪賊の柵を焼き払った。徐海は鎧をまとい突撃したが、撃ち殺され、匪賊は遂に滅びた。」

王直は徽（徽州歙県）の人で、海上で逃走犯を集め、盗賊との繋がりあり、諸夷を招集する力を持っていた。（日本の）（五島）にも戦船を多数保有している。邪悪な商人である王激などの群衆を集め、相府と対峙した。（これに加えて）倭寇もやって来た。これは、すべて王直が主導したものである。宗憲は、（何とかして）王直を投降させようとして、彼の母と妻を杭まで行って迎えて、ともに厚く慰労した。まずは、鄞の諸生蒋洲と云う者が督府に対し、諸夷に向ける武器を収めるように促して、王直を（確実に）説得できると上書した。

宗憲は、蒋洲の補佐として陳可願を（王直の元に）遣わした。

王直は言う、「日本は乱が起こっており、誠に我輩が自ら（朝廷に）帰順すべきだが、倭（寇）に困らせないようにしたい」

養子の毛臣と共に可願を還し、王直の言うことを報告させる一方、蒋洲を（日本の）豊後島に送った。島主は蒋洲を同地に留め、しばらく諸島に皇帝の指示を伝達させた。

二年が過ぎて、僧侶の得陽が遣わされて、蒋洲と共に朝貢することとなった。御史王本固は、王直を投降させることは（中國にとって）誠によろしくないと進言した。王直は（舟山列島の港）にやって来て、これらの異常を察知した。そこで、先に王激を遣わし、「我らは招きに応じて来たのであるが、使者が遠くまで出迎えもしなければ、慰労の品も渡されない。今、荷物が通じない上、兵隊が整然と並んでいる。宗憲公は、我らを騙すのだろうか」と伝えさせた。

宗憲はこれに対して、「国法に従ったまでで、私は騙していない」と（王直に）堅く約束した。

王直はこれを信じず、「ならば、王激を帰すか」と言った。宗憲は、ただちに王激を帰し、夏正を人質とした。王直は、毛臣と王激に船を守らせ、謁見に入った。（自分らは）頓首の礼をして、（今までの狼藉に対して）死罪に当たると言った。また、蒋洲と協力している状況をことこまかく陳述した。（それから）宗憲は、王直を丁寧に慰労した後、牢屋で、（朝廷からの）命令を待つようにきつく命じた。暫くして、王直を処刑するとの命令が下された。

最初、宗憲には王直を殺す意思はなかったが、王本固が王直を殺すように強く主張し、宗憲は、敢えて（王本固に逆らってまでも）王直を生かすことを求めなかった。王直が死んだ後、王激、毛臣らは、（この裏切りに怒り）人質の夏正をただちに殺し、残党を率いて船山を占拠した。これらの乱が平定されたのは、それから数年の討伐の後であった。王直の処刑日は、嘉靖三十八年（１５５９）十二月二十五日である。

琉球と日本の項目から

訳文

正徳三十九年（一五四五）、皇帝（明の世宗）は大臣を招集して、越境貿易に関する法令の厳格化について大いに議論し、違反者を容赦なく処罰することにした。

ならず者の悪徳商人の違法貿易は少しずつ収まってきた頃、倭寇が別の集団を率いて琉球を攻略し、（琉球の）中山王を捕虜として、（日本へ）連れ去った。中山王は倭に連行されてから二年後、本国に帰還し、（中國に対し）上書し貢を補い、（この間に）自ら朝貢をしなかった罪について陳述した。

（中國明の）朝廷は中山王が既に倭に投降していて、（この度の）朝貢は口実で、使者が実は倭の密偵であることを恐れ、（今回の）使者の派遣を丁重に断った。四十三年、琉球の使者は再びやって来て、閩《ミン》（福建）の海上に停泊したが、閩の当局は使者を送り返し、（港湾の）防御態勢を強化した。

四十四年夏、倭の将軍は東番に商用があり、閩から越の間までを渡航した。そこで（原文に一文字ヌケ）（何しに来たかを探るために）行動を起こした。閩の当局は、材務官吏の董伯起を偵察に遣わしたが、そのまま連れ去られた。（拉致である）その翌年倭の酋長村山等安が（自分の）船で伯起を送り返してきて、（中國に）朝貢品を収め、上書して、交易を求めた。（だが）当局は書類が中國の用式ではないことを理由に、受け取ることを拒否し、厚くもてなして送り返した。

それから、一日たりとも絶えることなく、（彼らは接してきて）秋には倭による料羅の襲撃があり、冬には、大金をもって（沿海の村民を）陥れ、春には、勝手に彭湖に駐屯したりした。（倭は）大抵は暴風に遭い、漂流して、水を得るために（中國の）沿岸に登った者も、もともとは、侵入者でないように装っていた。（だが）上陸した倭は、（手あたり次第）ぶち壊さないものはない。官軍はこれを制禦できずにやられっぱなしであった。やがて、（倭は）再び乗船して他の所へ行く。夏の五月になると、ある倭の船は波に打たれて壊れ、東涌まで漂流した。（中國の）中丞は将軍を遣わして、計略で倭を拿捕し、やがて勝利を収めた。

閩は自力で倭を戒めた後、遊撃戦ができる将軍一人を増やすように要請し、戦隊を率いて倭に備え、武器もまた少し良くなった。倭は、東海が五畿、七道、三島にわかれ、付属国が一〇〇あまりあるが、その中で（東海が）突き出している。

唐、宋の時代、華風に非常に傾倒していた。不侵不叛の国で、おっとりとしていて、礼儀正しい。宋の時代、藤木吉が来朝し、皇帝は弓をさせたが、矢は遠くに飛ばなかった。その原因を聞くと、曰く、「国では戦いを習わないからであります」と（「宋史」によると、海商船の周世昌は、風に遭い日本に漂流し、七年後に（中國に）帰還した。日本の藤木吉と親交がある）。

皇帝は彼を謁見に招いたが、国人（藤木吉）が和詩を詠い、皇帝に献上した。しかし、歌詞の内容が薄くて浅かった。（倭は）元に至ると狡猾になった。我が国へ来て、天驕の雄と自ら称した。おそらく神様は、突然、東南にいくつかの殺戮をさせてしまい、しかも、華人の導きもあり、（中國に対する）禍が広がった。思いのほか、「（倭は）盗みを好み、命を軽んじる。殺しを好むのが天性」のようである。

倭の地は、北に朝鮮があり、南の果ては、閩と浙である。朝鮮に行くには、対馬から海を渡り、二晩で着く。閩と浙までは風に乗って、十日から一ヶ月で到着する。倭の主は山城に居住するので山城君という。山城の南は和泉、さらに南は沙界となる。沙界の南東は紀伊である。紀伊の西は伊勢である。山城の西は丹波である。その左は摂津、その西は播磨である。山城の右は但馬で、その西は、因幡である。丹波の西は美作で、左は備前、その西は備中、右は因幡、その西は伯耆である。美作の西は安芸である。出雲の西は石見である。安芸、石見の西は山口莟国、則ち昔の周防州である。山口の西は長門であり、関渡はここにある。ここを渡って、西は豊前で、その南は豊後、さらに南は日向である。豊前の北西は筑前で、南西は筑後である。筑後の南は大隈である。大隈の西は薩摩である。豊後の南東は内海であり、（対岸は）土佐、伊予、阿波である。阿波が近い内海にあるのが淡路である。土佐、豊後の間にあるのは佐加関である。薩摩の北は肥後で、さらに北にあるのは肥前である。肥前西の海に接しているのは平戸である。平戸の西は五島であり、その北は多執と隠岐、最北は対馬島で、各島にはすべて酋長がいる。

山城君はとても弱く、名ばかりである。倭はその号令をいっさい受けない、内部は互いに攻め合い、強い者は大名となるが、その中でも豊後は最大勢力を誇る。その入貢（中國への）の道筋は必ず博多を経由し、五島を通って行き来する。戻りは、真っすぐ長門を通る。

毎年の清明から五月まで、重陽から十月まで、北東の風が多く、倭寇の侵攻にはとても有利である。したがって、海防者は、三、四、五月を大きな山陽とし、九月、十月を小さな山陽としている。倭寇の多くは、薩摩、肥後、長門と三つの州から来ている。その次は、大隈、筑前、筑後、博多、日向、豊前、豊後、和泉諸島からである。（倭寇の人は）男性は帽子を被らず、髪を剃り、顔と体に刺青をしている。女性は後ろに髪を結い、それを曲げている。みな裸足だが、たまにわらじを履いた者がおり、勇ましいが愚直である。（そして）あまり死を恐れない。毎回、戦う際に裸身にして、三尺の刀を提げて舞って襲ってくる。（それを）阻める人はいない。近く来ると胡蝶の陣を組み立てて、勢いはますます強くなる。概して中原はものが豊富に揃っており、彼の国も必要としている。

以下の文章（このくだりは意味不明でよくわからない）。

（「隋書」によると、内官には十二等級があり、初めを大徳といい、次に小徳、大仁、小仁、大義、小義、大禮、小禮、大智、小智、大信、小信、（と続く）、官員には定員がない。

軍尼が一百二十人おり、中国の牧宰（国守）のようである。八十戸に一伊翼を置くが、今の里長のようなものである。十伊尼翼は一軍尼に属する。その服飾は、男子の衣は裙襦、その袖は微小、履（靴）は草鞋（わらじ）のような形で、漆（うるし）をその上に塗り、頻繁にこれを足に履く。庶民は多くが裸足である。

金銀を用いて装飾することを得ず。故時、衣は幅広で、互いを連ねて結束し、縫製はしない。頭にも冠はなく、ただ髪を両耳の上に垂らしている。隋に至り、その王は初めて冠を造り、錦の紗（薄絹）を以て冠と為し、模様を彫った金銀で装飾した。

婦人は髪を後で束ね、また衣は裙と襦、裳には皆（裳、飾り）がある。ツゲや竹を櫛と為し、草を編んで薦（むしろ）にする。雑皮を表面とし、文様のある毛皮で縁どっている。

弓、矢、刀、矟、弩、楯、斧があり、皮を漆で塗って甲とし、骨を矢鏑とする。兵はいるが征服戦はない。その王の朝会では、必ず儀杖を陳設し、その国の音楽を演奏する。戸数は十万ほどか。

その俗では殺人、強盗および姦通はいずれも死罪、盗者は盗品の価値を計り、財物で弁償させ、財産のない者は身を没収して奴隷となす。その余は軽重によって、あるいは流刑、あるいは杖刑。犯罪事件の取調べでは毎回、承引せざる者は、木で漆を圧迫して（塗る）。あるいは強弓を張り、弦でその項を撃つ、あるいは沸騰した湯の中に小石を置き、競い合う者にもこれを探させる。その理由は正直でない者は手が爛るのだという。あるいは蛇を甕の中に置き、これを取り出させる。正直でない者は手を刺される（噛まれる）のだという。

人はとても落ち着いており、争訴は稀で、盗賊も少ない。楽器には五弦、琴、笛がある。男女の多くが黥臂（肩から手首まで）、顔、全身に刺青をし、水に潜って魚を捕る。文字はなく、ただ木に刻みを入れ、縄を結んで（通信）する。仏法を敬い、百済で仏教の経典を求めて得、初めて文字を有した。卜筮を知り、最も巫覡《ふげき》（男女の座者）を信じている。

毎年、正月一日になれば、必ず射撃競技や飲酒をする。囲碁、握槊、摴蒱の競技を好む。気候は温暖、草木は冬も青く、土地は柔らかく肥えており、山や水辺が多く陸地は少ない。小さな輪を河鶏の首に掛けて、水中で魚を捕えさせ、日に百匹は得る。

俗では盆や膳はなく、槲葉を利用し、食べる時は手を用いて匙《さじ》のように使う。性質は素直、雅風である。女は多く男は少ない。婚姻は同姓を取らず、男女が愛し合えば、すなわち結婚である。妻は夫の家に入り、必ず先に犬を跨ぎ、夫と相見える。婦人は淫行や嫉妬をしない。

死者は棺槨に納める、親しい来客は屍の側で歌舞し、妻子兄弟は白布で服を作る。貴人の場合、三年間は外で殯（埋葬前に棺桶に安置する）し、庶人は日を占って埋葬する。葬儀に及ぶと、屍を船上に置き、陸地にこれを牽引する。あるいは小さな御輿を以て行う。

「唐書」によると、王は金玉文布を衣となし、左右に銀蘤（花）を飾り、長さは八寸である。その数の多少で身分の尊貴を決める。

以上。

巻十一　藝文考　日本附

請計處酋疏　　明許孚遠（福建巡撫都御史）

訳文

倭の州酋疏に対する計略を懇願する

（倭国への）根拠を勘案するため、朝廷で議論し、狂気の沙汰の（倭国）州酋らを滅ぼすための審議を懇願した。（明国の）臣が（命を受けて）国境に入った最初のころ、沈秉懿が、史世用を指揮したところによると、（朝廷の）石尚書の命を受け、倭の状況を偵察した。

見たところ、沈秉懿は（かなりの）高齢であるうえ、狡猾であるため、（この人は）使えず、石尚書に報告させようと帰らせた。史世用はすこぶるがっちりしている体型で、その才能も他の人より抜きん出ている。（そこで）すぐさま海の商人である史世用を選び、史世用を商人に変装させて、共に薩摩州に潜入させた。

二十二年三月、許豫が戻り次のように報告した。

旧年七月、日本荘内国の内之浦湾に入ったが、薩摩州まではまだ遠かった。薩摩州の州酋義久のお伴をして許義後が関白のいる名護屋まで随行したとの情報を得た。史世用は（この機会に）それぞれ人を潜入させて探らせた。同伴の張一学等は密かに関白の居住する城郭まで行き、その動静を探った。八月、関白が義久、幸侃、儀後等と戻った。九月三日、許豫は贈り物を用意し、客商を指揮する名目で幸侃に進見した。幸侃は「あなたは商人ではない」と言った。義後は「私は大明の一武士なり」と答えた。そこで、幸侃は自らが付けた甲冑を許豫に贈った。

大隅州の正興寺のある倭の僧侶である玄龍がやって来て、「船主は我が国の政府のことを密かに偵察しているのではないか」と問うた。

許豫は「これは爾の国が高麗を討伐しようとしたため、我が国の皇帝は救援の派兵を忍ばず、最近（倭国の）突撃将軍が講和にやってきた。福建許将軍の軍門のところから商船が出発しようとしていたが、その虚実が判明しないため、とりあえず人と貨物を乗せた一隻の船をここまで来させたもので、別に意図はない」と答えた。

（だが）倭の僧侶は半信半疑であった。十一月、義久は幸侃らに会い、倭の使者である黒田を遣わし、許豫を呼びつけ、前述した状況の真偽を再び試そうとした。

倭の僧侶の玄龍と許豫とが筆談で問答し、（両者は）喜んで信じるに足るとした。すると、（玄龍は）文章一通を仕立て、旗と刀を許豫園に持たせ、（明国の）軍門に送り込んだ。倭の州酋が献上した文章、旗、刀、幸侃が許豫に贈った甲冑一式、また荘内国内の倭の州酋滕一雲が許豫に贈った倭の刀一口、根古国倭州平重虎が許豫に贈った鳥銃二本について、逐一（本国に）報告した。

一、関白の平秀吉はいまや太閤王と称している。
　御年は五十七歳、実子二歳、養子三十歳、平素は姦雄詭詐であり、六十六州はすべて和議を以て奪取した。

一、高麗を侵攻し、本朝官兵によって殺されたものは無数、また病死したものも無数である。弓矢は尽き、人は損じて食糧は絶え、詭計を以て講和を行い、ようやく脱出して帰還した。

一、関白は船千隻あまりを造営した。大船は長さ九丈、幅三丈、櫓八十本である。中船は長さ七丈、幅2・5丈、櫓六十本である。諸倭は「和婚を待って成せずんば、大明に乱入せんと欲す」と言った。

一、日本の徴兵は十八歳から五十歳までだが、聡明で巧みに謀略するものは七十歳でも使う。

一、日本の長崎（岐）地方について、広東香山奥の商人は毎年長崎に行って商売を行う。大明にその情報をすべて報告する。倭の奴隷を連れてポルトガル人と偽って広東に潜入し、動静を探っている。

一、関白は六十六州を奪取した際に、必ず州酋の子どもらを人質とし、州酋らに高麗を侵攻せよと命じる。（その）多くは現地で死亡した。各国は暫し屈して、その恨みを忘れていない。義久等は甚だ侵攻の失敗を望んでいたようである。

一、浙江、福建、広東省の人民は日本に拉致され、十人内三人が雑居している。長年にわたって住むと、倭の状況にも通じている。その多くは帰国して、功績を打ち立てようとする志を持っている、方策を考えるよう乞う。また、商人の張一学は関白の城郭で探った情報を（明国に）開示した。

一、平秀吉には三人の大将がいる。石田、浅野、大谷で、すべての謀略はこの三人で行う。

一、秀吉は出兵する際に、（各州に）各自で乾米を用意させ、絶えず補充をさせる。そのため、至るところで不満がある。

一、豊後州の州酋首野栒踏は、大明の援軍が来たと聞き、恐れて逃げ帰ったため、秀吉はその一家を惨殺した。

一、倭の兵士は朝鮮港に入り、七十人選んで攻めさせたが、戻ったものは二十人あまりであった。日向国の大船は倭の兵士三百人を乗せて（朝鮮へ）行ったが、戻ったのは五十人のみであった。損失は甚だ大きかった。

一、薩摩州は船舶がよく停泊した場所である。それらの船が呂宋に四隻、交阯に三隻、東埔寨に一隻、暹羅に一隻、伴郎機に二隻が向かう。貿易のために進出する際、ここは要塞である。

巻十二　逸事考　村山等安に関する項目から

訳文

倭国には天皇（天王）があり、天地が開かれて依来、今に伝わる。国事に関与せず、兵を率いず、ただ国民が天皇を奉ることを享受するのみだ。一方の国王は国事を司り、軍隊を掌握し、弱肉強食で常に立ち替わる。
（続「文献通考」）

元豊時代（宋、一〇七八～一〇八五年）、明州（現在の寧波）は倭国太宰の諜報を得たと言い、仲回を遣わして絶《あしぎぬ》二百匹（一九二〇m）、水銀五千両を貢いだ。仲回は海商人であるため、貢ぐ礼品は諸国と異なり、自ら直に諜報を手に入れて物で返礼すると申し出て、許された。
（見「宋史」）

日本人は茶を好み、道端には茶屋がある。漢人が酒館に入るように、茶を飲むように客に勧める。
（見「続文献通考」）

肥前州島の代官村山等安は武蔵の総摂の命を受け、主市の交易を監視し、唐人と親交があった。

明石道友は倭を率いて商売に出た。船に乗り、偵察官の董伯を送還しに来た。還る際、そのかざす旗には「単冀凱旋」の四文字が記されていた。

海道副使韓仲雍は海上に赴き、倭の首領を召喚し実情を確かめた。なぜ鶏籠、淡水を侵攻したのかと問うと、「平氏が滅んで以来、国中が戦を嫌うこと甚だしく、ただ常年十数隻の船で資本を携え諸国に赴いて商売するのみだ。鶏籠を通過するのに、頻繁に風に遭い難破船となったが、（島民は）救ってくれないばかりか、我々の財物を略奪する。だから、便に乗じて復讐しようとしたまでだ。こんな遠いところを我が物にする意思はない」と答えた。

さらに倭の首領になぜ北港を占領しようと謀ったかと問うと、「商船は（当地を）経由し宿泊するだけだ。鹿の皮を買うことはあるが、上陸して長く住むつもりはない。ある唐人の漁師は（我々の）影を見て勝手に推測し、あるいは（我々を良くしてくれている）別の島を恨み、妬み、事を起こして、危害を企てようとしている」と答えた。

倭の首領に外海で商売するのに、なぜ内地で略奪を働くのかと問うた。すると、「国王は天朝の草一本、食料一粒を犯すまいと禁止令を出している。しかし風に遭い浙閩に入り、やむを得ず、道端にある山泉を汲んだ。ところが、官兵は我々を強盗扱いしたので、（やむを得ず）戦いになった。殺傷は避けられなかった。且つ各商人は国から離れて、国の法を必ずしも厳しく守っておらず、船で同行する唐人の言うことを信じて、恐喝挑発する者がいる。ある略奪された海の唐人から、詐欺による利益搾取のやり方を教わった者もいる（解釈は違うかもしれない）。

「国王はその事を知らない。知っていれば、必ず調査し処罰をするはずだ」と答えた。

董伯起は前年に道友と来た時に、漁師の張士春、殴達老など船乗り五十人あまりが連行され、縛られて引き回され、殺されるのを目の当りにした。

倭の首領になぜ董伯起を連行したのかと問うと、「昨年は別の国から商船十一隻が出たが、風に阻まれ（どこかに）失踪した。その内の二隻の船は代官の親子で、未だに帰還していない。その他の七隻の船は浙の兵と交戦した。ただ道友の二隻の船は先に東涌に到達し、小さな漁船に出会ったが、（漁民に代わって）柴刈りや水汲みをすると懇願し、回し者となった。軍門の黄都爺が多くの船と武器を動かし、韓の海道で新たな訓練を行い、（その軍は）非常に精鋭であると聞きつけた。漁船団の中で董伯起の異常な様子に気づき、質問すると海道の軍人だとわかった。礼節を失せず、船への同行を要請し、一緒に日本に着いた。一つには、官兵の追及を待ち、彼に弁解を要請するためであり、一つにはこれが国主に報告する機会であり、不法な滞在ではないことを明確化するためであって、実におろそかにすることはできなかった」と答えた。

倭の首領に、なぜ今になって董伯起を送還してきたのかと問うと、「摂政は後を継いだばかりで、周辺国は自ら天朝と往来し、自分だけ天朝と断絶していることが気がかりなのだが、先代らは常に大臣を遣わして朝貢をしていたが、その後朝貢をやめた。心の中では常にこれを恥だと憤心に思っている。今回伯起をお連れしたが、伯起のおっしゃることが立まとい謁見すべきであることを初めて悟った。ある者は役所に務めさせてもらい、力を貢献する。ある者は互市（数週間おきに開く貿易の市場）の恩恵を被りながら、道を外し、人を騙すようになった。

これはすべて法を違える悪い人間の仕業で、小国の天朝に対する尊敬、帰化の気持ちを損なった。天朝の恩に少しでも報いていない。今晩幸いにして、雲を退かせ、太陽を見ることができた。自ら真摯な思いで、春のやわらかい風が吹く季節に、道友らを遣わして船で送り届ける次第である。

「謹んで親書を進呈したが、沈参将にこれは書式が合っていないことを教えられたので、持ち帰りたいと思う」と答えた。

倭の首領になぜ琉球を侵し、略奪したのか、また官を遣わしその土地を支配したのかと問うた。すると、「それは薩摩の代官陸奥が強力な兵力を頼りに、戦って帰属させた」

「今年我が王が負けて銀と米三〇〇〇、いくらか利息があるが、それを惜しんで出そうとせず、島に責任を転嫁するだけである」と言う。

本道について論して、「我々が許す前に汝らは琉球を併合した。これについては他国に相談あるべきだ。倭の首領になにか頼み事でもあるのか」と問うた。

すると答えて、「中華の官を送還する代わりに公文を頂戴したい。国体と面子を保ち、名声をよくすること以外に、望みは特にない。ただ今後倭の船は多くが商売のために通航するのみで、強盗を働くわけでない。官兵は、倭の船に出会っても、殺したりせぬようお願いしたい」と言う。

そこで本道は、「汝らは西に来て商売をする。浙の境を経て来る。そこは天朝の最初の藩地である。その南は台山、礵山、東湧、烏坵、彭湖、彭山、皆我が閩《ミン》の門庭の内である。汝らに一歩でも踏み入られることを許せるものか、この先の海は、中華と夷が共に使う。武力で開拓するような過ちは、漢が先に侵さない。汝らは風に遭い、一時的に寄港して宿泊するのはよいが、無断の上陸は許されない。あるいは日が経ち遅くなった場合、山から水を取ってもよいが、故意に留まることは許されない。各地には潮時があり、我が軍は防衛や（外敵）の駆逐にあたっており、自ら怠ることはできない。汝らは自分で適宜に報告し、去って行けばよい」と答えた。

倭の首領は先に料羅、大金を侵したのはどの島の商人か、島に戻り国主に知らせることを請うた。倭は請官にそれを殺してほしいと要請した。もし唐人が人を回してくれれば、倭を遣わして彼らを縛り国境まで送り届け、力を尽くして、指示を仰ぐ、時間がかかるので、汝らは船で港澳を経由し即刻帰りなさい。さもなければ、また挑発していると疑われる。汝らの国の一挙手一頭足は我が方がすべて見聞きしている。約束に違反しなければ、両国にとって利益が長く続く。すぐ命令を下した。彼らは昨年琉球から報告にやってきた。

汝らは時期を窺って東番北港を占領しようとしているというが、この伝聞はすべて嘘なのか？　天朝は汝らが何年か前胡惟庸と結託することがあった。近年秀吉による高麗侵攻があった。使者の宋素卿を駅関で殺した事件があった。汪五峯を誤信し頻繁に侵犯しに来たことがあった。明国では汝らを嫌い、汝らを疑う機運が高まり、倭と通じることがますます厳しく取り締まられるようになっている。実は遠い島の貧しい人々は、僅かな資金を持って、大洋を渡り、死の危険を犯してまで利を求める。汝らの地に利することはたくさんあり、尚まだ尽きていない。もし汝らは東番を狙うなら、我々は一寸足りとも汝らに海に行くことをゆるすまい。となれば一寸足りとも東番に行くことは望めない。戦いとなれば勝算はわからないが、商売の損得は確実に見えてくる。帰って汝らの主に告げるがよい。自らこのことを選択せよ。明石道友はそれぞれ天にさして、手を拱いて曰く、「恐れ入る、恐れ入る」。柄入りの赤い布や絹布を贈り、牛肉や酒の宴でもてなした。また、手旗を贈呈した。旗には、「福建日本帰効順夷目」と記されている。旗を帆柱に懸け、食料を与えて帰らせた。倭に関する詳細項目による。

倭は自ら泰伯の末裔と言っている（「梁書」より）。

ベトナムの実情　西洋列國考・巻一　交阯　清化　順化　廣南　新州　提夷

訳文（一）

交阯とは、昔の南交のことである。秦の時代には、象郡と呼ばれていた。漢は南越を滅ぼし、（占領地に）九郡を置いたが、交阯はその内の一つであった。

光武帝の時代に微側、微弐と云う現地の二人の女性が争乱を起こしたが、（中國の）馬援がこの叛乱を平定した。その後（交阯は）交州と改名されたが、隋の時代になると再び交阯郡となった。

唐の時代になると（現地に）都護府が置かれた。朱梁時（後梁の時代）、曲承美と云う者が交阯の土地を（勝手に）占拠して（中國に）朝貢し、皇帝から節承美の称号を与えられた。（だが）しばらく経って（当該地は）再び南漢に併合された。

その後、（交阯の）州内の将軍たちが騒乱を起こし、（駐留の）部隊に混乱が生じたため、丁部領とその子である丁璉が（叛乱部隊を）討伐しその乱を鎮圧した。やがて、宋鎬嶺表とその子である丁璉が（中國に）帰属し、（皇帝から）交趾郡王に封ぜられた。これが（交阯が）夷となった所以である。

後に丁璉の弟である璿がその位を継いだが、実権は（将軍の一人である）黎垣が握った。しかし、（中國への）入貢の使者は、（その後も）絶えることはなかった。（「宋史」）によると、（中國の）宋鎬使は、入貢の黎垣らを帰国させた後、（同行してきた者から）現地の状況および幾多の事例を聞かせるように命じた。

（彼らは）事細かく申して曰く、

「昨年に交州との境界に着いた。黎垣が宮内士官を遣わしてくれ、丁承正が指揮をして、船九隻、兵士三百人を以って太平軍が迎えに来た。（これらの船に乗船し）海の入口より大海に出て、波風を渉る。半月で白藤に至り、（そこから）真っすぐに湾に入り、波に乗り前進した。

停泊地には、宿泊する茅葺の亭（家）が三間有り、まだ新しく、（外観はまるで）箱駅のようであった。それから、長州に至り、（派遣先の）本国に近づく、（聞いている者は）皆、驚愕するに違いないが、ここでは、すべての船舶が出迎えてくれ、（彼らはこの地を統括する）水軍だと請う。宵の頃、海岸に到達した。

交州まで残すところ、わずか十五里、茅葺の亭（家屋）が五間。題して、茅徑駅と云う。（当地の）城まで百里のところ、部落民の家畜を集めて来て、（これらはすべて）官の牛だと偽り、その数は千頭未満だが、十万頭と虚勢を張る。

多くの民衆を軍の中に混ぜ、色とりどりの派手な衣装を着せて、船に乗せ、太鼓を叩き、やたら騒がしい音をたてた。城の近くにある山には、白旗を多く掲げ、陳兵に見せかける。すると、俄かに、黎垣が従者と共に現れ、郊外に於ける迎えの礼を執り行う。黎垣は馬を引き、身を乗り出し、『皇帝はいかがお過ごしですか』と言って、お互いが（社交上の）挨拶をすませ、行列を従えて共に進む。

時折、ビンロウ（檳榔）を渡してくれ、馬上で食す。これは、（この國の）厚いもてなしの風俗である。城の中に住まう者は、誰もいない。城下には、（見たところ）茅や竹の家屋が数十、ないしは百街区あるのみだが、これが軍営だった。府署はまったく粗末で、かなり狭いところだった。入口にある門には、明徳門と云う名がついている。

黎垣は、（その容貌は）みすぼらしく、目が細長かった。（彼は）『自ら、最近、蛮寇と交戦し、馬から落ちて足に傷を負い。皇帝から詔を受けても、拝することが出来なかった』と言った。ここで二泊した後、宴が催うされた。

海湾に行くことを、賓客のもてなしの遊びだと云う。黎垣は、裸足で長い銛竿を持って海水に入り魚を捕る。捕れるたびに、左右に控えている従者たちが、おおげさに喝采し大喜びする。また、おおよそ、宴会では、臨席するすべての人が帯を解き、帽子を被る。黎垣は、柄のある生地や赤色の衣服をよく身につけ、帽子には、真珠の飾りをつけていた。

（彼は）自分でも歌ったり、客人にお酒を勧めたりする。宴会が盛り上がると、配下の数十人に命令し、数丈の大蛇を乗せた荷台を担がせて来させ、『これを食べられるならば、（皆様に）美食として、贈呈いたそう』と話したり、また、鑑賞用に『野生の虎二頭を贈ろう』と言ったりしたが、客人からは、いずれも断られた。

城中の三千人の兵士は、全員が額に入れ墨をし、（彼らを）天子軍と呼んでいる。兵士たちは、禾穂（稲）を食糧としており、その日に、皇帝が許可を出し、（時には）自ら米をついたりして、これを食べる。

軍隊の兵器と云えば、弓弩、木牌、木の槍、竹槍など（見るからに）脆弱で使えない物ばかり、黎垣は、精悍にして、ひどく残忍。小人に対しては、（常に）親しく接している。皇帝の周りには、（何時も）去勢した腹心の臣下（宦官）が数人（五〜七人）が（位置を）ずらして控えている。

皇帝は、平常無礼講での飲酒を好む。位の高い官職には、彼の近親者を抜擢している。側近が小さな過ちを犯せば、（簡単に）殺しもし、また、（苛酷な）鞭打ちの刑にも処する。意にそぐわない補佐の者がいれば、これを打ち、あるいは去勢を命じる。だが、怒りが収まれば、その官職を回復させることもある。

（城内には）造りのみすぼらしい塔があった。或日、黎垣の誘いを受けて、一緒に塔の（階段を）登って遊んだ。（この時の皇帝の服装は）この土地に寒冷期はないと云うのに、十一月に猶も（何枚も衣服を）重ね着し、扇子で仰ぐような始末である。しかし、皇帝の統治の時代、度々寇の侵攻を受け、（沿岸の村々が侵略を受けていたので）次第に藩臣の礼（信用）を失っていった。そして、黎垣の没後、その子らが皇帝の位を争った。廷龍が後継者となったが、その政道は残虐極まりなく、李公蘊がこの皇帝を追放して代わりに王となった」

その後、（その孫の日尊が皇帝を名乗り、国名を改めて、大越とした。）数代で昊旵となったが、息子がいなかったために、その婿（王女の）である陳日が後を継いだ（『宋史』によれば、李氏国は八代、二百二十年あまり続いた）。

やがて、元はこの地を攻め落とし、（李氏の）子の光昺（こうへい）を王とした。（以後も中國に）入貢は絶えず、顧みると、（中國は）しばしば将軍を遣わし、その土地を（一方的に）蹂躙した。

訳文（二）　黎維新と形勝名蹟

（明）萬暦時代、黎維新が位を継いだ。黎維新は一国の主でありながら、政治には（まったく）無関心で、すべての公務を大臣の鄭松に委ねていた名ばかりの皇帝であった。

萬暦三十五年、交南を餓鬼が襲い、（一般民衆は飢えに苦しんだ）これに呼応した叛乱者が群れを成して騒乱を起こし欽州を略奪した時には、この皇帝はついに交南を逃げ出した。（中國の）督臣の戴燿が兵を派遣して討伐にのりだした。彼は、自ら叛乱者を捕縛すると意気込んだ檄文を司令官として黎維新に送ったが、（首謀者である）企揚、扶安、扶忠の三人を捕縛し、監臣に差し出したのは、（交南の軍を率いていた）鄭松であった。

交阯の西の奥に山脈が連なる国境地帯では、年中、南からの侵入者に悩まされており、監臣の周弘謨は、この際、敵に壊滅的な打撃を与えようとして、（明朝の）明国第十四代皇帝　万暦帝《ばんれきてい》（朱翊鈞）在位万暦年（一五七二〜一六二〇）に増兵、増資を求めた。

夷獠（侵入者のこと）は、数多に雑居しており、ひどく野蛮で好戦的であった。或者は短髪姿、或者は椎髪姿。口は赤く歯は黒い、そして、裸足で入れ墨をしている。暑い時には水浴を好んだ。それ故、船と水には慣れ親しんでいる。ただ、交と愛はとても賢く、謀によく頭をめぐらすことができたし、驩《ホワン》と演は純朴で、よく学び、その様が（一般民衆に）美談として伝わっている。（今では）国中が文宣王を崇めており、朝廷に仕える人材選抜の科挙制度も中華（中國）が残した教えである。

その土地は十三の承政司（行政地域）に分けられている。「廣史」によれば、土地が広いと（中國に）示さんと欲して、地域を半分に分けて郡県としたが、その実、一承政司は中國の一府にも及ばない。或場合には、旧県を府に昇格させた。慈山、淮《り》、仁がその類である。また或場合には、承政司が一府のみを管轄した。たとえば、安邦、諒江がその類である。旧地名の多くは変更され、ばらばらとなった。船人の云う東京とは、すなわちその故都である。その王居は日南殿と呼ばれている。

清化港は、即ち旧清化府である。漢九真郡が統治した土地であり、隋や唐の時代には愛州と言った。交阯では西の都とされた。現在の清華承政司である。順化港は、即ち旧順化府であり、現在の順化承政司である。廣南港は、旧乂安府《ゲアン》である。漢の時代には日南と云い、隋や唐の時代には、驩《ホワン》州と言った。現在の廣南承政司である。

太傅で阮と云う人は、鄭松の叔父（舅）である。鄭松は国政を執っていた。配下の阮は叛乱を平定できず、（やむなく）兵を駐留させ、諸部を威嚇した。阮の没後、その子が東京への朝貢を始めた。

新州港は、即ち新安府であり、現在の海陽承政司である。堤夷港は、また、交趾の属県である。

以上、土地の風俗は、おおよそ東京と類似である（なお、汝南承政、京北承政、山西承政、諒山承政、太原承政、明光承政、興化承政、乂安《ゲアン》承政がある。商船で行っていないところをここに記載しておく）。

形勝名蹟　佛跡山（交州府石室県にあり、巨人跡がある。下に池があり、景色の麗しい景勝地である）

商船が（フェフォ）に到着すると、（乗組員の商人らは、同地在住の頭領と共に）関口（海港）を司る者（市舶提挙司）か首領（大官である王子か王の直臣）に、（入港税としての貨幣を渡す。船主らは首領に会うと、四拝の礼を行い、数を揃えて貢物（日本からは、日本刀、屏風等）を渡す。

首領は商人のために食事を用意し、民舎（駅舎）の前に木の立札を掲げ、民に貿易をさせる。（だが、その前に首領が必要な物（主に銅、銅銭等）はすべて荷車で持っていき、徐に官が決めた値段で代価を支払う。

廣南首領は諸異民族に対し、「垣（城壁）で囲った東京、真州、提夷は皆（廣南の）属地である。新州、提夷に到着する商船は数日航行し、廣南までやって来て入貢しなければならない」と、（商人らに）命を下した。

廣南の首領も（部下に命じて）また遥かな地にいる民に対しても、通りに木の札を立てさせた。民はその立札の前を通るたびに、礼をし敬意を払わねばならない。これに異議を唱える者はおらず、この風習は周辺の地に次第に波及していった。

（また）順化は女人が多く市に来る。女人は髪の毛を風になびかせて通りを走り、（身体の）両側の帯はまるで菩薩のようである。（互市の出る）門の内に入ると、ビンロウ（檳榔）をくれて、皆とても親切である。

（「宋史」によると、大観初期、朝貢の使者が京（開封）に到着した。（彼らは中國の古典である）書籍を買いたいと懇願したが、或る官吏は、その行為は法が許さないと言った。しかし朝廷からの詔書は、その慕う心を褒めて、書籍を購入することを許した。然し、他国の者が中國の書物を嗜好することは、まさに一朝のことではない。）論じて曰く、交南を郡県としてかなり久しい。文皇帝（唐太宗）は、宋（どの宋か不明）の弱みを揺さぶったので、交南の軍が遠隔地に赴いた。

漢、唐の時代の占領地の国土においても、海が荒れ、空に電光が光るほどとなり、（その反抗の遠征は度々中止となった）これら失敗は重罪であるが、（今までの統治の）その功績は偉大であった。

英公の代になると、倭臣（宦官）を重用したが、無体が過ぎてその反動が出た。宣廟は戦争を止め、大いに休息をした。しかし、楚々たる冠裳は棄てて鱗介と成しさげた。

珠崖、儋耳同様、華風を被ってはいけない。これは、ほかならぬ創造する主が一つの美しいものしか与えていないことのようである。

二百年あまり戦乱が絶えず、（その後）国境を守るため、彼らどうしの戦いをやめ、（中國に）したがって朝貢し、藩と称するようになった。彼らは相次いで苗字を改め、（中國の朝廷から）受け入れられるように、朝貢の待つ身となった。（異民族による）代興窃は未だに変わらないと雖も、黎垣を見る場合、（彼の統治力には）則ち分別（能力）があった。

巻二　西洋國考　占城

訳文（一）

占城とは昔の越裳の地である。秦の時代には林邑と呼ばれ、漢の時代には象林と呼ばれた。区連は県知事を殺し、林邑王と称した。数代で跡継ぎが途絶え、外甥の範熊がそれに代わり、その子の逸がまたその跡を継いだ。逸の死後、奴隷だった文が権力を奪った。

（「梁書」によると、文は元々夷の元帥范稚の奴隷で、嘗て山の渓谷で羊を放牧していたところ、鱧《はも》二匹を得たという。それが鉄に変じたので、それを使って刀を鋳造した。刀が仕上がり、文は石に向かって「もし石を斬って壊すことができれば、文はこの国の王となるだろう」と呪をかけた。石を斬ると、藁のように〔すぱっと〕斬れたので、范文は〔大いなる〕野心を抱いた。〔その後〕范稚の命により林邑国に入り、林邑王の範逸に宮殿の造営や兵器の製造方法を教えた。このため範逸の〔絶大なる〕信任を受けた。王家の諸子を讒言して他国に〔追い払い〕亡命させた。〔そして〕範逸が亡くなると、跡継ぎが無かったため、範文は偽りをはたらいて、隣国から王子を迎えたが、これを〔すぐに〕毒殺し、国内の有力者を脅して自ら国王と称して即位した。

永和年間、（東晋の領土だった）日南部を奪い、太守の夏侯覧を殺して、その死体を天に祭った。（その後）日南に長く駐留した。（「梁書」によると、夏侯覧は太守であったが、民にひどい悪政を行っていた。林邑は日南の肥沃な土地を貪りたいと考え、常に侵略の機会を窺っていたが、民の不満が募ると、これに乗じて挙兵したのである。日南には三年駐留して還った。〔その後〕交州刺史の朱範が劉雄を遣わし、日南を守らせたが、範文は再び攻めて劉雄を滅ぼした。〔そして〕文は藩に使者を遣わして、「日南の北境をもって、そこを境界としたい」と申し出た。藩はそれをいっさい許さず、陶緩を遣わし文軍を討伐した。範文は林邑に戻り、再び日南に駐屯する機会を窺った。）

範文が死んだ後、その子の佛が跡を継いだ。（その後も）度々、（中國の）晋に破れたが、世の中は交南のために（ひどく苦しめられた。（「梁書」によると、佛は王位を継承したが、なおも日南に駐留した。征西将軍の垣温が滕畯、灌滕励交と廣の兵を率いて討伐させた。佛は城に立てこもり守りを固めた。滕畯は大勢の兵で前方を攻めて、灌遂師は強兵を率いて後方から攻め込んだ。〔この戦により〕佛軍は大敗して林邑まで追われ、ようやく投降した。〔哀帝〕昇平初期、再び寇の暴力を受ける。刺史の温放牧が討伐にあたり寇を破った。

隆安三年（三九九）、範佛の須達が再び日南を侵略し、太守の霊源を執り、さらに九徳も侵略し、太守の曹炳を執った。交址太守の杜瑗がトウ逸を遣わし敵を撃破したので、瑗を刺史とした。

義熙三年（四〇七）、孫須達は再び日南を侵略し、長史を殺した。瑗が阮斐を討伐に遣わし、その多くを斬り、生け捕りにした。義熙九年（四一三）、孫須達が再び九真を侵略した。行郡事杜慧期が孫須達と戦って、その息子を斬り、さらに百人あまりを生け捕りにした。瑗の没後、林邑が侵略されない年はなかった。日南諸郡は殺傷事件が多く、交州はそのために弱体化した。)

孫の文敵は扶南によって殺された。大臣の範諸農はその乱を平定し、自ら王と名乗り、その子の陽邁に跡を継がせた。宋永初時代、使者を遣わして朝貢に(中國に)やって来た。

(「南史」によると、陽邁は、まだ母のお腹にいたころ、彼の母は子どもを出産する夢を見た。ある人は、金の席(御座)で彼を受け取り、その色は、ぴかぴかしていて〔大変に〕麗しい。夷人は陽邁を金の精だと謂った。中国の諺で言えば、紫磨(最上級の金)である。それでこう名付けられた。)その後、謀叛と服従が交互に繰り返された。交州の刺史である檀和之が兵を率いて撃破し、その境内深くまで入り込んだ。斉、梁もまた使者を通わせ、(彼の地)と往来した。(だが)隋の時代に大将の劉方に破れた。

(「北史」によると、仁壽末年、〔中國の〕皇帝は、大将の劉方を遣わして撃破させた。王梵志が巨象に乗って戦ったため、〔初めは〕劉方の軍は劣勢であったが、〔作を練り〕小さな穴をたくさん掘り、〔さらに〕穴の上を草で覆った上で、敗走するふりをした。〔喜んだ〕梵志はその軍を追ったが、象が穴に落ち、劉軍は大勝した。劉方は凱旋し、梵志はその故地に再び赴いた。)

唐になって、範ははじめて滅ぼされた。国民は未婚の女子である諸葛地を王とし、環王に年号を変えた。元和の初め、都護の張丹がそれらを追い払い、国を占に移した。(地名である)占城の名前はここに由来する。

訳文(二)

交易

商船が岸に着いた。王に果幣を献じた。王は宴席を設けてもてなした。国の人々は酷く狡猾である。貿易は往々にして不平等に執り行われるため、商売をしに行く者は少ない。ある人は人の胆嚢を取って、王に献じるためだけでなく、象の目を洗うためにも使ったりする。(そのような行為は)道で人に何かを尋ねるふりをし、(隙をみて)不意を突いて殺して、その胆嚢を取って去って行く。もしもその人に気づかれれば、胆嚢が破裂して使えなくなるからだ。多くの胆嚢を釜に入れて煮込む。中華の人の胆嚢は上物とされるから、貴いとされる華人の胆嚢を取らずにはおかないのだ。五、六月の間、商人は出かける際には、必ず警戒しなければならない。

訳本　巻九　舟師考

七州山七州洋「瓊州史」によると、文昌の東百里、海の中に山があり、七つの峰が連なっている。山中に泉があり、水が甘く飲める。

元の兵士である劉深がかつて宋端宗を追い、その親族の兪廷珪を捕えた土地である。俗に七州があり、沈んで海になったと言い伝えられている。船が通る時に、家畜の粥で海の砂利を祭る。さもなければ、崇りに合う。船にとってここは極めて危険な場所であり、少しでも東にずれれば萬里石塘に入ってしまう。

萬里石塘とは、「瓊琠志」でいう万州東の石塘海である。石塘に入って戻れた船はあまり多くない。七州洋の水深は一三〇托(195m)。交阯東京《コーチントンキン》方向に航海するなら、単方向羅針盤申(南南東)、所要時間五更(約10時間)、黎母山を通る。

黎母山

「瑍州安定県から南へ四〇〇里に位置する。「広東通志《かんとんつうし》」によると、五指山に黎母という人がいたという。黎峒の中に生まれ、五峰は人間の指のように聳え立つ。

「図経」によると、島上の四洲は黎母を主人となす。毎日朝、霧がおさまると、五峰の一つが天に向かって聳え立つ姿を見せる。南西方向は覆い尽くされていて何も見えない。ここは南極の星が降臨した地とされている。一説によると、この山から婺女星が見え、黎婺《レイシ》と名付けられたが、それが訛って黎母《レイボ》となったという。「虞衡志」によると、山は極めて高く、常に霧と雲に包まれ、黎の人もめったに見ることはない。久しぶりに晴れると、海の陽気は清々しく、蒼い山の頂が空に浮かぶように見える。

明の丘璿の詩：五峰は指の如く青く相連なり、炎荒半分の空を支える。夜、皿を持って銀河の星を摘み取り、朝、碧い山を探って雲煙を弄ぶ。雨上がりが玉筍が空に見え、月はまるで手のひらの明珠のようだ。まさに、巨大な神様が手を差し伸べ、遥か海の外から中原を数えているのではないかと思われている。

行き方：羅針盤庚申（南東）の方向、時間：十五更、（約30時間）海宝山を通る。

交阯東京

「一統志《いちとうし》」によると、東は海に至り、西は老撾（ラーオ族の国家・ラオス）に至り、南は占城《チャンパ》に至り、北は思明府に至る。また七州洋から（羅針盤坤末〔南南東〕方向）三更、（約6時間）を銅鼓山を通る。

銅鼓山

「広東通志」によると、文昌の東北にあり、猪の皮や鋳銅を用いて太鼓を作り、庭先に掲げる。敵と殺し合いになった場合、この鼓を叩き人を集める。後の人たちはこの山を掘り、鼓を掘り出しそう名付けた。

「瑍州志」によると、銅鼓海は極めて深く険しい。羅針盤の坤未（南東）方向、時間：四更（約8時間）、獨珠山を通る。

獨珠山（俗名：獨猪山）

「瑍州志」によると、獨州山は別名獨珠山であり、万州《まんしゅう》東南の海にあり峰勢が高くして峻しい。周囲は五十六里もある。南国の諸藩は朝貢に来る際、洋上の航路でここを道標にしており、その周辺の海を獨珠洋と言った。

船乗りは曰く、霊伯廟《れいはくびょう》があり、頻繁にお参りに来る。水深は六十五托（97・5ｍ）、羅針盤：坤未（南東）方向、時間：十更、（約20時間）、交趾洋を通る。

交阯洋

唐沈全期「渡海詩」：嘗て交阯郡を聞く、南は貫胸《かんきょう》と連なるを四季では寒い時期が短く、日月星の中では太陽の照らす時期が最も長い。越人は野生の雉を飼い、漢の将軍は鷹を飼う。北斗七星は崇山に懸り、南風は潮張る海を吹き過ぎる。

離別の後、歳月は瞬く間に過ぎ去り、容貌も俄かに年を取る。虚しい道（左遷された所へ行く）途中で、天子に対する忠義の心がなぜ理解されないのかと涙にくれた。

水深：七十托（１０５ｍ）。羅針盤：坤未（南東）方向、廣南の港である占筆羅山を通る。

廣南

漢の時代の日南郡であり、隋、唐時代の驩州で、明では乂安府である。

交阯洋

羅針盤：未坤（南東）方向。三更、（約6時間）、望瀛海口《ぼうとうかいこう》、清華港《せいかこう》に入る。

清華港

漢の時代は九真郡であり、隋、唐の時代は愛州である。交阯は西京である、明では清化府である。

交阯洋

小長沙の海入口を通る、順化港《じゅんかこう》に入る。

順化港

明朝では順化府である。

交趾洋

羅針盤坤未（南東）方向、一一更、（約22時間）、外羅山を通る。

海宝山

羅針盤を用いて、亥針（北北西）方向、および乾亥針（北西）方向、塗山海口から出発、五更、（約10時間）鶏唱門、即ち安南雲屯海門《あんなんうんとんかいもん》を通る。

巻十二　逸事考

訳文

越人は鋳銅で船を建造した。安定江では、潮が引いた時に見える（「交州記」より）。

王機は交州を乗っ取るつもりで使者を遣わした。使者は杜弘温邵と交州の秀才である劉沈と会い、謀反を計るが、陶侃に撃破された。陶侃は、別の将校を遣わして王機を討伐し斬った。諸将はこの勝利に乗じて邵を追撃するように進言した。（すると）陶侃は笑いながら、「我が威名はすでに著しい、手紙一通で十分足りる」と言って書状を出し、王機に投降するように諭した。（だが）邵は恐れて逃げた。初興まで追いかけて生け捕りにした。（そして）始興を交州の軍都督に新たに任命した（「晋書」より）。

日南の郊外に女らが群れを成して歩いて行くが、自分たちの夫は見つからずにいる。女らは真っ白な真っ裸で、服を纏わなかった（「博物記」より）。

盧循は交州に攻め込んだ。刺史の杜恵度は火でその艦船を焼き払い、一時、退却させた。（その交戦で）盧循は焼死した。彼の首は首都に届けられた。刺史の杜恵度はその功績により龍編候の冊封された（「水経注」より）。

「晋書」によると、盧循は劣勢に立ち、先に妻らを一同に集め、さらに妾たちに、「我は今自殺するが、誰が一緒についていくのか」と問うた。多くの者は、「私たちは生を貪るが、死ぬことは、人情からしても難しいことだ」と言い、（また）ある者は、「将軍さまも死ぬのだから、私達も生きることなど顧みない」と言った。そこで、死を辞する者を集めて、自ら川に身を投げさせた（また、杜恵度は盧順の死体を拾って斬ったという。これと違う説である）。

第四章　渡航図に描かれた日本人町

『茶屋新六郎交趾図』と『滝見観音』

『茶屋新六郎交趾渡航図』（名古屋市情妙寺蔵）

ベトナムの「グェン・スアン・フック首相」が名古屋の情妙寺を訪れた新聞記事から抜粋する。

2016年5月28日（平成二十八年五月二十八日）、名古屋市の源頂山情妙寺にベトナムの「グェン・スアン・フック首相」が訪れた。当寺は源頂山と号し、日蓮宗、身延山久遠寺の末寺で、慶安年間（1648～1652）に、「茶屋《ちゃや》新四朗《しんしろう》長吉《ながよし》」が徳川家康の菩提を弔うために創建された古刹である。

首相は、同日に名古屋で開催される「伊勢志摩拡大会合」に参加するために来日したが、約四百年前にベトナムを度々訪問して「朱印船貿易」を行っていた「京都の茶屋家」と分家の「尾州茶屋」（尾張茶屋）との由縁の深いこの寺に、「茶屋新六交趾《コウチ》渡航図巻」と「滝見観音」が秘蔵されていることを知り、日本とベトナムの友好のために、忙しい公務中にわざわざ来寺したのである。

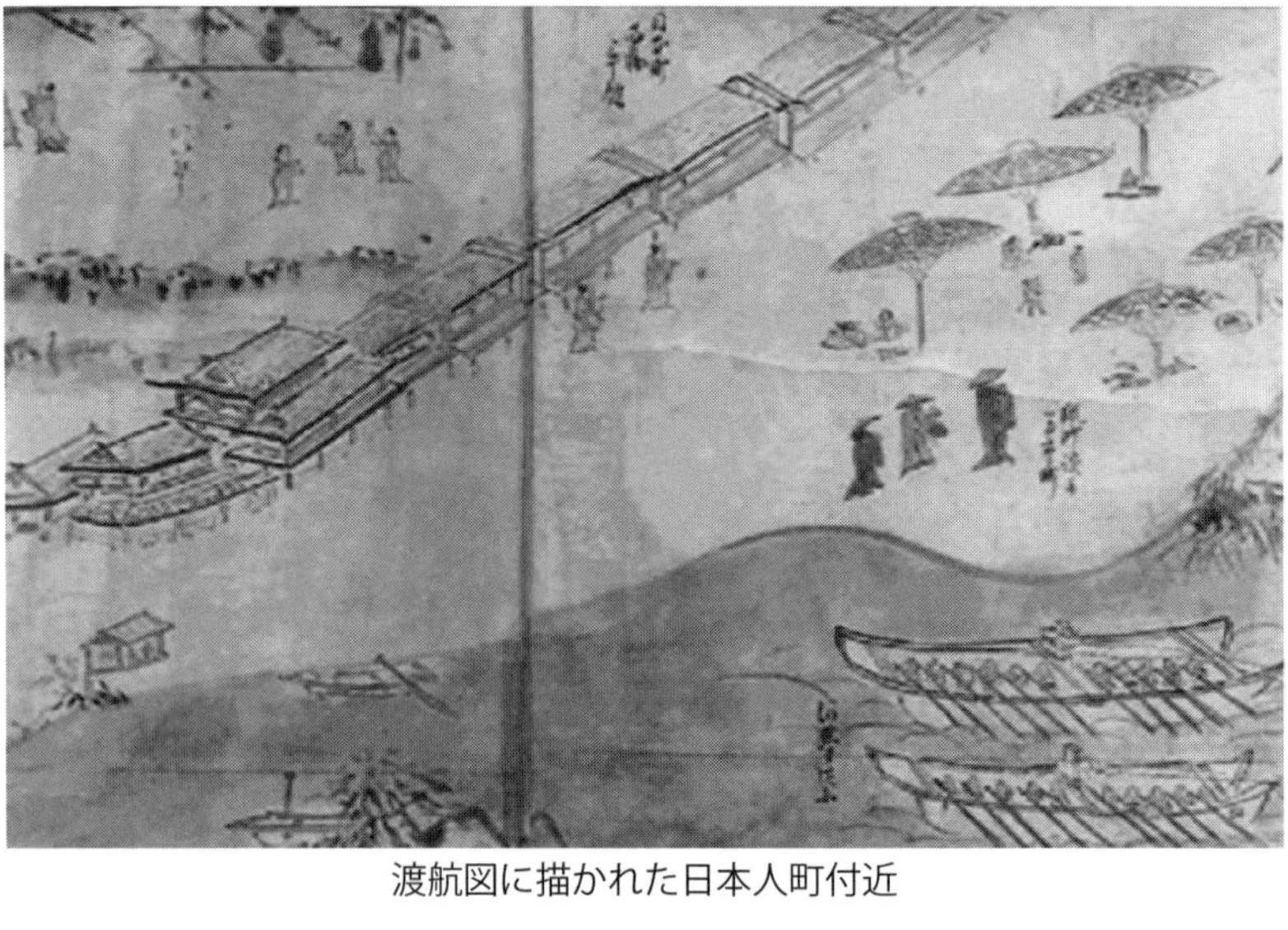

渡航図に描かれた日本人町付近

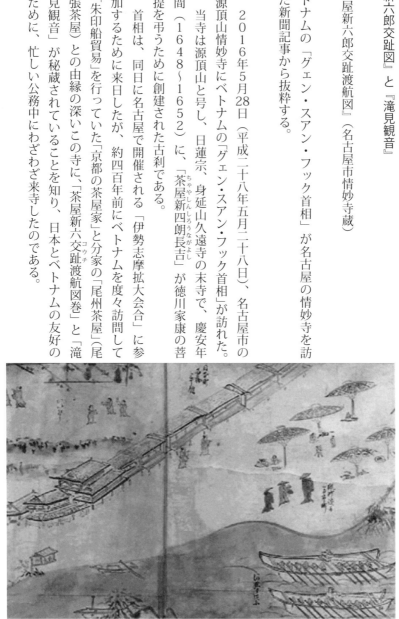

この一行を接待したのは、「林教一住職」で、住職はベトナムの日本人町があった世界遺産の「ホイアン」（Thanh pho Hoi An・城舗會安）を5回ほど訪問されている。

また、ベトナム側からもこれまで、「ダナン市長」「ハノイ大学教授」「日越歴史研究者」などの人たちが数多く同寺を訪れていて「渡航図」などを通じて両国の親善交流を続けてきた。

この「交趾国貿易渡海図」（32・8×1100・7㎝）は、絵巻物で、絵図の中に、慶長十七（1612）年に交易のために長崎を出帆した朱印船が荒海を乗り越えて「交趾」（ダーンチョーン・現在のベトナム中南部）に到着し、広南《クアンナム》を治めていた「広南鎮営」の長官である「広南鎮守」の館を表敬訪問している時の様子が描かれているといわれている場面がある。この絵巻図は、平成25年4月16日～6月9日まで開催された「大ベトナム展」（九州国立博物館）に展示されていた。

江戸時代の茶屋家は、角倉《すみのくら》、後藤家とともに京都三大長者といわれるほどの豪商であった。その中でも茶屋家は、「交趾貿易」（広南国との貿易）に積極的に関与し、茶屋家の財力、資本を集中させて、御朱印船を「11回」も交趾に派遣している。

これらの絵巻は豪商である茶屋家の船が長崎からホイアン

絵図面を広げる林教一住職（右）

（會安）に至る行程が描写されている貴重な史料である。茶屋家が残した交趾渡海図は、御朱印船時代の「日本町」に関する貴重な史料なのである。この絵巻物は愛知県の「有形文化財」に指定されている。なお、絵図中には、「河内」と記されているが、河内《かわち》は、即ち交趾《コウチ》のことである。また、渡海絵図や交流文書に関連する新資料を九州国立博物館が発見している。

だが、この情妙寺所有の蔵本『情妙寺本』の方がプロの狩野派などの絵師が描いたような芸術的な作品より、むしろ、写実を重視し、後世の記録として描かれた絵図であるという。1600年代の「広南鎮営」や「日本町」の描写は、決して豪奢なものでなく、山間の宿場町などを連想させるような草葺の町並などを実にリアルに描いている。この絵図からは、広南阮氏の統治が始まった頃にホイアン地方に到着した日本の交易の実態が垣間見えるのだ。

さらに、もう一つのベトナムに関する秘蔵品である「滝見観音菩薩画」は、交趾国の国王から「日本国興隆のため」と「航海の安全のため」に、茶屋新六郎に拝受されたものである。

船頭の茶屋新六郎が阮主から拝領した「滝見観音菩薩画」を情妙寺に納めた時（延宝七年〔1679〕）の「奉納文」が現存している。「観音菩薩画一幅源頂山情妙寺為什物永代寺宝納由緒覚」である。

渡海図に描かれた日本人町到着時

御朱印船が広南国からの帰途で暴風に遭遇し、難破しかけた時、もはや、絶体絶命と悟った乗組員全員が阮主から戴いた観音菩薩画に最後のお祈りを捧げたところ、霊験あらたか、となって、嵐が突然に収まり無事に長崎に帰帆できたことに感謝し、この観音画を情妙寺に奉納したことが奉納文に記されている。「板子一枚下は地獄」といわれ、御朱印船の二隻に一隻が帰国できなかった時代に、海難に遭遇し、龍神に救いを求めて一心不乱に法華経を唱えた乗組員の悲壮な状景が語られている貴重な史料である。

なお、正保から延宝にかけて絵馬などを製作した狩野派の一派であるといわれる「菱川孫兵衛《ひしかわまごべえ》」（生没不詳）が、正保四年（１６４７）、滋賀県の「日牟礼八幡宮《ひむれはちまんぐう》」に、木材に描いた「安南渡海船絵図」が滋賀県の日牟神社に奉納されている。

銘文には、『安南国居住西村太郎右衛門』（奉納者）、正保四年（１６４７）丁亥三月吉日、菱川孫兵衛筆、と記されている。この「安南渡海船額絵」（68・7㎝×79・8㎝）は、広南で、日本の朱印船が交易を行っている場面を克明に描いている。この絵巻図は国の重要文化財に指定されている。

『滝見観音像画』（名古屋市情妙寺蔵）

「滝見観音画由緒書原本写」（この度、情妙寺の林教一住職の特別のご許可を拝受して全文を掲載する。

元和の頃、茶屋船渡唐之石切《みぎり》、彼の地より交趾国相渡り、其国の案内通をもって安南國王、土産物いろいろ、染小袖、帷子《かたびら》其外取揃へ献上申所、披露有て安南王御喜悦之由にて饗応。珍菓、珍酒不斜、玉座近く被召出、通を以テ国元の様子御たつねの中、別而日本の仏法流布の儀御尋候所、本朝にてハ法華経第一繁昌にて就中《なかんず》観世音菩薩専信仰仕事に、御座候。拙者如きも偏《ひとえに》奉信候。

此度渡海之節波風荒くござ候所、一入念じ、奉候。依御利生恙無心当国へ着船仕由申し候へば、扨を取る刀ハ日本にも観音信心専の由歓悦被成候。御利益之事天竺よいも別而奉崇候。御利生広大成事。

国王にもふかく御信仰なされ候ゆえ、御感之餘り、是ハ日本農民為利益、観音之絵像一幅可被下由にて由、イ者御口出なされ、候。於中天竺滝見生身の尊体を直に奉写尊像に候。

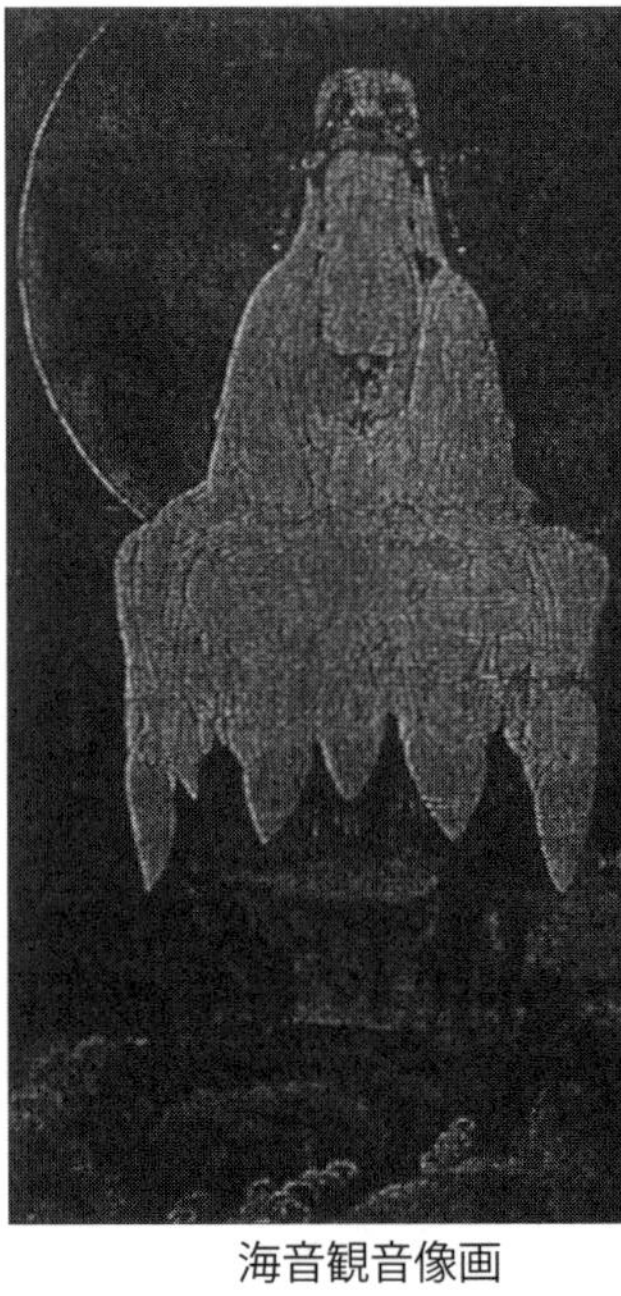

海音観音像画

ひとへに、御秘蔵の御本尊に候へども、日本へ御渡し繁盛のため、御奉願に思し召しとの儀にて其上其方志を御感悦にて下され候。厳かなる御尊像に候間、可奉崇旨に而、次にいろいろ土産の所、取持被下候。

それより高麗に帰途仕、船路用意等相調出船致所、海上風烈あらく一日一夜碇を下し前後忘却仕、何も及難儀候、数百人の中より一人の老人申やう、昔大唐国色々宝物渡り候中にも、面向不背の珠龍神望をかけ海中荒成候由、ケ様成ル例も候へバ、此度希なる観音の尊像、若龍神望をかけ、かように海上あれ候や、しからばその験を可奉乞と、船中一同に心を合わせ、同声に普門品三十三《ふもんぼんさんじゅうさん》へん信誦仕候所、忽に風鎮り、何れも安っと感し、偏に薩土垂《さった》の御霊験と喜信心をまし、それより船に帆を挙、得順風、海上無恙帰心帰朝仕候。

其後於京都伝聞の僧俗数多熱望在之、方々江ハ少々よせ申処に、何れの霊地にも、尊絵納度と所望の方多く候中にも、清水《きよみず》別当など達而之願望有之候へとも、々麁忽にハ不罷成儀、自分之身心に難離所持仕、諸願是有時分、香花《こうげ》を備え、御経転読仕、奉祈誓候処、毎度御感応耳、不思議共多く御座候。

然ところ其後及老衰存命無覚束罷成候上は、貴寺江永代奉納仕候間、右之由緒を以何とぞ御堂御建立有は尚繁盛被成候様奉願候。無類之什物に候へハ御序ヲにする以上々様方江も被申上、御信仰被遊候様に、毎々茶屋家へも被仰合広く流布なされ候様に御取立、偏奉願候所也。イ乃縁起乃趣如件。

茶屋新六郎　在判

延宝七年己未十月八日

源頂山　情妙寺

「茶屋新六郎渡航貿易の図」と「ツーラン（ツロン）」について

慶長五年（１６００）関ヶ原の戦いで東軍が勝利し、慶長八年（１６０３）、江戸幕府が開府され、家康が征夷大将軍となると、三代茶屋四朗次郎は、幕府の呉服御用達《ごふくごようたし》となり、京都本店の他各地に支店を設けていったが、各店は、呉服を商うとともに、各地の情報を収集し江戸幕府に伝える隠密の役目も負っていた。

徳川御三家の一つである尾張徳川家の尾張藩（尾張国・愛知県）には、茶屋家は最大の支店を置き、「尾張茶屋家」として徳川家と密接な関係を保っている。その後、紀州茶屋（紀伊国・和歌山県）が置かれている。尾張茶屋家は代々法華の篤い信仰を護っていて、「尾張茶屋家第十七代当主」は、情妙寺の「筆頭総代」を務めている。

さて、この当時、ダーンチョーン（ベトナム中南部）を統治していたのは、グエン（阮）氏政権（１５５８〜１７７７）で、地方領主は阮主《チュアグエン》と呼ばれ、まるで、王様のような強力な権力を握っていた第二代阮主阮福源《グエンフックグエン》である。

彼は、先代の阮主阮潢《グエンホアン》の第六子で、弘定十四年（１６１３）に父から家督を嗣いで　順化（フェ＝トゥアン・ホア・

Thuan Hoa＝現在のフェ省の省都）の郊外にある鎮守に赴いて、ダーンゴァーイ（北部ベトナム）の鄭《チン》政権と対峙していた。

当時、広南（クアンナム）のホイアン（會安）などの主要な港には、阮主（国王）の信頼を得た「公太子」（王子）が派遣され「鎮営」に住んでいたという。したがって、茶屋新六郎が拝謁しているのは、阮福源の長子で、弘定十五年に広南鎮守となった阮福淇（グェン・フック・キィ）である可能性が高いとされる所以である。

そして、広南鎮守に謁見している船長と思われる人物の「茶屋新六郎」とは、何者なのか？ 明確な答えはないが、『朱印船時代の日本人』の著者である小倉貞男氏は、この人物を尾張茶屋家二代目の「茶屋良延《ちゃやよしのぶ》」（長似《ちょうい》）であると推定している。

また、『南洋日本町の研究』で知られる歴史学者の岩生成一氏は、その著書の中で「茶屋新六郎渡航貿易の図」の日本町について記述しているので紹介する。

第三章　交趾日本町の盛衰から抜粋する。

「ツーランは、茶麟とも茶竜とも書く。同地における日本町の存在の事実は、名古屋市情妙寺所蔵の茶屋新六郎渡航貿易の図によって立証される。同図は従来既にしばしば世上に紹介され、辻善之助博士やペリ氏も同図と現在の地形と比較対照して詳細に説明しておられる。

今しも茶屋新六の朱印船は曳舟で『舟入口、とろん岩嶋』に到着しているが、現在では、ツーラン湾内にかかる島はない。しかし、寛政5年（1793）イギリスの遣清使節マカトニイ卿（Earl of Macartney）が戦艦ライオン（the

Lion）にて同地に寄港して測量作成した海図には、ちょうど『とろん岩嶋』の位置に一小島を描いている。図中川の入口上方即ち西岸、今日のツーラン市街の北部とおぼしき所に『日本町、両輪三丁余』と注記した町並みは、言うまでもなく、当時の日本町の実況である。日本町の附近に『猟師浜、万市町』があり、南方河岸に港務所、その後方に四本柱草葺の粗末な高い涼台即ち監視塔がある状況は、その後百五、六十年を経て同地を　訪問したマカトニイの時も、茶屋の図同様旧態依然たりと言ってよい。日本町の対岸に『寄舟唐人町』『寄舟こや、諸色是にて商』とあるは、唐人の舟宿港町の意であろう。

絵巻には、さらに新六が港務所に出頭して、来着の挨拶をなし、土産を献じている様子も描かれているが、まさにオランダ人アブラハム・ダイケル（Abraham Duijcker）が同地で目撃したわが朱印船交趾入港の状を図解した観がある。」

しかし、今日に於いて、ベトナムの歴史学者たちは、「ツーラン」（現ダナン市・Thanh pho Da Nang）に遺跡や史料が出てこないので、日本人町は「ツーラン」には存在していなかったと口を揃えて言う。

１６０１年以降、江戸幕府が徳川家康の命により、安南、マニラ、カンボジア、シャム、パタニなどの東南アジア諸国に使者を派遣し、１６０４年に「朱印船制度」を実施したのが、「朱印船時代の始まり」とするが、これより前の１５００年の後半には、朱印状を持たない「無印の日本の交易船」がトゥーボン川を遡り、上流であるホイアン文流の「ディェンバン府」にある「チョクイ」（市の立つ）地区の「タインチェム村」に現れるのである。

「金明録」が語る「滝見観音像」について

「金明録」とは、高力種信《こうりきたねのぶ》『金明禄―猿猴庵日記《えんこうあんにっき》』と呼ばれる雑誌で、尾張藩士の高力種信が尾張藩（名古屋市）を中心とした、「世事風俗」を著わした書物で、「天候」、「寺社の祭礼日時」、「芝居小屋」、「相撲」などの当時の社会風俗を克明に記録した地誌で、歴史資料としても高い評価を得ている。

「金明録」の作成期間は、明和九年(1772)~天命四年(1784)、および、享和元年(1801)~文政五年(1822)である。

「金明録」、安永五(1779)年三月の項から抜萃する。

「十五日より四月五日迄、鍋屋町下、源頂山情妙寺石像の日蓮上人霊像、火難逃れの鬼子母神木像入仏供養開帳、万灯供、音楽、説法、当寺霊宝、中天竺瀧見観音生御影開帳、此尊像は、元和の比、茶屋新六郎正親、渡唐の砌、吹流れ、交趾国に到り、安南国王へ種々の品を土産に奉りし時、安南国王より伝承、新六老衰におよび、当寺へ納め、什物と成、中天竺において瀧見生身の尊体を真にうつし奉る霊仏也。

同堂に、茶屋、交趾国へ渡り、国王対面の所、渡海の舟の図、交趾国山川の様子悉く記せし絵図の巻物一軸有り、道法迄、印し有由。日蓮上人の石像は、源敬公(初代義直)御信仰の尊像ゆへ、山号を源頂山と御名附遊候処、其後、瑞龍院様(二代光友)今の山号に御附被遊候由、則、山号御筆の愍物二幅、其外宗祖の真筆題名数多、今度、霊宝弘めに出る。参詣多し」

「茶屋新六郎」について

茶屋家の由緒書によると、祖先は小笠原貞興に始まるとされている。大永年中(1521~28)の頃に、清延の祖父である宗延の時に山城国中島を領していたという。

宗延は嫡子の中島四郎左衛門明延と共に小笠原大膳大夫長時に仕えていたが、戦の最中で宗延が戦死し、明延も深手を負ったために故郷の中島を去ったという。その後、明延は小笠原右馬助長隆の娘を娶って、呉服を商うようになり、京都百足町に住居を構えている。

彼は、有力な商人でありながら侍の身分も与えられていた。当時は、まだ、身分制度がそれほど厳格ではなく、例えば荒木宗太郎も浪人であり、船主であり、また武士とも見られていた。それ故、彼らは、交易に携わると同時に、密かに情報の収集にあたり、東南アジアの新しい情報を幕府や長崎代官に報告していた隠密の役目も担っていたと思われる。

茶屋家に伝わっている堂家十代目の中島延充の記録によると、「慶長、元和の頃」に茶屋新六郎が交趾に渡航したとある。

茶屋船の「交趾」渡航歴

第1回目　慶長十七年（1612）　宛先＝交趾　尾州茶屋家の当主　茶屋四郎次郎清次　派遣数＝一艘
第2回目　元和　六年（1620）　宛先＝交趾　茶屋家本家の当主　茶屋四郎次郎清次　派遣数＝一艘
第3回目　元和　九年（1623）　宛先＝交趾　茶屋家本家の当主　茶屋四郎次郎清澄　派遣数＝一艘
第4回目　寛永　四年（1627）　宛先＝交趾　茶屋家本家の当主　茶屋四郎次郎清澄　派遣数＝一艘

第5回目　寛永　五年（1628）宛先＝交趾　茶屋家本家の当主　茶屋四郎次郎清澄　派遣数＝一艘
第6回目　寛永　六年（1629）宛先＝交趾　茶屋家本家の当主　茶屋四郎次郎清澄　派遣数＝一艘
第7回目　寛永　八年（1631）宛先＝交趾　茶屋家本家の当主　茶屋四郎次郎延宗　派遣数＝一艘
第8回目　寛永　九年（1632）宛先＝交趾　茶屋家本家の当主　茶屋四郎次郎延宗　派遣数＝一艘
第9回目　寛永　十年（1633）宛先＝交趾　茶屋家本家の当主　茶屋四郎次郎延宗　派遣数＝一艘
第10回目　寛永十一年（1634）宛先＝交趾　茶屋家本家の当主　茶屋四郎次郎延宗　派遣数＝一艘
第11回目　寛永十二年（1635）宛先＝交趾　茶屋家本家の当主　茶屋四郎次郎延宗　派遣数＝一艘

計11回　十一艘也

茶屋四郎次郎清次は、慶長十二年（1607〜）、慶長十四年（1609）まで、長崎に下向して幕府の長崎貿易の目付役として従事している。

「徳川実記」（東照宮御実記）の慶長十七年正月十一の条には、「津田紹意毘耶宇島渡海の御朱印。茶屋四郎次郎に交足渡海の御朱印。唐人やようすへ広南渡海の御朱印を下さる」と記されている。
また尾張茶屋家が創設されたのは、慶長十九年（１６１４）で、それ以降本家から「尾州茶屋」と「紀州茶屋」の二家に分家している。なお、第四回目の朱印状の拝受は、後に何らかの事情により返上されたと伝えられている。

茶屋家系図

初　代　茶屋新四郎長吉（後年、隠居して入道長意と称している）天正五年（１５７７）～寛文三年（１６３３）

二代目　茶屋新四郎良延（後年、隠居して長似と称している）不明～元禄十一年（１６９８）

三代目　茶屋孫四郎（後年、隠居して長意と称している）正保元年（１６４４）～宝永五年（１７０８）

茶屋家初代茶屋四郎次郎清延～二代茶屋四郎次郎清忠～三代茶屋四朗次郎清次～四代茶屋四郎次郎清次～五代茶屋四郎次郎延宗

尾州茶屋～初代新四郎（長吉）～二代新四郎（良延）～三代新四郎（俊胤）

江戸幕府から茶屋家に下付された最初の朱印状は、「交趾」宛ての本本家の当主である「初代」の又四郎（清次）が、慶長十七年（１６１２）、正月付で拝受している。だが、初代目に関しては、「新四郎」という名を関連付ける史料は、何も見当たらない。しかし、二代目の新四郎は幼少の頃に「新六郎」と名乗っていた時期があったのである。けれども、二回目の朱印状拝受の時期には、彼は、まだ幼少であったと考えられるので、危険な航海に跡継ぎを乗せるはずはなく、朱印船に実際に乗船して交趾に渡海したのは、別人で、その人が代理として「新六郎」と名乗ったのではないかと考えられている。

当時、御朱印を操縦できる船主兼商人はまれで、「荒木宗太郎」や「船本弥七郎」など、ごく少数の者たちであった。現地での商いも、ほとんどは、商家の番頭に次ぐ「手代」などが採用されて、「船主」の代理として現場で働いていたので、渡航図の人物は、茶屋家の承認と絶大なる支援を受けて「新六郎」と名乗って任務にあたったようである。また、荒木宗太郎の場合でも現地資料では「交趾渡航回数」は、十七回も来航している。

これは、何も、御朱印状がなくても、現地では、税を払えば交易が保証されていて、これらの交易船の渡航回数は、正規御朱印船の数の3倍以上であったと記録されている。これらの船（無印船）の仕立てには、裏で中国沿岸の島々で暗躍した中国人の役人を含む「海商」たちの存在があった。

彼らが荒木宗太郎の「代理人」と名乗って交易したと思われる。

交趾国の国王から新四郎に贈られた「半鐘」

「尾張名陽図会　高力猿猴　巻之四」によると次のように記されている。

……………略……………茶屋新六郎といふ人、慶長の頃、渡海度々なりしが、交趾国に渡り、国王より瀧見の観音の彩象牙半鐘を送らる。其半鐘ハ身延山に納む。

この半鐘は、情妙寺の本山である、日蓮宗の総本山（祖山）久遠寺に奉納されている。半鐘の銘文には、

万治三年庚子

十月十二日

施主　中嶋氏　茶屋長意

法号円応日是

と記されてある。「長意」というのは、初代新四郎長吉の法名のことである。

第五章　ホイアン（城舗會安）

ベトナムから見た日越交通史

ベトナムから見た日越交通の史料がある。
日本人がいつごろからベトナムと関わってきたのかをかなり詳細に記述しているので紹介する。
『ヴェトナム亡国史　他』(潘佩珠《ファンボイチヤウ》著、長岡新次郎・川本邦衛編　平凡社　1966年)
「越南志士　獄中記」・越南志士・獄中記・潘屋漢記・南十字星譯から抜粋する。

獄中記

「(中略)ひるがえって、これを日越交通の関係を見るに、その事また新そのとしない。

古くはその昔、平城天皇の廃太子、真如親王(弘法大師の弟子)仏道に精進して唐に入り、さらにインドに仏跡を訪ねんとの志止みがたく、道を羅越国(注三)(らおつこく=今のラオスならんという)にとり、その地に虎害に遭いて薨《こう》ずると伝える。

近くに史にいう、「慶長六(一六〇一)年　安南始めて来聘修好、同七年使を以て倭寇の禁を請う」と。

以て当年、南陲瓢悍《なんすいひょうかん》の士、はるかにその地に勇躍せる状を見ることを得よう。

その後、わが僑民のかの地に産を営む者また多く、今日、なお広南《コアンナム》に当時日僑(日本人居留民)の架したる来遠橋(注四)の残るあり、僑民の墳墓すら所在に見るという。

寛永の鎖国以後も、幕府はアンナン(安南)の来船に応ぜんがため、明暦中彼地おり帰来せる東京《トンキン》、久蔵(魏姓)

を挙げて東京《トンキン》通事とし、唐通事の班に列して、その職を世々にせしめた。（中略）」

注　三

羅越国

真如親王が死去した羅越という国について、明治初期には今日のインドシナのラオス（老撾）地方だと考えられ、また古くはインドの王城などともされたことがあるが、いまではシャムをへだてたマライ半島の南端付近、バレンバンの対岸北部地方だとみなされている。

注　四

来遠橋

広南《コアンナム》の貿易港会安《ホイアン》にある。御朱印船時代に発展した旧日本人町の跡に今も残っている日本橋。石碑に日本人がこれを造ったことを伝え、またアンナン国王がこれに、「来遠橋」の名を与えたことが記してある。

また、会安郊外には、日本平戸の谷弥次郎兵衛と、日本文賢具足君の二人の墓が残っている。

・會安は、会安と書かれているので、以後、時代に応じて併用して使うこととする。

広南のダナンやホイアンの日本人商人の遺構

・ホイアンの日本人商人の遺構

「日本橋」と呼ばれた橋寺「来遠橋」

クアンナム省（T:nh Quang Nam／省會安）ホイアン（Thanh Pho Ho:An）の旧市街地そのものが世界遺産である。

古い町並みが残るホイアンの旧市街は、チャンフー通り（Tran Phu St）と川沿のバクダン通り（Bach Dang St）に挟まれた地域である。

そして、チャンフー通りとグェン・チ・ミンカイ通り（Nguyen　Thi Minh Khai St）の間の運河の上に「来遠橋《らいおんきょう》」（Lai Vien Kieu）または、「日本橋」（Cau Nhat Ba n）と呼ばれている橋が架かっている。

橋の袂の門の上には、「来遠橋」（Lai Vien Kieu ライ・ヴェン・キェウ）という橋名板が掛けられている。

そして、屋根付きの太鼓橋の中央には、高く伸びた寺院があり、その祠の中に道教の神が祀られていて、橋の両方の袂には、猿と犬の像が置かれている。この名称は、広南国第六代君主の「阮福凋」（グェン　フック　チュー　Nguyen Phuc Chu　１６９１～１７２５）が、後期黎朝の永盛九年（１７１９）にホイアンを訪問し、地元の人から日本橋と呼ばれていたこの橋を修復した時、「来遠橋」と名付けたことによる（ベトナムの2万ドン紙幣に「来遠橋」が描かれている）。「学而」によると、「有朋自遠方来、不亦楽乎」（「友が遠くから訪ねてくれれば、これもまた楽しいことではないか」）から引用したといわれる。また、日本橋と呼ばれていた由来は、日本人がホイアンの町に居留して繁栄した頃に、日本人たちが連名で建設費を奉納して、橋の建立に協力したとの言い伝えによるものである。

橋上の東北方向の隅にある「重修来遠橋の碑」（銘記　嘉隆丑年〔１８１７〕）の銘文を抜粋すると、

古也相伝、日本国人所㆓作経、奉㆓先朝宸翰㆒、賜㆑名白㆓来遠橋㆒

と橋の大改修工事年が記してあることがわかる。

なお、広南国第五代君主の阮福湊（グェン・フック・ザィ　Nguyen Phuc Thai　１６８７～１６９１）は日本人の伝道師のバーザレミィ・ド・アコスタ（Barthelemy de Acorta）を自分の専属医として招聘している。

また、「大南一統志」の広南省の橋梁の丕には、次のように記されている。

名㆓来遠

因見㆓舗之西有㆑橋

橋賜名棣厨

屋根付きのこの太鼓橋は、長さ18ｍ、幅３ｍ、側面12・６ｍである。

この橋は、現在では「チュア　カウ」（祠付の橋寺）と呼ばれている。この名称は、「パコダの橋」ということである。チュアは寺の意味であり、橋と寺院の機能が兼ね備えられているからだ。橋が建設されてから半世紀後に寺院が建立されたという。

この橋は、広南国（Quang Nam Quoc）仙王（太祖）の阮潢（グェン・ホァン・Nguyen Hoang／１５５８～１６１３年）の時代である、康佑元年（１５９３）に日本人が橋を架けたとも伝わっているのだが、正確な建設年度はわかっていない。地元の古老らによると、この日本橋は乾統元年（１５９３）の猿年に着工されて　乾統二年（１５９５）犬年に完成したために、橋の西側に一対の犬神の彫刻と、東側には一対の猿神が彫られたと伝わっている。

ベトナムの歴史学者は、日本橋の建設時期を16世紀、17世紀初頭、17世紀中葉と、大きく３種に分けての学説があるが、日本橋の正確な建設時期はまったく不明なのである。日本橋の棟上げを祝う文章と寺の中にある碑文によれば、

1635年、1763年、1817年、1865年、それぞれ改修工事をしていることが記されている。チュア・カウ（橋上の寺）は、最初に日本人が造ったという伝承がホイアンの民間人に広まっていったのである。したがって、「日本橋」という呼称は、遅くとも、1635年から1695年頃までには定着したようである。

辻善之助『増訂 海外交通史話』には、銘文の全文を次のように解明している。

「重修 来橋橋記」

明古会〜

直天広南〜搬。

「寺の中には、道教の神が祀られているが、それは「真武大帝」（バック・フォン・チャン・ヴォーダイ・デー Bac Phuong Chan Dai De）という神なのだ。この真武大帝は、北方を守護する神で、玄武大帝とも称して、清龍、白虎、朱雀とともに四方を守護する神である。」

そして、以前には、この橋を境に内側（東側）に「日本人町」があり、反対側（西側）に「中国人町」が存在していたといわれてきたが、最近の調査で、日本人町は橋西側ではないかという説も出てきて、その場所はいまだにはっきりとわからない。

ホイアンの町はトゥーボン川（Song Thu Bon）沿いの低地にあるので、今でも、毎年雨期には度々洪水に見舞われる。したがって、この橋寺は、地元民が水の神を祀って、水害を齎す龍を鎮めるための寺院なのである。

ダナンの日本人商人の遺構

五行山と日本人商人が多額の寄付をした『普陀山霊中仏』碑文

五行山

五行山（Ngo Hanh Son）は、ホイアンの北西方向に約15㎞、ダナンの市街から車で15分ほどの所に、ベトナムで最も人気のある連山がある。それらの山は、「トゥイーソン」（Thuy Son）、「モックソン」（Moc Son）、「キムソン」（Kim Son）、「トーソン」（Tho Son）、「ホアソン」（Hoa Son）と呼ばれている五山が連なっていて、大理石から出来ていることから、「マーブルマウンテン」とも呼ばれている。ここの山中に日本人商人たちの遺構が残されている。

『普陀山霊中仏』碑文

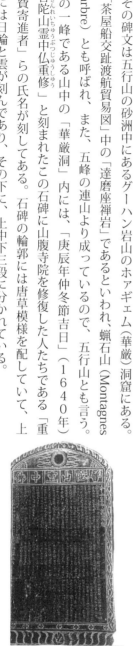

その碑文は五行山の砂洲中にあるグーハン岩山のホァギェム（華厳）洞窟にある。

「茶屋船交趾渡航貿易図」中の「達磨座禅岩」であるといわれ、蝋石山（Montagnes Marbre）とも呼ばれ、また、五峰の連山より成っているので、五行山とも言う。その一峰である山中の「華厳洞」内には、「庚辰年仲冬節吉日」（１６４０年）「普陀山霊中仏重修《ふださんれいちゅうぶつじゅうしゅう》」と刻まれたこの石碑に山腹寺院を修復した人たちである「重修費寄進者」らの氏名が刻してある。石碑の輪郭には唐草模様を配していて、上方には日輪と雲が刻んであり、その下に、上中下三段に分かれている。

全文は次頁以降の通りである。

今上皇帝万万歳

大越国広南処靖嘉府玉山県瑜圳社范文仁字恵道明禅師、忽見仏跡頗有頽弊勧善智誐、啓家財、用心功彷重修開創上普陀山、新造下平安寺、二景円成、鳩工云畢、住持焼香祝聖、回向三宝、上報四恩、下済三途、願同生極楽国、仏跡東流伝、

（以下上段）

日本營平三郎字福耶阮氏戝号慈広　供賎三宝五百头

茶東社黄大彷字福増黎氏貢号慈順　供賎五十头

柏澗社阮福臻字福正鄧氏柳号慈勝　供賎四十五头

茶路社阮登第字福祥黎氏撑号慈雲　供賎四十头

茶東社黄伯利字福林陳氏腰号慈裡　供賎三十五头

南安社范文彷字福壮陳氏事号慈力　供賎二十头

会安社阮文朝字貞安阮氏彷号玅王　供賎二十头

日本營倭門字員達杜氏嫚号慈珠　供賎四十六头

日本營阿知子字員通呉氏種号慈晏　供賎二十头

福海社黄菱通字員灯陳氏禄号慈実　供賎十五头

茶東社黄伯歳字恵智黄氏尼号慈通　供賎七头

海洲社武公碧字福等阮氏眉号慈名　供賎九头

日本国茶屋竹嶋川上加兵衛浅見八助　供銅五百七十斤

錦鋪社陳玉禄字広晋陳氏卞号慈恵　供戔十头
安福社陳文探字福光范氏雄号慈創　供戔七头
蒲板社胡平安字福良黎氏极号慈意　供戔七头
日本営阮氏富号慈顔　戔一百四十头買田供三宝
日本営七郎兵衛阮氏慈号妙泰　供戔二十头買田
日本営平左衛門妻阮氏妥号妙光　供戔五十头買田

（以上上段）

陶衢社阮氏理号娓仙　供戔三十头
安福社潘氏磋号慈心　供戔二十一头
日本営宋五郎字道真　供戔一百头
福海社陳文妥字福成　供戔十五头
錦鋪社陳氏怒号慈明　供戔十五头
智物社鄭氏術号慈安　供戔十三头
福海社陳氏慈号慈満　供戔三宝四百头
従本営阮文彷阮氏調　供限子十両
丹海社陳曰富阮氏公　供限子十両
富橋坊陳文科字道心　供戔二十头
瑜珈社范曰賦武氏娿　供戔二十三头

福海社黎氏桃号慈定　供戔七头
海洲社阮氏苓号慈柱　供戔七头
慕華社阮氏洪号慈好　供戔五头
日本營范氏渚号慈清　供戔十头
不弍社武氏賢号慈憫　供戔十头
智勇社黎文将字恵度　供戔十二头
日本營何奇奇字既姑　供艮子二十五両
（以上中段）

新安社陳金榜字恵成阮氏叔号慈怜
茶東社阮文無字道王黄伯倹字恵灯
艶山社鄧光花字道潤鄧光宝字恵海
景陽社陳弘度号慈彴陳文講字恵正
大明国葉堊公字道幸
汫滰社阮彴平字恵恩阮文梗号慈忍
蒲明社阮良準字恵光范文修字福勝
会安社朱氏新号慈詑　供戔七头
錦鋪社段氏橘号慈泰　供戔十五头
海洲社鄧克明范氏表　供戔五头

富霑社黎氏巴号慈愛　　供戋十五头
錦舗社陳氏世号慈礼　　供戋十五头
由芽社范氏敞号慈心　　供戋二十四头
大明国呂珠吾　　供戋五十头買田三宝
会安社阮氏柳号慈桂　　供戋十五头買田
大明国桂吾耳公　　供戋五十头買田
（以上下段）

歳次庚辰年仲冬節吉日　　字恵道明禅師立碑記伝

後期黎朝陽和五年（1640）に建立された「ノンヌオッツク寺の普陀山霊中仏碑」には、会安（會安　ホイアン）の名が三度も出てくる。会安在住の四人がホアッギェム寺の建立のために、各人が各々十貫目を寄進したことが印されている。また、仏像重修費寄進者の中には、日本営平三郎、日本営儀門、日本営阿知子、日本営阮氏富号慈顔、日本営七郎兵衛阮氏慈号妙泰、日本営平左衛門妻、日本営宋五郎、日本営何奇奇字既姑、日本国茶屋、竹島、川上加兵衛、浅見八助らの仏教徒と思われる名がある。

この銘記の年次である「庚辰」（干支）の和暦は寛永十七年（1640）である。広南阮氏の阮主は阮福源の死後即位した「阮《グエン》福《フック》瀾《ラン》」(Nguyen Phuc Lan　1635~1648）で、父の政策を継承して鄭阮《チングエン》戦争で守勢を取り、ポルトガルの援助を受けて、鄭軍の南下を撃退した。そして、日本国茶屋以下四名は、鎖国後に献金したと考えられている。寄附者の各人の経歴はよくわからないが、「阿知子」とあるのは、家康が初めて糸割符を許可した大阪の堺の豪商等の一人である阿知子宗寿の一族であるといわれている。

「七郎兵衛阮氏慈号妙泰」とあるのは、角屋七郎兵衛夫妻のことで、彼は、「角屋七郎兵衛《かどやしちろうべえ》」諱は「栄吉」(慶長十五年〔1610〕~寛文十二年〔1672〕)は、伊勢国《いせのくに》(三重県北中部)出身で、徳川幕府から御用商人として廻船自由の特権を与えられた松阪・湊町の廻船問屋の次男である。寛永八年(1631)に安南(ベトナム)に渡り、広南阮氏の寵愛を受け王族の娘を娶り會安(ホイアン)の日本町の長として選任され律儀に務めた。

また、1640年には、イエズス会の宣教師であるアレクサドル・ドゥ・ロード(Alexandre de Rhodes)が日本町にやって来て教会を建設している。七郎兵衛は2年後に江戸幕府が「鎖国令」を発布したため、日本への帰国を断念したようだ。だが鎖国下にあっても、日本にいる家族や親族にたびたび書状を出し、伊勢神宮や松阪城下の寺社に寄進を続けている。寛文十二年一月九日、會安にて死去する。享年六十三。なお、現地の妻は、その後、角屋七郎兵衛の位牌を松本寺に安置し松本寺に移り住んだという。

彼は、昭和三年(1928)に日本政府から「従五位」を贈位された。一族の慰霊碑は、三重県松阪市の「来迎寺」に残されている。

寛文十年(1669)、角屋七郎兵衛が故国に送った書簡がある。末尾に、「信主法号妙太戸工如院阮氏」とあるので、両人とも死後に同地の「松本寺」に葬られたようである。また、「既姑」を「キコ」と読むことができるならば、日本町の頭領である「キコ・林喜右衛門」と考えられ、「蘇五呂」は、普陀山霊中仏重修費を寄進した日本営五郎ではないかと思われている。

いずれにしても、現地の人に比すれば、日本人商人の寄進額は、はるかに多いので、彼らの財産に余裕のあったことが考えられるのである。

松本寺

また、「普陀山霊中仏碑」に、「日本営」と記されているのは、彼らが日本から渡来して来て會安で商売を営んでいたからだとされてきたが、私は、もっと深い意味があると考える。それは、広南阮氏は北の鄭軍にくらべ軍事力兵力ではるかに劣っており、兵員数を補うために日本の有力な商人の家に配置し、常時には店の護衛と日本町の統治にあたり、非常時の場合は、阮軍に協力して戦場に赴く「日本町の傭兵」として阮氏から認められていた特別な商店であり、広南阮氏と密接な関係があった。屯所（詰め所）の役目を負っていたと思われる。

なぜならば、阮氏は北部から中南部に下って来た時に拠点を次々と変えていったが、「フースアン（富春　フェ）営」などの軍事的、政治的な性格を帯びた「屯営」という名称の軍事拠点を造っていたからである。

やがて、その規模が大きくなり「営」（ズィン）～「鎮」（チャン）～「城」（タイン～「省城」（フン）と領域が拡大するに連れて地方行政と軍事の区割りが大きく進展したからである。また、経済的な進歩により、補助的役割として、「市」（ティ）～「舗」（フォー）～「坊」（フォン）などの経済的な行政組織が造られていったのである。

広南阮氏は、国際貿易に力を注いだので経済的に潤っていたので、緊急時の臨時兵員補充などはホイアンの有力な商店の協力を仰いでいたと考えられる。

また、「松本営」の「松本」とは、角屋七郎兵衛の実家の家名であるが、彼の強大な財力に阮氏がひとまわり特別な兵員数を誇っていたために特別な「松本営」と名乗ることを許したものと考えている。彼は、現地において、「荒木宗太郎」と非常に親しい関係にあったと伝わっている。

なお、茶屋家に関して、「普陀山霊中仏碑」には、「日本国茶屋竹嶋川上加平衛浅見八助　銅五百七十斤」と刻まれている。したがって、「松本寺」の建立にあたっては、茶屋家の財力をもってして多額の寄進をしたことは間違いない。

『南洋日本町の研究』　岩生成一著

・第三章　交趾日本町の盛衰から抜粋する。

安南の景治捌年（１６７０）、同地在住の角屋七郎兵衛が彼の家名に因んで松本寺と称する一寺を町端に建立して、その寺に献納すべき寺額や梵鐘の誂を彼の郷里伊勢、松坂の一族に依頼したが、この寺額の註文状中に次のように記してある。

東　　西

日　　河唐

本　川　南人川

町　下　寺町上

也　　也

此但

寺し

向南は寺し但、

町南安　村　候申りゝかに
ハ
也き向南

ニ御座候。うしろハ北也。寺の前にも川

御
座
候
。(10)

と書かれている。

(10)『交趾松本寺篇額』裏書(三井文庫所蔵?)
桜井ネ右吉『安南貿易家角屋七郎兵衛』巻頭図版

現在では、この松本寺の正確な所在地はわからないが、17世紀初頭に存在していた日本人町と松本寺は、ホイアンのどの場所のどこにあったのだろうか? この頃に、現地に在留していた日本人が故国に送った書簡の中で會安と思われる町の位置情報をこのように手紙に書いている。

書面からは、日本町のどこかはっきりとはわからないが、「松本寺」が「来遠橋」(日本橋)付近に存在していたことがわかるのだ。「日本町」は、フェフォの東部川下の北岸に在り、「唐人町」(支那人町)は、その西方の川上にあった両町の位置関係を表していると言われている。

ホイアンの日本人商人の遺構(日本町滅亡を物語る)

日本人商人たちの墓（Ma Nhat）

今日、17世紀頃のホイアンに在住した日本人の存在を伝える遺構は、「日本橋（来遠橋《らいおんばし》）の他には、わずかに残っている日本人の墓石だけである。それらの墓石は、ホイアンの中心から1キロほど離れた郊外にある水田の中にある谷弥次郎衛と彫られた墓石と、民家の庭の一角に墓がある蕃次郎の墓石及び文賢具足君の墓石が見られるだけで、荒木宗太郎、茶屋新六郎、角屋七郎ら当時の日本商人が活躍した倉庫や商店などの跡地は、今はどこにも遺っていない。現存する日本人の3か所の墓巡りは、存在する場所がとてもわかりづらい。

ホイアンの川辺より歩いて20分くらいの所に、ダナン方面のバスの発着所（ホイアンバスターミナル）がある。その片隅に小さな広場にテントを張ったバイクタクシー待合所があり、バイクがたくさん屯している。その中には、日本人の墓をよく知っている運転手が数人いる。

そのバイクタクシーに乗って日本人の墓参りをした。私の運転手は行く途中で何回も道を誤り、バイクを止めては田圃にいる農民に尋ねていた。ホイアン市街地からハイバーチュン（Hai Ba Trung）通りを北東方面へ約2㎞ほど行くと、右側の田圃の中に長く伸びている畦道の奥に墓がある。

どこまでも続く田圃の一角にようやく到着すると、どこからともなく地元の人が数人現れて、手には線香を持っている。ドライバーは、「彼らは、この日本人の墓を長く守ってきた墓守たちであるから、少しばかりの謝礼をあげてください」と言った。

やがて一組、オーストラリア国旗を手に持った老夫婦がタクシーでやって来て、谷弥次郎兵衛の墓に線香を手向けてくれた。思わず声をかけると周りにいた人たちが一緒に微笑んで手を振り合った。先の第二次大戦で両国がインドシナで敵味方になって殺し合いをしたなんて、そんな冷酷な過去がとても想像ができにくいほどのすがすがしい風が空をぬけ、田圃の墓を舐めるように流れていった。

①谷弥次郎兵衛の墓（Mo Ong Yajirobei Tani）

・住所＝Hai Ba Trung, Hoi An. Tinh Qyang Nam
・墓石の刻印名＝日本、平戸、顕考弥次郎兵衛谷公之墓・丁亥
・墓石の隣に立つ碑文＝1647年、日本の貿易商人谷《たに》弥次郎兵衛《やじろべえ》ここに眠る

※墓石の設立年である丁亥は、正保四年（1629）

谷弥次郎兵衛の墓よりも市街地寄りにあり、町からは、約3㎞のハイバーチュン（Hai Ba Trung）通り沿いにある日本人の墓。民家に囲まれたお墓の入口には、参拝に関する注意点が書かれた標識がある。

②蕃二郎の墓（Mo Ong Banziro〔Mr Banziro`s Tomb〕）

・住所＝Hai Ba Trung, TP` Hoi An.Tinh Qyang Nam（ホイアンの北〔民有地〕）

谷弥次郎兵衛の墓

・墓石の刻印名＝蕃二郎の墓之墓
※墓は地元の有志たちによって、綺麗に清掃され線香が手向けられているが、やってきた一人の村人は、「先のベトナム戦争の時には、韓国軍がこの村の附近に駐留していた頃、数人の韓国軍の若い兵士が現れて、この墓石を横倒しにしていったのを、不憫に思った地元民が元の位置に立て直したことがある」と語ってくれた。

③具足君の墓（Mo Ong Gusokukun）

・住所＝Tan An TP, Hoi An. Tinh Qyang Nam
・墓石の刻印名＝日本、考文賢具足君之墓・己巳
ハイバーチュン通りから木立の間の小さな路地に入ると民家の間に存在する。蕃二郎の墓の近くである。ホイアン市街地から約３㎞の北の新安（Tan Aan）の共同墓地に墓石が置かれている。
※墓石の設立年である己巳は、寛永六年（１６２９）か元禄二年（１６８９）
墓の入口も鬱蒼とした森の中にあり、細い路地を通り、奥にある民家の敷地の中、縁石で囲まれている赤い煉瓦の敷石の中に墓石がある。

・墓の修築を行った日本人たち

蕃二郎の墓

具足君の墓

石碑標示の刻文＝「昭和三年西暦一九二八年文学博士黒板勝美教授の提唱に基づき印度支那在留日本人一同工事監督　また順化府在住中山氏に委嘱し此墓地を修築す。」

會安《ホイアン》の日本町の滅亡について

日本人の墓が建立されたのは、江戸幕府の鎖国政策の後である。帰国が出来なかった人々の墓は、無念の思いを込め、日本の方向に向けられ建っているという。

江戸幕府は、寛永十年（1633）、第一次鎖国令を発布し、奉書船以外の渡航を禁止し、さらに、海外に五年以上居留している日本人の帰国を禁じた。

寛永十一年（1634）、第二次鎖国令を発布して、第一次鎖国令の再通達、長崎において「出島」の建設に着手した。寛永十二年（1635）、第三次鎖国令を発布し、中国、オランダなどの外国船の入港を長崎のみに限定した。また、東南アジア方面への日本人の渡航および日本人の帰国を禁止した。寛永十三年（1636）、第四次鎖国令、寛永十六年（1639）、第五次鎖国令を発布し、東南アジアの日本町は徐々に衰退していったのである。

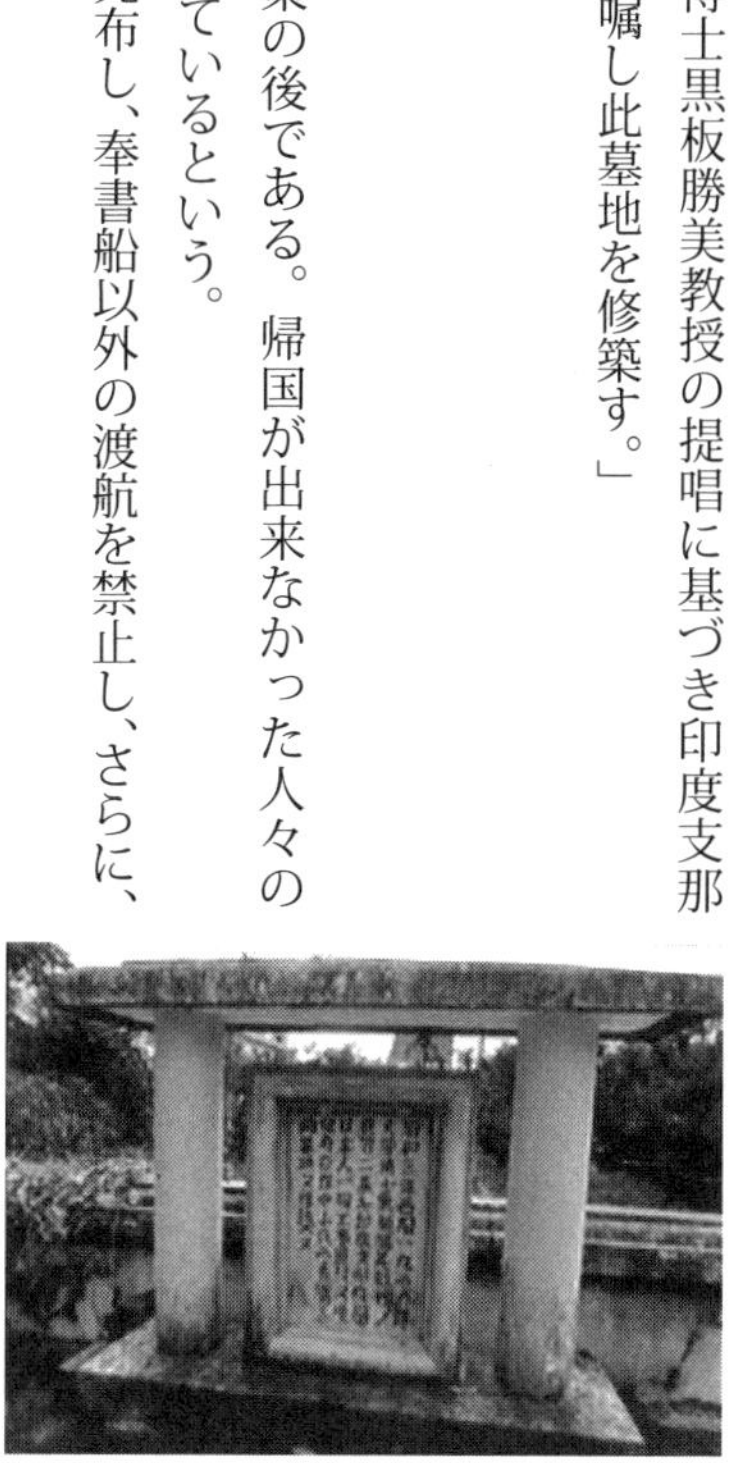

墓の修復碑

正保元年（1644）二月二十三日、交易の商船が日本人商人二名と支那人を乗せて足止より日本に渡航して帰還した。この頃には、鎖国令も少しは緩和されて、海外在住民の音信や商品の託送なども黙認されていたと思える。

正保四年（1648）、安南国居住の西村太郎右衛門が、近江八幡町の日牟礼八幡神社に安南渡航船の絵馬を献納した。また、承応二年（1654）六月には、日本町在住の角屋七郎兵衛、中津徳右衛門、鬼塚権兵衛ら十八人ほどが長崎の清水寺に狩野安信の筆になる三番叟の大絵馬を寄進した。

さらに、寛文五年（1665）、角屋七郎兵衛は、交趾より故郷に書を送って商品を誂え、翌六年（1666）六月にも、伊勢松阪の角屋七郎次郎と和泉堺の同九郎兵衛に書簡を送り、ジャンク船の船長である揚賛渓、黄二官、五娘、魏九使、呉二可、十二官、商客の王主老、舟舵工の二可可に融通した銀と白砂糖、白綾子、川内なべの風呂などを長崎にいる七郎兵衛の手代と思われる荒木久右衛門に請け取らせるよう依頼しているが、彼は寛文十二年正月九日病没した。七郎兵衛の死後は、妻の阮氏妙太との間に儲けた遺児の呉順官が、父の業を継いで、日本との商取引に当たっている。

『長崎見聞集』によると、會安（ホイアン）の日本町には、内城加兵衛、喜多次郎吉、角屋七郎兵衛、平野屋四朗兵衛、具足屋次兵衛、むかでや勘左衛門、泉屋小左衛門、金崎小左衛門ら、僅かに八人が居住していたと記されている。

また、鄭氏領国の東京在住民としてただ一人名前が記されていた和田理左衛門は、寛文七年に東京で病没している。

この『長崎見聞集』によると、彼等の生存中の延宝四年（１６７６）になると初代の移住者の日本人は僅かに二人になったらしく、同地の平野屋谷村四郎兵衛が、辰六月十一日に伊勢松阪の角屋七郎次郎に送った書簡の中では、爰元も日本仁皆々相果、只二人に罷成無　為方　体、御推量可　彼　成候」と記されている。

日本町の衰退後は、ホイアンの町は、まったくの中国人町となった。

１６９５年、同地を訪れたイギリス人の商人であるバウイーヤー（T. Bowwyear）は次のように記している。

　このフェフォの町は、河に沿った一本の通りが三、四里にわたって続いている。両側の家並みがどこまでも連なり、およそ百軒くらいの家族が寄せ集まっている。通りの両側には、店舗がぎっしりと並んでいる。四、五軒の日本人家族を除いて、他のほとんどの家は、中国人たちが住んでいる。日本人はかつて、この町の主要な交易をになった住民で、まさに、この港の主であった。

　その繁栄をもたらした商業は、今や中国人の手に移った。店主は皆福建人で、衣服は、先朝（明朝）の様式に従った黒染めの長袖の衣服を重用している。以前と比べると、生糸は、量的には、はるかに縮小し、盛んではなくなってきているが、毎年、10～12艘くらいの船が、日本、広東、シャム、カンボジア、マニラ、そして、最近では、バタヴィアから買い求めにやって来る。

第六章　フェフォと呼ばれた町

広南鎮守の最初の長官阮福源

広南阮氏の阮主であるグェン・ホァンは弘定二年（1602）にディェンバン地域に広南鎮営を築きグェン・フック・グェンを鎮守として任命している。

「大南寔録　前編」には次のように記してある。

命皇六子為広南営鎮守。広南土沃、民稠、物業饒裕、税課所入視順化為最多、而兵数亦居大半……乃踰山歴観形勢建鎮営于勤旭一社名属濰川県一造付庫廣儲積

欧州からフェフォ（Faifo）と呼ばれた會安（ホイアン）

1618年にクアンナム（広南）地方に渡来してきたイエズス会の巡察師ジェロニモ・ヴィェイラ（Geronimo Vieira）がローマの総会長ムーティオ・ヴィテレス宛てに送った「現地布教報告書」には次のような記述がある。

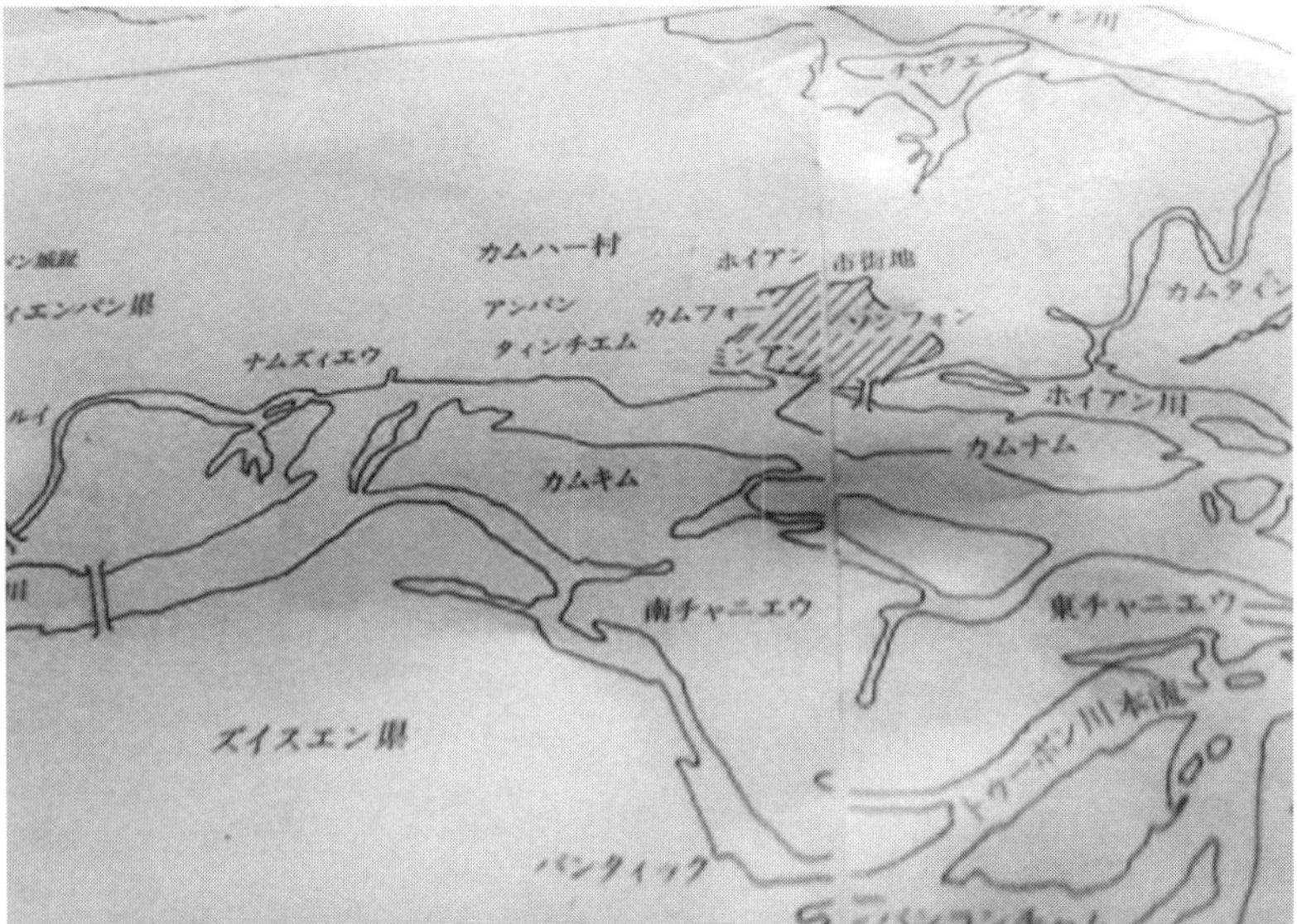

ホイアン近郊図

パードレ・フランシスコ・デ・ピナ（si Francisco de Pina）は、彼の同伴者の日本人イルマンと一緒に国王の市「cidade」を退いてファフォ「Faifo」と称する日本人の大きな町「pavoacao」に行った。
彼等はそこで日本人達の教化に従事した。彼等は以前ははなはだ不穏な状態で国王に難儀を与えていたが、生活や（町の）治安の面が改善されて平穏になっていたので、彼等の手でかつ自己負担でパードレ達のために良くできた教会と小さな家を同じ町に造った。

ボルリやローデ、その他の宣教師から「フェフォ」と呼ばれた町であるが、この呼び名は正確には、フランス語読みと言われ、西欧人もこの呼名に習って自国語に解釈していたようである。
総合的に判断すると「フェイフオー」か「フェイフオー」が正しいとされるベトナムの歴史学者が多い。また、「Faifo」は、ハイフォ「海舗」に由来しているという説もある。だがベトナム側の史料では、このように呼ばれた町は、「ダーンチヨーン（ベトナム中・南部）」地方には存在しないのである。

さらに、『烏州近録』（1553年編纂、楊文安〔ズォン・ヴァン・アン〕編・著）によると、
東シナ海沿いの大占海口《ダイチエム》からクアンナム（広南）の鎮営があるディェンバン（奠盤）府には、当時、六十六の村が存在していたという。
その中では、カムフォー、ホアイフォー、ニャンチェム、ウアットル、ライギ、リェンチなどの六村と、コーチャイ村の名がある。

カムフォー（錦舗）村は、現在でもホイアン市内に存在している。ホイアンから北に向かい1・82㎞の地点にある日本人の墓（Ma Nhat）「谷弥次郎兵衛」の墓地が存在する附近である。

その後のフランスの統治時代の地図には、アンニャンとタインチェム（清沾）の村の名がある。この二つの村は、ニャンチェムから分かれたと考えられている。しかし、ホイアンやフェフオの名前はまだ出てこない。

ホイアン（會安）の名は、遅くとも、1630年代までには存在していたという。かつて、トゥーボン（秋盆）川は、ホアィフォーの名については、フェフォの由来になったとするベトナム歴史学者が多くいる。かつて、トゥーボン（秋盆）川は、ホアイ江という名で呼ばれていた。それ故、この村は、ホアイ江の沿岸の村という意味でホアイフォーと呼ばれた。この村の名を宣教師たちが、フェフォと呼び始めたというのである。

しかも、ホアイフォーは、やがて、ホアフォー（花舗）と名前を変え、やがて現在のホイアン（会安）になったと主張するのである。

ホイアンの郷土史家の古老たちは、ここに日本人たちがやって来て、居住し町を建て、商店を開いたことは確かであると次のように言っている。

ホアフォーとアンミー（安美）にやって来た日本人は、二十マウ（畝）の土地を購入して店舗を建て商売と耕作を営み、後に松本寺という名の寺院を建立し、梵鐘と十体の仏像を鋳造しこの寺に寄進した。この寺は、日本人商人の茶屋七郎によって建てられたという。日本人が、通りの日の出る側に居住したのに対して、中国人は、日の沈む側の端に町を造った。

1626年、中国人らは、中国人町に「カムハー（錦霞）宮」を建立した。日本町からカムフォーの市場に行くには、一本の小川を渡らなければならなかったので、日本人は、この川に日本橋と呼ぶ橋を架けた。この時期、日本町は最も栄えていたので、西洋人は、ホイアンを「日本の小さな都」と呼称して褒め称えた。

１６１８年、日本人町の住人から選ばれた、最初の長として阮氏から公認されたのは、船主兼交易商人の船本弥七郎であった。その後の塩村父子を初めとして歴代の日本人の長は、ダーンチョーンにおいて非常に大きな権限を持っていた。

その頃ダーンチョーンでは、キリスト教の排斥が厳しさを増していたので、アレクサンドル・ドゥ・ロード（Alexandre de Rhodes）神父は、ダーンチョーンの日本人に対する布教のために、権限のある長の支援の協力をお願いして、彼らの全面的な庇護を受けた。日本人の長らは、阮主の阮福源に謁見して、ロードのために特別な待遇を与えるように請願した。

※本文中にある松本寺の建立は、茶屋七郎と記されているのは誤りで、日本側の史料では、主たる人物は角屋七郎兵衛とされている。

名前を誤認されたと思われる茶屋七郎にあたる名称の人物は、１６２３（氷祚三年）年に交趾にジャンク船で渡航してきた茶屋又七郎のみである。

※後期黎朝暦の氷祚六年（１６２６）

弘定十八年（１６１８）

・ホイアンの存在を表す大越（ベトナム）の古地図が存在する。

『天南四至路図』（社伯氏公道甫撰　１６３０年〔徳隆二年〕）

この中の「洪徳版図」の中に載せられている大河トゥーボン川流域の名勝地として大占海門、会安舗、会安橋がある。

そして、会安橋の絵図の中には、屋根付きの橋が描かれている。

また、ホイアンの旧名がホァィフォーであるならば、ホイアンは1553年以前には存在していたと思われる。

フェフォの町を記録した交易商人や宣教師たち

ホイアンは、かつて、チャンパの海口にあった。当時のトゥーボン川の大占《ダイチエム》河口からホイアンにかけての水深はかなり深くて、小型の船舶による通交が容易であった。

日本側の記録では、1604年から1634年までの三〇年間で、八十六艘の日本船がホイアンを訪れている。その数は、毎年、平均で三艘の日本船がホイアンを訪れていたことになる。しかし、ベトナムの広南の地誌によれば、朱印船だけでなく、中国のジャンク船に乗込んだ日本の商人の交易船が、入港税や出港税を払って堂々と貿易をしていたという。これらの交易船の渡来数は、御朱印船の三倍に達していたとディェンバン（奠盤）県・タインチェム（Nguyen Du）村のグェンズ中学校の校庭にある石碑に書かれている。

・ホイアン地域を含む近郊の町の情景を描いた史料を紹介する。

『大南寔録　前篇』1572年のクアンナム（広南）の条項には、グェン・ホァン阮主の功績を讃えた一節がある。

現在グェン氏は、クアンナムの鎮守となって十年以上経ったが、治安について述べれば、政治には寛容であり、軍令はとても厳格である。クアンナムの多くの人民は、安心して生業を営むことができた。そして、各国の商船も多数外国から訪れている。

『烏州近録』より抜萃する。

ホイアンを含む、クアンナムのディェンバン府には、「婦人着占布之裾」とあり、裾まで垂らした薄い布を纏ったチャム人の婦人のことが書かれてある。『羅江之人語占語』には、大越の時代になっても、北から来た人たちが話す言葉とチャンパ人が話す言葉が混じっていた様子が描かれ、チャム人がまだディェンバン府付近で生活していることを伺わせる。これは、広南阮氏のチャム人との共生を目指した阮福源の治安政策のためであろう。

『大南一統志』のダーンチョーンに関しての詳細な記事が載っている。広南条の項目から抜萃する。

ホイアンの港市は、ホイアンとミンフォン（明郷）の諸村の南方、大河の沿岸に位置している。煉瓦造りの道が二里にわたって続いている。広東、潮州、福建、海南、喜応などの出身の中国人居住者が各々五つの幇を形成し、中国商品の交易を行っている。各幇が共通の亭、市場、会館を有しており、商人が大勢集まる。河の南には、チャニェウ（茶饒・Tra Nhieu）淵があり、南北の各国から来る船が停泊する場所となっている。ここは大都会である。

また、中国の高僧の釈大汕がホイアンの状景を描いている。釈大汕は、阮朝に請われてフェ（順化）に仏教布教の目的で渡来してきた。彼はフェから故郷の広東に帰るためにホイアンにやって来て、ホイアン滞在中に次のような記録を残している。

七月一日の条から紹介する。

蓋会安各国客貨馬頭。沿河直街、長三四里一。名二大唐街。夾道行肆比櫛。而居悉閩人。仍先朝服飾、婦人貿易。凡客レ此者、必娶二一婦一、以便二貿易一。街之尽為二日本橋一。為二錦庸対河一、為茶饒洋艚所レ泊処一也。人民稠集、魚鰕蔬果、早晩趕趂絡繹焉。薬物時鮮。順化不レ可二購求一者、於此得レ致矣。

岸から遠くを眺めれば、船の帆が林立してまるで矢を集めたような光景である。不思議なことなので、人に聞いてみて、ようやく食料品運送船がホイアン港で、出帆のために風待ちをしているのだとわかった。ホイアンは各国の商品が集まる大きな埠頭である。

両岸には家々が軒を連ねて並んでいる。そして、人々は荷物を担い煉瓦道を慌ただしく通って行く。人々は、早朝から市場に出かけるのだ。

ここは、野菜、果実、魚類、蝦を獲る人が集まり、それらの商品は、一日中威勢のいい掛け声の中で売られている。ホイアンは、各国の商品の集まる大きな埠頭のある町である。河に沿って町が真っすぐに延びており、町並は三、四里続いている。この町を唐人街という。道の両側に商いをする店舗が隙間なく並んで建っている。住民はすべて閩《ミン》人（福建人）らである。先朝の服飾にしたがって裾の長い中国風の服を着ている。

大唐街（支那人町）の尽くる所にある街の西端には日本橋（来遠橋）がある。

『ウィルレム　フェルステーヘンの航海記』

ウィルレム　フェルステーヘン（Wilhem, Felstehagen）は、オランダ船の船長で、１６５１年にホイアンの町に渡航している。

この町には、街路も少なく、最も主要な大通りは、この前を流れる川に沿って広がっている。その中に60軒余りの日本人の家があり、その他には、中国人の商人と職人らの家が連なり、現地の住民である広南人の居住する家はとても少ない。

『角屋七郎兵衛の書簡』（寛文五年〔１６６５〕）伊勢国松阪角屋七郎次郎宛の書簡、次に商品をホイアンに送るように注文を出している。

酒二樽、鰹節六十、氷コンニャク百、干大根少し、醤油二樽、黒豆五升、ケシ八合、奈良漬二樽、青豆五升、ワカメ少し、大根漬二樽、モグサ一斤、干牛蒡少し、干瓢少し、イリコ五斤、梅干少し、塩松茸少し、干アワビ少し、目薬一箱、椎茸十斤。

『バウイーヤのマドラス知事宛書簡』（マリイ・バウイーヤ〔Mary Bowyear〕１６９６）の書簡から紹介する。

１６９５年（元禄八）８月、イギリス人使節のマリイ・バウイーヤが貿易開始の目的を持って會安に到着する。数か月間同地に滞在中に貨物の持ち込みに関して、現地の官憲との紛争が起こった時に、日本人が中に立って紛争解決の斡旋をしている。

その後、1696年4月、ホイアンの町の状況を南インドのマドラス（Madras／現在のチェンナイ（Chennai）の知事に送った書簡から抜萃する。

フェフォは洲より約3リーグの所にある。このフェフォの町は、河に沿った一筋の通り道にある。その通りの両側には家が連なっていて、その数はおよそ百軒くらいの家屋がある。そこには、支那人が多く在住していて、その他には、四、五軒の日本人の家があるが、彼ら日本人は、以前はこの町の商いを繁栄させていた主要な住民たちで、この港を支配していた。

だが、今や彼らは衰退し困窮していて、貿易のほとんどは、支那人の手に移ってしまった。でも、フェフォの町は、以前に比べると量的には、貿易量はかなり減少している。現在は、毎年、10～12隻のジャンク船が、日本、広東、暹羅、柬埔寨、マニラ、および近隣のバタヴィヤからも来航している。

寛永十三年（1636）十月七日付、「台湾オランダ商務館アブラハム・ダイケル（Abraham, Daiker）より東インド総督アントニオ・ファン・ディーメン（Antonio, van Diemen）に送られた報告書（岩生成一訳）」から抜萃する。

日本人らがその船で広南に到着すると、ツーラン湾に投錨し、同地からかれらの商人若干名を貿易地のフェフォに派遣して、そこに住んでいる日本人のカピタンと南方地区の役人に、かれらの来航を鄭重に報告させる。この人たちは、陸路、国王のもとに飛脚を派遣してこれを報告するが、その間、かれらは沿岸地方の長官、すなわち、国王の顧問官がその船と積荷を臨検に来るまで、貨物をいっさい陸揚げせずに待っていなければならぬ。

当時、この地区を統治していた広南阮氏の首府である「富春」（フースアン・順化フェ）に行くのは、非常に険しく危険なハイヴァン関（海雲峠）を越えねばならなかった。この険しい峠道は、ダーンゴアーイ（ベトナム北部）の鄭《チン》氏の王都であるタンロン（昇龍）と対峙する国境にある広南広氏の最前線基地で、阮主を中心とした阮軍の本隊が駐留していた。そして、阮氏の領土でダーンチョーン（ベトナム中・南部）にある資源が豊富なクアンナム（広南）の貿易港であるホイアン（會安）からこの富春の王都まで、飛脚で3日〜5日もかかったといわれている。

この頃のベトナムでの交通の手段は陸路で、海路はまだ未整備で水軍は小さな帆船で兵士が両側の船べりで櫂をこぐ小さな帆船が主力であり、いざ戦争になれば、北の象軍団を先頭に強力な歩兵部隊が官路を南下し侵攻してきたのである。

1612年、江戸幕府第二代将軍徳川秀忠が幕府の直割地と直属の家臣にキリスト教の信仰を禁じ、これに従わない者や宣教師たちを国外に追放し始めた。これに危機感をもったイエズス会は、1615年、布教の目的で、すでに日本人が町を造っていたダーンチョーンのフェフォに宣教師を派遣することを決定した。

1615年、マカオの極東ポルトガル教団司教区は、ダーンチョーンに教団を設立するために、第一回のイエズス会の会士をフェフォに派遣した。イタリア人神父フランチェスコ・ブゾミ（Francesco Buzomi）、ポルトガル人神父ディエゴ・カルヴァリョ（Diego Carvalho）らと三人の修道士（内二人は日本人）たちである。

日本人が当地に来航する現場を目撃したフランス出身のイエズス会宣教師アレクサンドル・ド・ロード（Alexandre de Rhodes 1591〜1660）は、次のように述べている。

かれらは多人数で、特に精進の月にやってきた。その期間以外にも日本語を知っている神父に懺悔をしたり、聖体拝受の礼拝を受けたりしていた。

なお、マカオから派遣されたイエズス会のコーチンナ、トンキンへの伝道に付き従った日本人修道僧（イルマン）とは、斎藤パウロ（Saito Paulo）、町田マチャス（Machida e Mathias）、牧ミゲル（Machi Miguels）らである。

1618年、マカオのイエズス会は、二回目の伝道団を組織し、広南阮氏が支配するダーンチョーンに派遣した。ポルトガル人と日本婦人との混血で日本語の達者な「ペドロ・マルケス（Pedro Marques）」が伝道団の首席従軍神父となり、イタリア人でミラノ生まれのクリスト・フォロボルリが補佐役となった。ボルリは、中国派遣のために準備を重ねていたのだが、急遽、安南へ派遣されることとなった。

彼は結局、1618年から1622年までの5年間に南中部のヌオックマン（ビンディン省・Tinh Binh Dinh）にも足を延ばしたが、滞在期間のほとんどをダーンチーョンのクアンナム（広南）に滞在した。しかし、現地の仏教界の反撃が大きくなり、阮氏の宣教師迫害が迫る中、1622年にマカオを経由してローマに帰国した。

その後、彼は『コーチシナ王国におけるイエズス会の新たな伝道団に関する記述』という題名の本を執筆した。しかし、長い間出版の機会に恵まれず、カトリック教会の総本山バチカン市国のあるローマに於いて初版が出版されたのは、1631年で、彼が死去する1年前のことだった。

彼はダーンチョーン滞在中、1615年に当地に来ていたもう一人のパードレ（神父）であるフランシスコ・ブゾミ（Francisco Buzomi）に伴われて、フランシスコ・デ・ピナ（Francisco,de Pina Pina）と一緒にフェフォ（Faifo）という日本人町に行き、そこに居住する日本教徒の教化につくし、また、パードレたちのために教会の建立に携わっている。

同布教地には、会員6人、パードレ4人、日本人イルマン2人がいる。この二人は、ブゾミに同行してきた日本人修道士ユレス・ピアニ（Jules,Piani）、日本人神父ポール・サイトウ（Paul,Saito）である。
　日本からは毎年多数の船舶がコーチシナへ行くために、フェフォでは、マカオよりも日本からの方がより安く必要な品物がもたらされているという報告書を書いている。なお、ブゾミはダーンチョーンに24年間も滞在し、（トゥロン・ダナンに）教会を建てた後、クアンナムに赴き広南省城附近に教会を建立している。１６３９年にマカオに戻り死没した。

クリストフォロ・ボルリの、「コーチシナ王国におけるイエズス会の新たな伝道団に関する記述」
「バチカン政庁・公文書館」（原本所蔵）　所蔵番号＝Barberini―H

・交趾支那布教報告書
「Borri, Christoforo. Relatione della Missione delli PP. de deiia al Giesv al Giesv al Reqno della Cocincina Roma 1631. pp. 8,110（7）』
※日本語訳本＝「交趾支那誌」（岡田章雄　東京大学史料編纂所教授）
「Xu Dang Trong nam 1621・Roma」
「クリストフォロ，ボルリ」（Christoforo, Borri）

イエズス会宣教師の教父「Borri　Christoforo」
生没＝?～１６３２
ダーンチョーン滞在期間＝１６１８～１６２２
「Xu Dang Trong nam 1621」（１６２１年のダーンチョーン）

「交趾支那報告書」（1631・Roma）から抜萃する。

「九、十月になると暑さは和らぎ、それから雨が降り続く。そして山から水が溢れ出て、王国全体を水浸しにする。この三ヶ月間に、十五日に一回はこのように冬は別の季節風と区別される。すべてがみずみずしく、花が咲き誇るのである。

交趾支那は五つの地方（Provincia）にわかれている。

第一の地方は東に境を接し、ここに国王が鎮営城を構えているが、当地をシヌワ（Sinuva）と呼んでいる。第二の地方は、カチアン（Caciam）と呼ばれていて、ここには、王族の若い王子の太守が鎮守城を構えている。第三の地方は、クワンギャ（Quanguya）と呼ばれ、ポルトガル人は、プルカンビ（Pullucambi）とも呼んでいるが、ここにも、王族の若い王子の太守が鎮営を構えている。第四の地方は、クィニン（Quignin）と呼ばれていて、ここにも、王族の若い王子の太守が鎮営を構えている。第五の地方は、レンラン（Renran）と呼ばれていて、チャンパの占城国に接している。ここにも、王族の若い王子の太守が鎮営を構えている。

カチアンは、長子の王大守が治安と防衛を任されている大きな互市のある都で、ツロン（Tron）より河を遡ること6、7リーグの所にある。

この王国は、南の方向は、北緯十一度で占城《チャンパ》の王国と境を接している。北の方向は、多少、東の方向に偏っていて、王都である東京《ドンキン》に連なっている。東の方向は、支那海に面している。西北西の方向は、老撾《ラオス》王国に接している。

この国のことを、ポルトガル人は、交趾支那《コウチシナ》と呼んでいるが、現地の住人は安南《アンナム》と言っている。西方の国という意味で、支那の国の西方に位置しているからである。
それと同じ理由から、日本人は自国の言葉で交趾《コウチ》と呼んでいるが、これは、交趾支那語（中国語）では、アンアムと同義語に当たっているからである。しかしながら、ポルトガル人は、日本人の資本を借りてアンナムに渡航し商売を営むようになったので、日本語の交趾に別の支那という言葉を合わせ、交趾支那という名称を以て、この王国の名としたのである。」

広南阮氏が支配していた領域は、ダーンチョーンで、鄭《チン》氏は、ダーンゴアイ（ベトナム北部）を支配していた。都は東京《トンキン》（現在のハノイ）に置き、フォーヒエン（Pho Hien・現在のフンイエン〔興安〕省）に国際貿易港を置いた。シヌワ（Sinuva）とは、（順化・トゥアン ホア・Thuan Ha／フェ）のことで阮主である国王の住んでいる場所である。1618年の広南国の阮主《チュアグエン》(Chua Nguyen)は、仏王(熙宗)・阮福源《グエンフックグエン》(Nguyen Phuc Nguyen　1613〜1635)。また、「カチアン（Caciam)」とは、（広南・クアンナム）のことである。

1618年の広南鎮守の長官は、阮福源の長子である淇（Nguyen Phuc ky　?〜1631）である。

「広南の主要な港はカチアム（Cacciam・ケーチエム・クアンナム）の港である。来航した外国の商人が滞在し、倉庫があり、大互市が営まれているフェフォに向かう交易船の主要な港で、この港に入るには二つの海の口（海の入口）がある。一つは、プロチャムペロ（Pulluciampelle・クーラチャム）と呼ばれ、いまひとつは、トゥロン（Touron・ダナン）と呼ばれている。この二つの海港は最初は、3、4リーグ隔っている。そこから内陸に入って、まるで二筋の河のように流れていくが、その後、7、8リーグ進んで深く内陸に入ると、両河川はさらに遠ざかり、別々の二本の河道となるが、二筋の河筋を進むと最終的には、それらは合流して一つとなる。そこで、両方の海口から航行してきた船が出会うのである。

交趾支那の国王は、交易地中の支那人と日本人たちに土地を提供して、先に述べた大互市の市場への参加を目的に町を建てさせた。この町はファイフォーという極めて大きな町で、二つの町があった。一つは支那人の町で、その傍らにもう一つ日本人の町があった。二つの町は、別個に存在していて、それぞれに、別個の統治官がいる。中国人は、中国の法にしたがって生活し、各国の風俗と法にしたがって生活を営んでいる。

ここで阮《グエン》氏の領主は、日本人と中国人のその僑民の人口の比率に応じて家屋を建てる特権を与えた。この町をファイフォーという。

交趾支那の主要なる貿易を、支那人と日本人とが一緒になって、同地の一港で交易をしていた。そして年々開かれていき、約四ヵ月間継続する互市において遂行した。支那人は彼らのジャンク船で、総額銀貨四、五万を齎し、日本人は、ソマ（Somme）という彼らの小さな船で、極めて純良な生糸と、彼らの他の商品とを多量に舶載して来る。国王は、この互市からの関税で多額の年収を上げ、その国は多大な利益を得た。

すべての外船船が出入りするところの最も重要な港にして、前述の互市が開かれるのは、カチアン地方の港であるが、その港は海から二つの入口がある。」

トゥロン（茶麟海口・ツーラン・Turon・茶竜・沱瀼海門）と　ダイチェム（大沾海沾）

二つの海口のうち、トゥロンと呼ばれたフェフォーへ向かうルートの主力である海口は、瀚《ハン》口と呼ばれ、現在のダナン湾のことであるが、チャム語でクア・ハン（Cua, Han・ハン／大河の入口）と呼ばれていた。

この湾はかなりの水深があり、御朱印船の荷済みのチェックや風待ちの間、船を安全に停泊させて置く場所として機能していた。ここで小舟に荷を積み替えて、船は大河であるトゥーボン川（秋盆川・Song Thu Bon）が流れ込むハン河の支流であるロカイン（鷺頚）江を内陸めざして遡航行した。

川は、ノンヌオック（Chua Non Nuoc）からトゥーボン川まで流れていて、当時は内陸深くに侵入できたのである。

この水路は、川幅は狭かったが、その分、商船の安全はかなり確保できて、フェフォーまでの路程であるもう一つの海口を通る場合よりも約3分の1短縮できたという。しかし、18世紀末から土砂が堆積し始め航行不能となってしまった。

現在でもこの川は、ココ（Song Coco・別名＝デ・ヴィオン河＝帝綱川）川と呼ばれている。

しかし、この河川は、ほとんどが埋まってしまっていて、あちこちに沼や小さな湖が点在している。ココ川の長さは、すべて合わせても、今は22・4㎞しか存在しない。

また、もう一つの海口としては、ダイチェム（大沾）口があった。ブルチャンペロというのは、「大沾」（ダイチェム）のことである。この海口からトーボン川を遡り會安に向かう航路である。元々は、かつてのチャンパ王国（Cham,Pa）の都があった南中部の北端に位置するアマラヴァーティ（現クアンナム省）地方の出入り口であった。

フェフォーまでは、海からの距離は約4㎞である。東へ約28㎞の沖合には、クーラオチャム島（チャム島・Cu Lao Cham）がある。御朱印船は、派遣される阮氏の臨検を受けるためにこの島の沖合に一旦、停泊させられた。クーラオチャム島は、日本側では、プルチャンペロと呼んだが、この島を「大沾島《だいせんとう》」とも呼んでいる。

18世紀末に書かれたベトナムの歴史・地理書である「撫辺雑録」（巻四）の南シナ海方面の記述には次のように書かれている。毎年1月の艘司の該簿・知部・令史・記録といった官吏がホイアンに赴き、クーラオチャム口とダナン口を守らせた。

阮氏は、トゥロンとクーラオチャムに軍と官吏らを派遣し、ホイアンに商売に来る外国船の積荷の検査、官吏、関税の徴収を命じていたのである。海難事故に遇って漂流している交易船は、トゥロンとクーラオチャムのいずれかに停泊して修理をすることを許可したという。

なお、このチャム島を含めて8つの島々が沖合に広がっている。島に人が住み着いたのは3000年前からといわれていて、サーフィン文化やチャンパ遺跡が残されている。海のシルクロードの一大拠点となっていたと考えられていて、琉球王朝の交易船や日本人もこの島を訪れたと伝えられている。

布教のためにダーンチョーンを訪れたイエズス会の宣教師たち

マカオのイエズス会から1615年1月6日、布教のために宣教師の一行がポルトガル船に乗り込み、1615年1月6日にマカオのイエズス会からダーンチョーンに派遣された。

ミラノ生まれの宣教師であるフランチェスコ・ブゾミ（Francesuco,Buzomi）ら一行は、同月28日にダーンチョーンの漁村のあるトゥロンの舟宿に到着した。そこから、小船に乗り換えて日本人町があるというフェフォーに向った。

1596年頃には、倭寇（海賊）の船と思われる日本の船がトゥロンの湾内に停泊し、湾内でスペイン船のガリナトらと反目していたことを、既に同地に赴いていたアウグスチノ会のパードレーが目撃している。

中国の文献によると、日本の船の「交趾」への渡航は、1577年頃であると書かれている。そして、日本人は、1590年代頃には、すでに広南地方に密かに渡航をしていたといわれている。

慶長九年（1604）に徳川幕府により「安南国宛朱印状」が発給されてから、ダーンチョーンに向かう御朱印船が多くなったのである。それは「交趾国王阮福源」の日本商船への交易に対する熱意や税の優遇措置などの結果であり、1612年には、フェフォーに日本町が造られていたという。

ブゾミら一行の目的は、現地での布教はもちろん、フェフォーの日本町に住むキリシタンの教化と日本から渡航してくる商人や迫害を恐れて同地に逃れてくるキリシタンの世話をすることであった。彼らは、領主の阮福源に許可をもらい「広南省城の地区に教会を設けた」と伝えられている。

また彼らは、フェフォーの町中に、中国人、日本人、オランダ人の商店があったことに驚き、マカオ宛ての報告書に記している。ここで、「広南省城」という文章をはじめて見たが、この城が會安（フェフォ）市内にあるのかどうかはまったくわからなかった。この重要な名称地の存在についてうかつにも見過ごしてしまったのである。

また、トゥロン（ダナン）とは、チャム人の語源では、「大河」を意味する。すなわち、ハン川の入口のことである。ファイフォとは、會安のことで、現地では、その港をケーチャムと呼んでいた。二つの町とは、現地における「僑民区域」で、「日本人僑民区」の方が「中国人僑民区」よりも居住者が多かったという。

アレクサンドル・ドゥ・ロードはベトナム語のラテン文字表記を考案して、西洋文化を当地にもたらし大きな足跡を残した。彼はフランスのアヴィニョン出身で、１６１９年にインドシナに赴いた。１６２０年にダーンゴアーイのハノイのトンキン（東京）に渡り鄭氏政権の下で働くが、１６３０年頃からカトリックへの迫害が起こるとマカオに出国した。１６３０年頃、広南阮氏の支配するベトナム中南部のダーンチョーンに再入国する。１６４９年、政情不安のあおりを受けて帰国。ローマ滞在中に『トンキン王国の歴史』『ポルトガルーラテン語ベトナム語辞典』などを執筆し出版した。

彼は、ダーンチョーン滞在中に何度も宣教のためにフェイフォー（ケーチャム）に赴いている。その時に、トゥボーン川から観た阮軍の水軍基地の情景を描写している。

阮氏の水軍はかなり大きな港を広南の沿岸に三か所も設けている。一つめの港は、大きな川の河口にあり、大小合わせて68隻の戦艦が配備されている。二つめの港では、より大きな規模で、領土の中心地のすぐ近くにある。人々は、その基地のある場所を「ケーチャム」（Checiam）チャンパの大地と呼んでいて、多くの軍艦が停泊しており、国土の防衛と中国交易船の臨検にあたっていた。三つめの港は、チャンパ国との国境に隣接している場所にある。

ホイアンの日本人町の所在地を探す

ホイアンは、ダナンの南東約30㎞の地点にある。現在ベトナムは、ダナンからホイアンまでの高速道路を建設している。トゥーボン川が南シナに流れ出る三角洲の低地に形成された都市で、チャンパ王国が支配していた時代には、中国やインド、アラブ諸国を交易で結んだ中継都市として栄えた。その後、16世紀～17世紀にかけて、広南阮朝の交易の中心地として飛躍的に繁栄した。

17世紀の初めに日本人町が形成された所といわれてきた町は、当時、在留の宣教師や欧州人たちからフェイフォ（Faifo）と呼ばれていて、その町の市場は、現在のホイアンのグェン・ティ・ミン・カイ通りと、日本橋近くのチャン・フー通り一帯だったといわれている。ベトナムは黎朝時代に大越国と称し、その頃は、「後期黎朝」の時代だったが、16世紀には、地方の有力武将が分立し、名目上の黎朝をさしおいて、天下の覇権をめざして戦に明け暮れていた戦国時代だったのである。

やがて、ダーンゴアイでは、黎朝を倒した莫氏が鄭氏《チン》に破れて、やがて、鄭氏が支配する強力な東京地方政権（１５４２～１７８７）が生まれ、ダーンチョーンでは、鄭政権に反旗を翻したクアンナム（広南）を拠点とする阮氏《グエン》政権（１５５８～１７７７）が誕生した。

我が国の御朱印船が渡来してきた頃は、両氏は互いの生存をかけ相争っていたのである。戦に負けたら皆殺しという恐怖の「鄭阮紛争」（１６２０～１７７１）と呼ばれる紛争の約１００年間にわたる戦乱の真っ只中だったのである。

当初、鄭氏に比べ兵力、資本力とも劣勢と見られた広南阮氏がポルトガルや日本と接触した最大の目的は、武器と武具の輸入にあったともいわれる。そのために、チャンパが開港していたホイアンの港を、広南国の第二代君主である阮福源（1563〜1635）がポルトガルの力を借りて大々的に整備した。

日本の記録では、先述のとおり、1604年から1634年までの30年間で、およそ、86艘の日本船がホイアンを訪れている。公式には、毎年、3艘の日本船がホイアンに来ていたのだ。

日本人町の最盛期には、1000人以上の日本人が住んでいたという。では当時、広南の統治を行った行政の庁舎地や鄭氏に対抗する阮軍の軍営地はどこにあったのだろうか？　近年までは、17世紀の初めに日本人通りが形成されたところは、今日のグェン・ティ・ミン・カイ通りと、日本橋近くのチャン・フー通り一帯だったといわれてきた。

しかし、最近の調査や研究などから、この地区に日本人町が存在していたことを疑わせる結果が続々と出てきた。17世紀初頭のホイアンの日本人町の場所はますますややこしくなり、謎が謎を呼んで、朱印船時代の最大のミステリーとなりつつある。

セバスチャン・マンリケ教父のホイアンに於ける日本町の記録

著者である私の既刊『アラカンの黄金王都　ミャウーのキリシタン侍』（2013年　東洋出版刊）（268頁〜）から抜萃する。

彼（マンリケ）は、1635年末にベンガルのケッタゴン地方に去った。1638年四月にマラッカ（マレーシア）やマニラ（フィリピン）に向かって旅立った。1638年、安南のフェフォ（ホイアン　ベトナム）に現れて、日本人町のキリスト教徒が現地の日本人たちによって迫害される事件の模様を克明に記録している。

『南洋日本町の研究』（1966年　岩生成一著　岩波書店刊）第3節 交趾日本町の行政から紹介する。

（中略）またこれより先、一六三八（寛永十五）年十一月に同地に赴き六カ月間滞在したアウグスチノ会のポルトガル人教父のセバスチャン・マンリケ（Sebasutian Manrique）の親しく見聞せるフェフォ付近の迫害の記録によっても人々は漆喰の箱に納めた耶蘇磔像を取り上げて、これをフェッソ（Faisso）〔フェフォの誤記〕に移し、同地の日本人甲必丹に渡したが、彼もまた異教徒にして教父の大敵であった。

この蛮人は、受苦の日に公然と聖像を焚かんと決意したが、マカオの一市民にしてゼロニモ・ロドリゲス・カバリニョ（Geronimo Rodrigues Cabalin"o）と称する敬虔なるポルトガル人は、百万彼を褒めすかして、聖像を救出した。日本人は野蛮な国王の命令に背反せざらんがために、布に包み込んだ束を焚いて、世人にはこれを耶蘇の磔像であると思い込ませた。（18）

（18）Manrique, Sebastian. Travels of. 1629-1643. A Translation of the Itinerorio de las Missiones Orientales, with Introduction and Notes by C. Eckford Luard.Vol. II.Oxford.1927.［Hakluyt Society Second Series N° LXI.P.64.］

※当時の日本町の頭領は、平野屋六兵衛（1635～40年〔寛永十二～寛永十七年〕）である。

※当時の国王と書かれた人物は、阮氏第三代領主の「阮福瀾」弘定二年～福泰五年（1601～1648）のことである。したがって、1638年は、阮福瀾治世下の後期黎朝暦・陽和三年の時代であった。

最近のホイアンの日本人町に関する研究や論文、さらに、ベトナム在留の日本人たちから発信されたWebなどから現状の実態を報告する。

『南洋日本町の研究』

第三章　交趾日本町の盛衰

第二節　交趾日本町の位置、規模、および戸口数

「ツーランおよびフェフォ附近の現状図」である。

この地図の中にフェフォの町から西の方向に約15km離れた地点に「広南」と書かれていたのである。この広南という場所は、広南阮氏の政庁なのかどうかは、まったく記されていなかったことと、他のベトナム関係の資料からも、どんな場所か、皆目見当がつかない状態が続いていた。ところが、ベトナムから発信されていた現地日本人発のWebからホイアンにあった「鎮営」の記述が紹介されていた。

ホイアンの地形の変遷

「會安《ホイアン》知る（4）」（2007年7月28日）から抜萃する。

サー・フイン文化とチャンパ王国時代に栄えた港の位置は、現在のホイアンより10キロも内陸部に入っていたとい

うのだ。また、17世紀初頭のグェン・フック・グェンが駐屯した地域の鎮営も、ホイアンから10キロ下がったタイン・チェム（Thanh Chiem）だった。

私はこのタイン・チェムという地名を初めて知ったので、どんな街なのかを知りたくて、早速、ホイアン在住の臼田さんにメールを送り、現地在住の大学生のガイドさんの手配を依頼した。

臼田玲子さんのことは、２０１４年7月28日に放映された「世界ナゼそこに？日本人～知られざる波乱万丈伝～」『ベトナム・世界遺産の町のシングルマザー』（テレビ東京）を見ていて、彼女がベトナム戦争で親を失ったり、貧しい家庭の子どもたちを率先して雇い学校や職業訓練所に通わせていることを知った。

また２００８年には、たった一人でホイアン市に土地を購入して、環境保護型建築のカフェを建てたことが評価され、公益財団法人社会支援財団から、平成25年度「社会貢献の功績賞」を受けた環境活動家であることも川崎の友人から教えられていた。

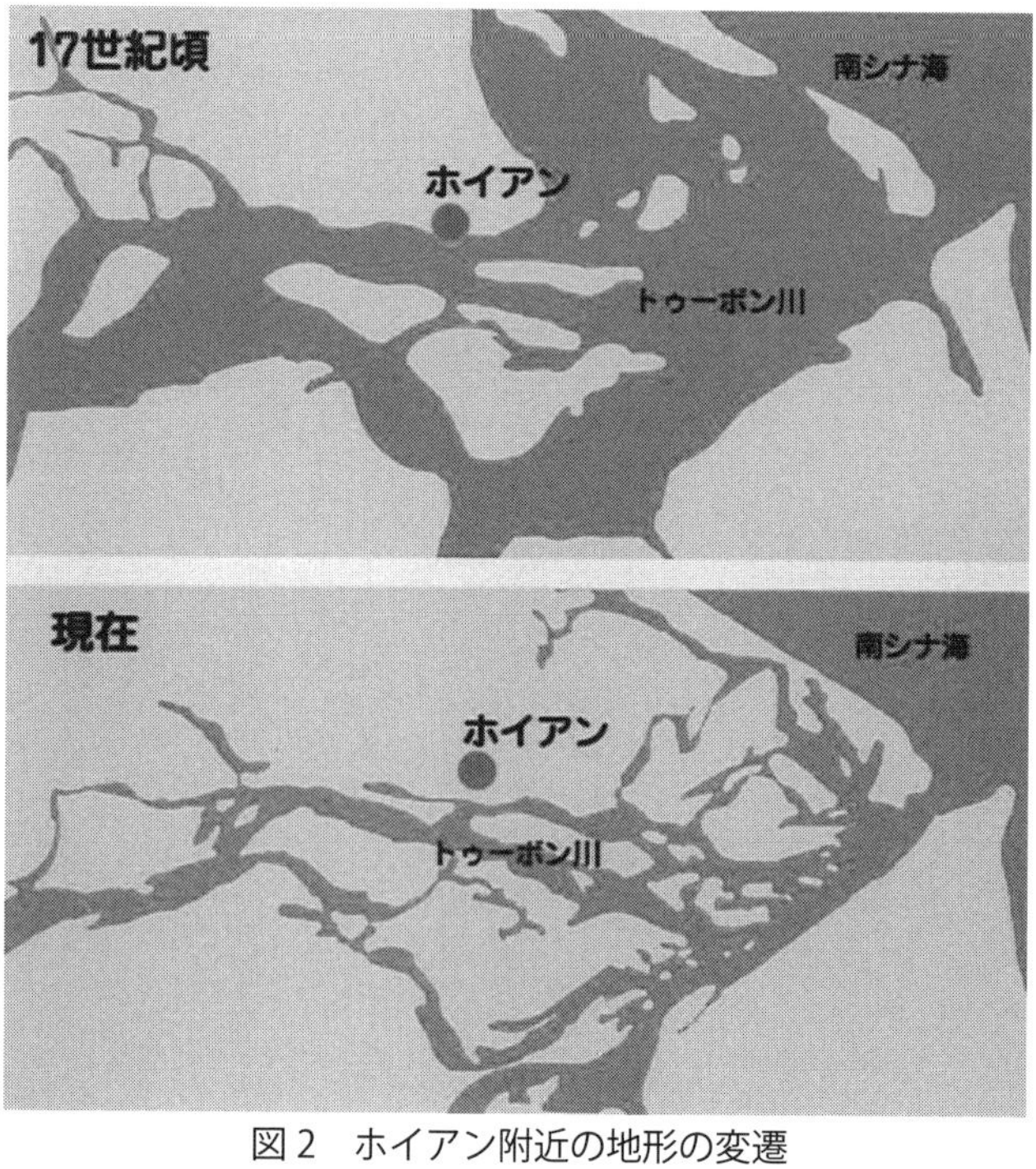

図２　ホイアン附近の地形の変遷

さらに、今回の取材に対し、私の後援者の一人で、静岡県清水市で「世界を歩く会」を主催しているＩＴ会社の三好社長の推薦もあり、私は臼田さんが喫茶店「U-cafe」にメールを送り、現地の支援を頼んでいたのである。そして、ホイアンの伝統工芸村在住で、ダナン外国語大学のグェン（Nguyen）さんという学生さんを紹介してもらった。

NGUYEN THI HA VY（グェン・テイ・ハ・ウイ）

ダナン外国語大學　日本語ー韓国語ータイ語学部　日本語学科　12CNJ0

2クラス

グェンさんは私宛の返信メールで、タインチェムはホイアン郊外の村の名で、かつて友達がその村にいて、彼女の家を訪問した時に、昔の「遺跡らしい物」がある話を聞いたことがあるということを連絡してきた。

私は勇躍して、来年1月のホイアン訪問時に「タインチェム村」を訪れることにし、グェンさんにガイドを頼み、運転手の手配を頼んだのである。そして、御朱印船がベトナムに到着してからの航跡を追って国会図書館などで調べている最中に「ホイアンの町並や発掘調査、保存」などを行った論文を発見した。

タイン・チェム村地誌

参考資料　ホイアンの日本人町（Ⅰ）

昭和女子大学国際文化研究所は、「ベトナムのチャンフー通りを中心とした地区の木造建築の町並みの保存、調査、修復について」、ベトナム側研究者と共同でホイアンで活動をしている。

昭和女子大学　国際文化研究所記要（Vol. 1　1994）から抜粋。

※平成4年度から数回にわたって行われてきたベトナムのホイアン・チャンフー通りにおける対象地区の家屋調査の論文から抜萃する。

4．歴史・考古学調査

その研究の過程で、「日本町」について次のように述べている。（以下抜萃）

（略）

（1）考古学発掘調査

・チャンフー通りの町並み形成

町並み保存地区、チャンフー通り南側・北側で発掘調査を行った。結果的に言えば、年代層とそれに含まれる陶磁器や貝等の分析から調査対象地区は１７世紀以前には建物は存在していないことが明らかになった。

日本人町があったされるのは17世紀前半であることから、現存の町並み保存地区は、日本人町があった時代より後に建設された中国人街に相当するとと考えられた。

・日本人町の位置

平成5年4月の発掘調査では、17世紀後半の日本橋西側「ディン・カム・フォ」の発掘調査では、17世紀後半の「肥前土器」「遊び道具」「生活用品」などが出土した。これにより、ホイアンに日本町が存在したことは傍証されたが、また、日本町の位置を特定するには至っていない。（略）

（略）日本人が造ったという「来遠橋」（日本橋）に関しては、建築様式は中国風で日本の建築様式とはかなり異なっているが、このことについては、現地では、後年に洪水のためにこの橋がたびたび付け替えられたためと考えられてきた。発掘では、「古伊万里」焼きの破片や日本独特の「仏具」である「仏飯器」などが出土した。断続的な調査の結果、橋のすぐ横から木杭や板材を見つけ、それが本来の日本橋の遺構ではないかと見られている。（略）

もう一つ、ホイアンのトゥーボン川沿岸の水深の状況から、ホイアンの地域の地理状況を述べている報告書がある。

「17世紀初頭にマカオから派遣された宣教師たちの記録」

船でトゥーボン川を遡りフェフォに向う途中のこの河は、とても幅が広く、水深はかなり深い、あちこちに支流がありホイアン周辺は小さな運河に囲まれている。右岸の砂洲の台地には、人家がまったく見当たらず、遠くに水田がまばらにあるだけである。

と記した書簡がある。

さらに、ベトナムに関するネットから検索したブログから紹介する。

愛のベトナム支援隊

ホイアンは19世紀までは国際貿易港として活躍していたが、阮朝《グエンちょう》（Nha Nguyen／家院）が始まった1800年頃から次第に衰退していった。

ホイアンの衰退に与えた決定打は、1773年に起きたタイソン（西山三兄弟）の反乱だった。ホイアンは、徹底的に破壊された。その後10数年を過ぎてホイアンは再建されたが、国際貿易港として享受した栄華は戻らなかった。

ホイアンの衰退に拍車をかけた地理的原因は、トゥーボン（Thu Bon）川上流から運ばれてくる堆積物の急激な増加で川の水深が浅くなり、大型船の入港が不可能になったからだった。

トゥーボン川は、国際港へ薬を運ぶ役目も果たしたが、同時に病気も運んでしまった。およそ、2000年前は現在の海水面は、現在より1・5m～2m高かったという。

「ホイアン附近の地形の変遷」

『活き続ける木造の町並』「ホイアン」・株式会社日本港湾コンサルタント／CALS/EC室／室長 市場嘉輝 著「6土砂の堆積が都市機能を変えた」から紹介する。

17世紀の古地図やその他の地理学的資料によると、過去300～400年の間にトゥーボン川下流の地形は大きく変化していることがわかっている。そして19世紀になるとホイアンを囲んでいた潟が干し上がりはじめ、トゥーボン川河口の土砂堆積も進行していった。

　この時期になるとダナンとホイアンを結ぶココ川も次第に浅くなっていった。そのため、ホイアンに大きな船舶が寄港できなくなり、港の基能は次第に薄れていったのである。

※図2　ホイアン附近の地形の変遷（17世紀頃）
※図3　ホイアン周辺の地図（現在）とココ川
・参考資料「ホイアン附近のベトナムの学術調査」から。
『アジア文化叢書　10』「海のシルクロードとベトナム―ホイアン国際シンポジウム―」（日本ベトナム研究者会議　１９９３年　穂高書店　刊）
「二、ホイアンの日本町」

　多くの文献がホイアンの町並みの存在について述べている。しかし、これまで誰一人としてこの町並の位置と規模を明らかにする確実な証拠を提出していない。重要な手がかりとなるのは、「交趾国貿易渡海図」という絵図である。縮尺の点ではあまり正確に描かれていないが、この絵図は当時の日本町が河川の北岸に位置する比較的

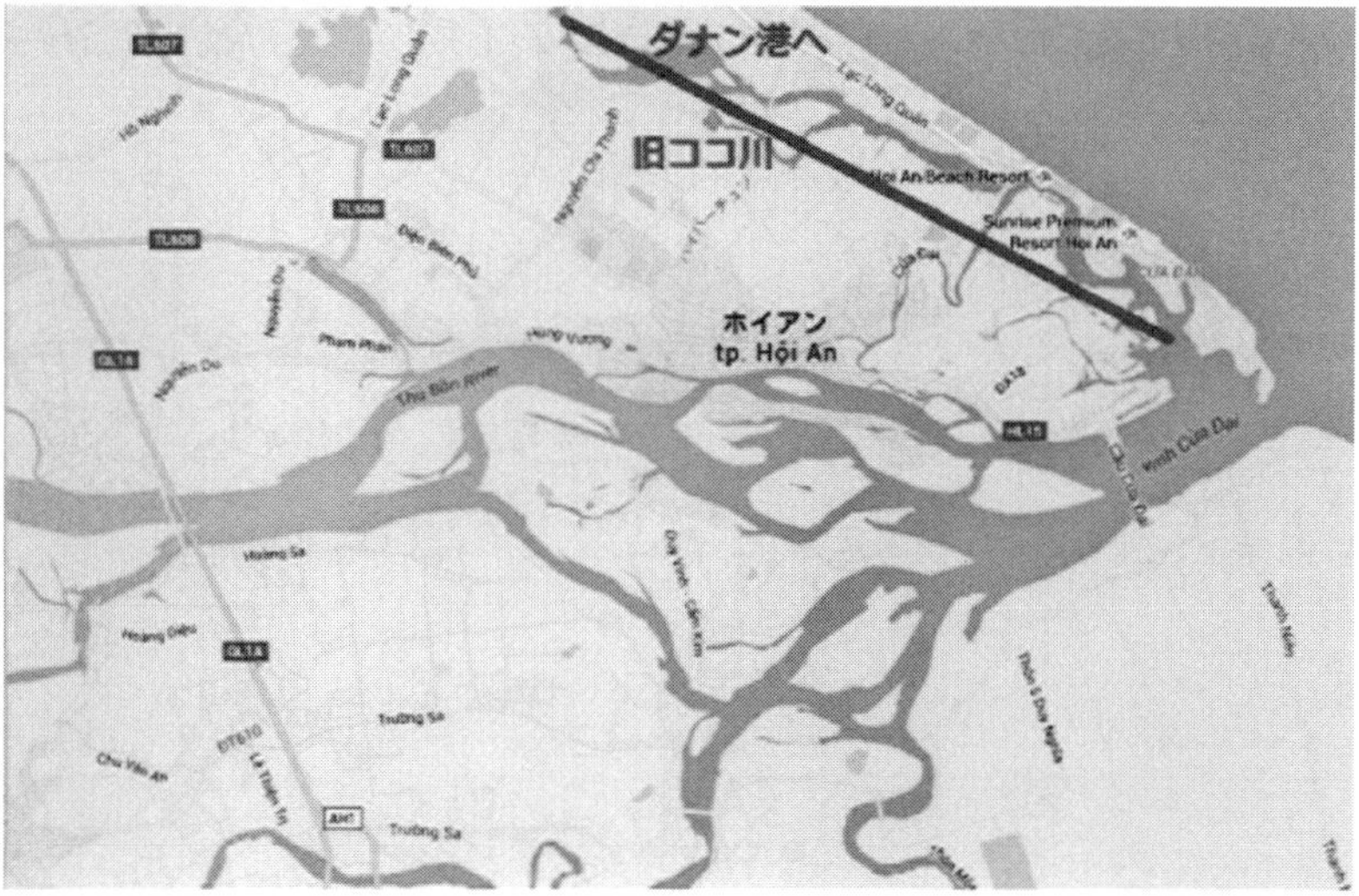

図3　ホイアン周辺の地図（現在）とココ川

長い一本の通りであったことを確認させてくれる。

最近行われた学術調査の結果によれば、現在のホイアン市街区を除いて、周辺の大部分の土地の形成年代は比較的新しい。沖積世紀中期（４０００～６０００年前）に完全に堆積したホイアンの市街地は昔から重要な位置にある。

ここ数世紀の間にトゥーボン川の流れは何度も変わったが、大きな変化は日本橋に沿う地域から上流にかけてとカムナム橋に沿う地域から下流にかけてで起こった。市域の主要部に沿う箇所は基本的に安定している。

この箇所で変化したことと言えば、この古く形成された砂丘が南方に次第に拡大したということだけである。地形学の専門家によれば、ホイアンの市街区域は、最も古く、広く、高い場所（高さ＝７～８メートル）での乾いた砂丘であったということである。このような地形は港町を建設するのに最も適している。

これらの史料以外にも、ホイアン市街地からは、日本や中国の食器などが発掘されており、近くの港では、「日本船」も見つかっているのに、肝心の日本町は、どこにあるのかまったくわからないのである。

考古学者や歴史学者でもない私は、ホイアンを訪ね、フィールドワークという地道な方法で現地をくまなく歩きまわり「郷土史家」や「地誌」「碑文」などを探索し、日本町の痕跡を見つけようと考えた。そこで、「荒木宗太郎」と「阮福源」の関係から日本町の真実に迫ろうと探索地を３か所に絞ったのである。

①「ダイチェム」（大占）の港を探す。

トゥーロン（ダナン）湾に停泊していた御朱印船は、フェフォに向かうためにトゥーラン（ダナン）から「ロカイン」（ロカイン・ココ川）を通過し、トゥーボン川をめざす航路と「プルチャンペロ」と呼ばれた「大占」（ダイチェム）からトゥーボン川を遡行する航路があった。

この二つの航路が合流する河口は、「大占（沾）口」と呼ばれ、広南阮氏の艦船が密航船の取り締まりのために常に停泊して見張っていたといわれている。

この時代の阮軍の戦艦は小さな手漕ぎの船だったので、近くに寄港地があったのではないか、そこに、漁村なり町があったのではないか、それが名古屋の情妙寺にある「茶屋新六郎交趾図」に描かれた日本人町が近くにあったのではないかと考えていたからである。

しかし、ホイアン近郊の図で調べても「ダイチェム」という村や町の名は見当たらず、近くのチャム島に中国人や琉球人が交易のために頻繁に訪れていたことがわかり、中国のネットで検索したところ、『大占』は、ベトナムのトゥーボン川の河口にある小さな漁村で、漁師の人たちは、一人乗りのたらい船で漁をしている。以前は、中国人の観光客が訪れていたが今はその漁村の存在すらわからない」と出ていたのだ。これらの理由から「ダイチェム」の町を探索することにした。

なお、「たらい舟」（Thung）は、現在では、「トウエン・トゥン・竹で編んだ丸い舟」のことで、ベトナムの漁師さんが3人も乗れる舟もある。

現在のココ川水門近郊図

②『南洋日本町の研究』（岩生成一 著）に描かれていた「広南」と書かれた場所を探索する。
この「広南」とは、阮福源の治世の時に、治安や貿易港を統括していた行政府が置かれた場所ではないのか、だとすれば、近くに日本人町が在ってもおかしくはないと考えたからである。

③「愛のベトナム支援隊」に書かれていた、阮福源の広南の行政府が置かれたと考えられている、ホイアンから15㎞上流の「タインチェム」を訪問すること。そこで、阮福源と荒木宗太郎の痕跡が少しはわかるのではないか、むろん、日本人町も近郊に存在していたのではないかと推測したのである。

④「愛のベトナム支援隊」に書かれていたホイアンからトゥーボン川上流10㎞地点にあったという「チャンパ時代からの古い港」を探索することである。
『チャンパ』（桃木至朗・樋口英夫・重枝豊 著、めこん）のベトナムチャンパの南限の地図では、この地点に「パンアン」という栄えた町か港が描かれている。

ベトナムの古地図からも同様に「アンバン」と書かれた地点を見つけたので、「タインチェム」から近いことから、ここに「日本町」が存在していたのではないかと考えて探索することにした。

⑤會安（ホイアン）の新たな日本人町を探索すること。

以上の事案を決定した。

第七章　ディェンバン・タインチェム遺跡

「タインチェム遺跡」の発掘調査をした考古学者菊池誠一教授

通訳として現地の調査を任せたグェンさんから、「近日中にその町に探索に行ってきますが、写真などは必要でしょうか？」とメールが来ていたが、それ以来彼女と連絡が取れなかった。しびれを切らした私は、臼田さんにもグェンさんに連絡をしてもらい、数週間が過ぎた後、やっと彼女からメールが届いた。

だが、その内容は、タインチェムのことではなくて、「今、ホイアンに猛烈な台風（モンスーン）が襲い、家は停電中で連絡が出来ない」ということであった。そして、彼女は突然、病気になって入院してしまったのである。

1ヵ月も連絡がなく、やっと来たメールは、彼女の友達からで、「ガイド役を交代します」「タインチェムのホットスポットを紹介します」などと、わけのわからない内容だったため、私は意を決して、彼女とのガイド契約を解除した。臼田さんにもメールで詳細に報告し、これまでの御尽力に感謝をしたところ、臼田さんは、ガイドの契約解除は大変残念なことだと驚いていたが、私のベトナム訪問に差支えがないようにと気を配っていただいた。

そして再度、新たな通訳を見つけてくれたのが、なんと先に契約を解除したグェンさんだったのだ。私は、大いに驚いたが、ベトナム訪問も迫っていたこともあって、渋々彼女と契約をした。

あまり、期待していなかったのだが、しかし、その後のベトナムでの彼女の通訳兼ガイドの仕事ぶりはとても素晴らしかった。だが、タインチェムの件は、その後の彼女からの報告ではよくわからなかった。

落胆して、知人にこの件を相談したところ、「そんな大事な問題を現地のガイドに任せたあなたが悪い、あなたがすぐに現地に行くべきだった。人任せにせず、何でも自分で調べなければ良い成果は望めない」と諭され、今までも困った時は、国会図書館に……という自分の慣習から、永田町まで行って、「ホイアンの日本人町」「ホイアンの日本人町の考古学」などから、「タインチェム」を検索し、ついに、２０００年にこの遺跡を調査した貴重な論文を見つけたのである。

「ディェンバン・タインチェム遺跡の論文」

その先駆者は、ディェンバン・タインチェム遺跡発掘調査総監督の昭和女子大学菊池誠一教授である。タインチェム遺跡についての研究論文を発表している。

貴重な資料なので、以下順次、抜萃して紹介する。

菊池教授、友田博通講師および昭和女子大学国際文化研究所のホイアン町並み保存、タインチェムの遺跡発掘に関する論文を抜萃して紹介する。

・発表テーマ＝ベトナム日本人町の考古学
・講演開催地＝京都
・開催年月日＝２０１３年1月
・概　　要＝ベトナム・ホイアンにあった17世紀の日本町の調査についての報告
・論文概要　＝国立国会図書館サーチ

「第2章　ディェンバン・タインチェム遺跡は広南鎮営跡」から

著者＝菊池誠一
シリーズ名＝「海のシルクロードからみたベトナム中部・南部の考古学的研究４部　論攻篇」
国立国会図書館＝整備図書
請求番号＝ＧＥ５４１―Ｈ１

「ベトナム日本町の考古学」から抜萃する。

（略）

ディェンバン・タインチェム遺跡の位置

「ディェンバン・タインチェム遺跡の位置は、クアンナム省ディェンバン県ディェンフォン（Dien Phuong）社第1部落（1-Thon）に属している。

住民はタインチェム（青沾）部落と呼んでいる。遺跡の北側と東側は、ディェンミン（Dien Minh）社と境を接し、西東側は、ディェンフォン（Dien Phuong）社のドンクォン(Dong Khuong)地区と接している。南側は、トゥーボン川の一支流であるチョクイ（Cho Cui）川が流れ、北側には旧河川の痕跡である池が見られる。現在の田圃との比高差は2～3mである。

この地点はホイアンから西10㎞ほどのところで、ベトナム北部と南部を結ぶ国道1号線の左側に位置し、ホイアンへ行く旧道との結合地点である。国道1号線は、阮朝の官撰地誌である「大南一統志」には「官路」と記された重要な交通路であり、現在でも重要な基幹通路となっている。

このような地点にある遺跡は、河川と陸路の要衝に位置していることが

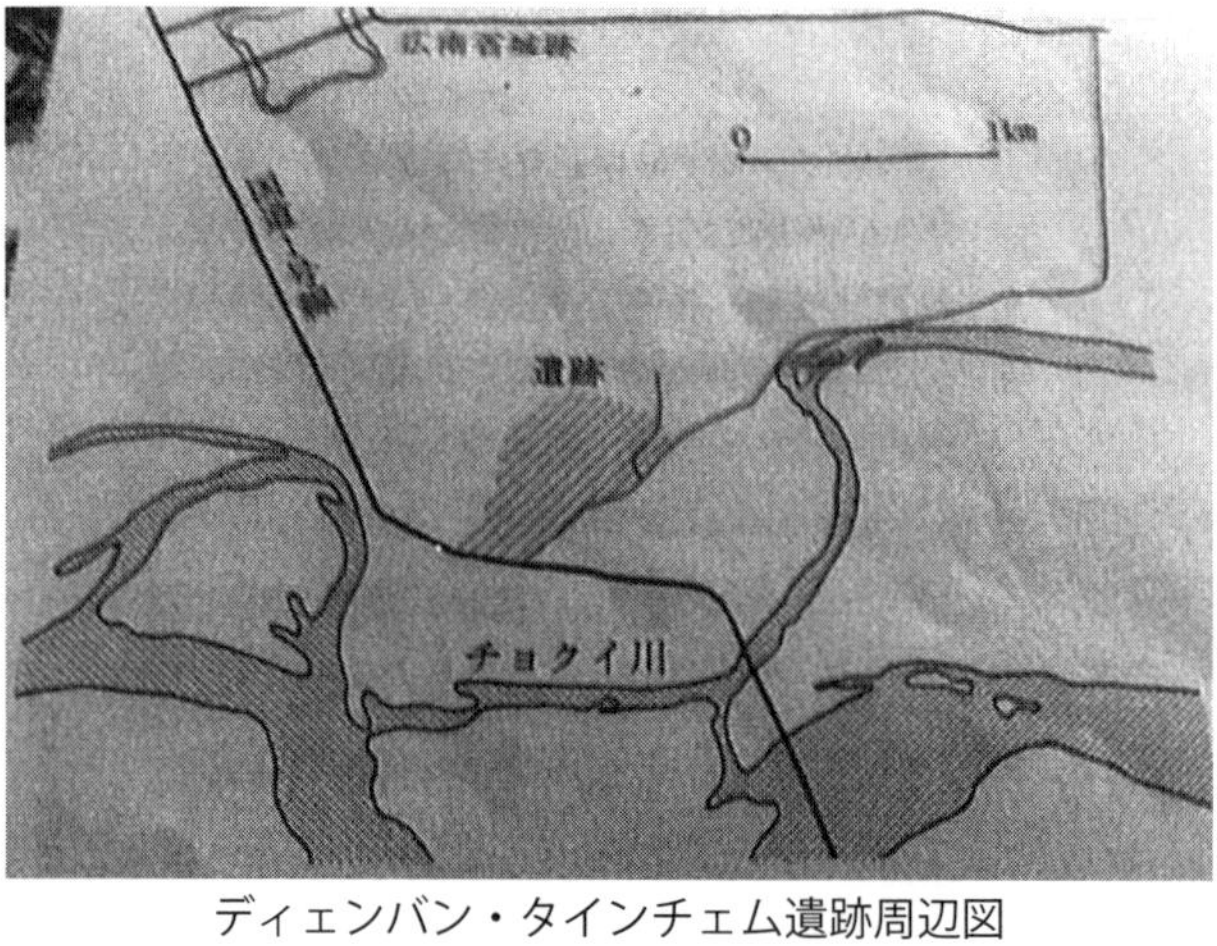

ディェンバン・タインチェム遺跡周辺図

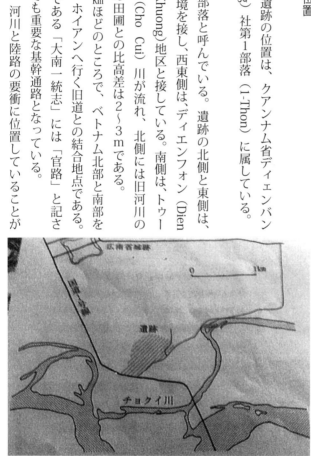

判断される（図１）。ベトナム側の遺跡踏査の資料によれば、遺跡の範囲はおよそ南北に７００ｍ、東西に約２５０ｍの広範囲にわたり、土塁の痕跡も見られるという（１）。

阮朝の官撰史書である「大南寔録前篇」によると、１６０２年に広南営を管轄する役所として広南鎮営が設置され皇太子を鎮守とした（２）と記録されている。この広南鎮営は、中国人僧侶釈大汕の記録である「海外紀事」（１６９５年）では「鎮土衛門」と記され、ベトナムの地誌である「大南一統志」（１８０６年）では「清沾館居」と記録された施設と一致すると考えられている。

この役所の位置については、前章で紹介したようにベトナム人研究者の検証があり、これまでディェンバン・タインチェム遺跡が有力候補となっていた（５）。筆者もホイアン地域の遺跡分布調査や地形調査などをもとに広南鎮営跡をディェンバン県タインチェム遺跡に比定した。しかしそれは推定の域をでるものではなく、それを実証するには発掘調査による検証以外に方法がないと考え、筆者らは発掘調査を実施した。

この広南鎮営は、『大南寔録前篇』によると、１６０２年に建てられ、何度かの戦乱で荒廃し、その後は、「大南一統志」の「城池」の項では、

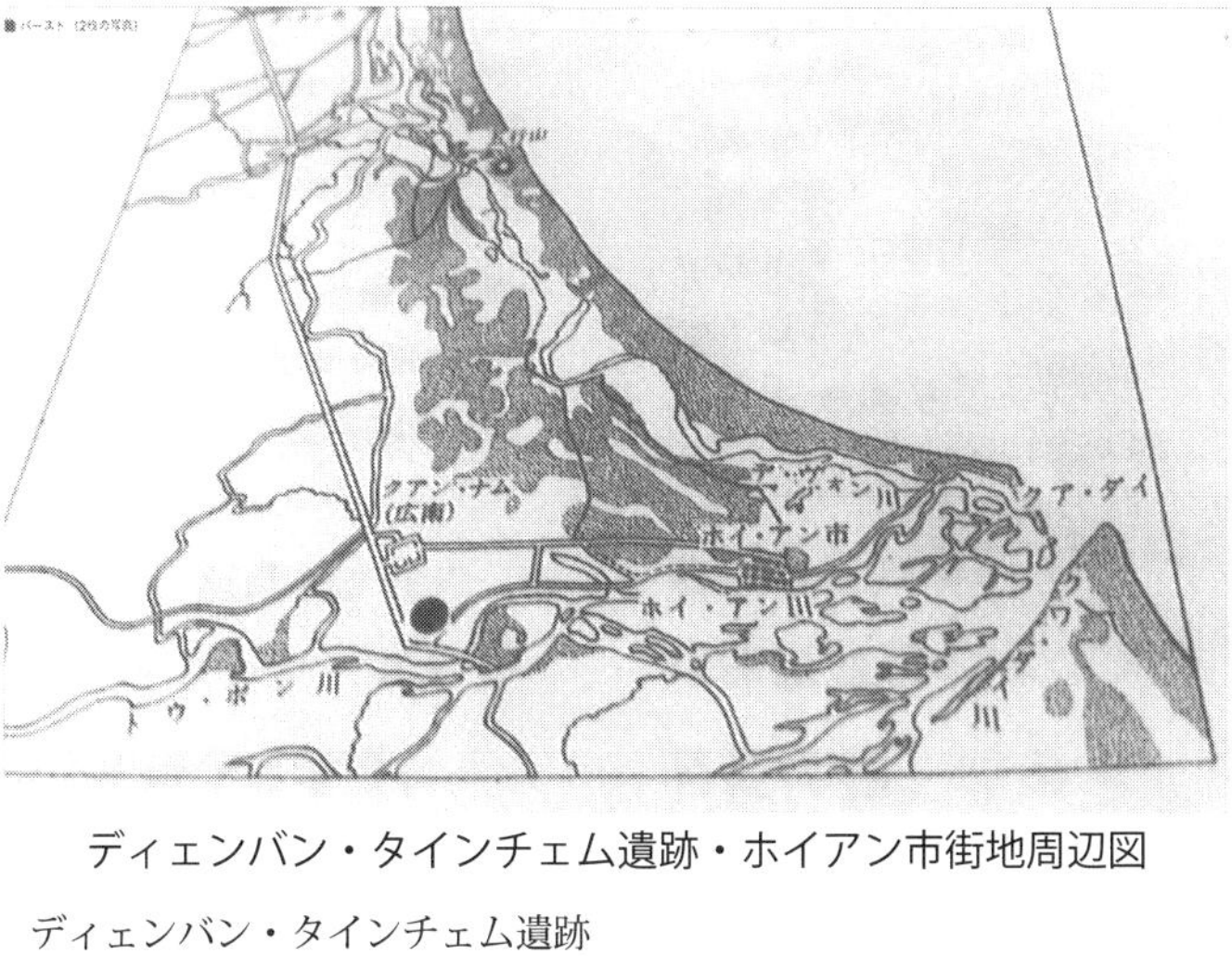

ディェンバン・タインチェム遺跡・ホイアン市街地周辺図

国初建鎮営在延福県清沾社、後因乱廃。中興初収復広南、暫設在会安舗、嘉隆二年移建于清沾旧莅、築土城。明命四年移今所。

とある。「後因乱廃」とは、1771年から、クイニョンで蜂起したタイソン（西山）党の乱で、1773年に広南鎮営で両軍の大規模な戦闘があり、また、その好機を利用して、1775年に北部の鄭氏政権の南征軍が広南に侵攻してきたため、広南鎮営が廃城したことである。」

ディェンバン・タインチェム遺跡に向かう

翌年の2016年1月15日、ホイアンに到着した私は、翌日の早朝にトゥーボン川沿いの「U-Cafe」を訪問した。オーナーの臼田玲子さんの全面的な協力のもと、待機していたグェンさんや運転手のキェン（Kien）さんにお会いし、ハノイのハンガさんを始め、お店のスタッフの皆様の情報やネット検索の協力態勢を整えて、ひとしきり打ち合わせを行った後、運転手さん、通訳のグェンさん、筆者の3人が、ディェンバン・タインチェム遺跡の踏査に向かったのである。

探査の目的は先駆者である、ベトナムや日本のホイアン学の歴史学者、考古学者、地理学者先生たちの調査に関して、地元民に聞きまわり、地誌などから先生方の話の実証を証明できれば、また、阮福源の実像に迫れる資料が見つかれば、荒木宗太郎と日本の江戸幕府との関係、宗太郎の嫁である阮福源の娘であると言われている「アニオーさん」の真実が解明できればとの期待を持ったのである。臼田様のスタッフが見送るなか、ホイアンの町を西に向かって勇躍して出発した。

阮福源が広南を統治していた頃に鎮守（軍の本営地）を置いていたことは、外国人宣教師たちの記録から分かっていたのではあるが、どこにその鎮守を置いたのかは全く謎だった。

最初は、岩生成一氏の「南洋日本町の研究」図版目次の大二節交足止日本町の位置、規模、及び戸口数に出ていた、ツーラン及びフェフォ付近現状図から、「ツーランとフェフォ」の詳細図を見て、「広南」と記入された城跡と思われる場所が当該地だと思っていた。

それは、ハノイから幹線道路の「官路」（国道一号線〔Quoc Io 1A〕）が南下して来る要所であり、17世紀初頭の戦闘は、陸上での戦闘が主戦で、６００頭もいる象部隊などの攻撃隊が主力だったからだ。

また、海上での戦闘に対しては、シャム（タイ）やアラカン（ミャンマー）の場合と同様、海上の沿岸、川の河口付近に城や軍営を構築していると、当時、外国の交易船などが装備していた近代的な大砲の攻撃力で、まだ、近代装備のなかった東南アジアの各国の軍隊は、西欧の軍に対して、防備どころかたちまち壊滅されてしまうと考えていたようである。

そして、阮氏の一番の脅威は北の強国である鄭軍が南下して、順化（フースアン・フェ）を攻めて来た場合、いち早く応援部隊を派遣し、また、外国船の渡航して来る国際貿易港のフェフォの町を監視するためにも、その近くに本営を置いていたのではと推測していた。それで、この「広南」と書かれている場所が、広南鎮守だと錯

チョンカム副校長先生

覚して、現地に居るダナン外国語大学の女子学生に送り、調査をするように指示を出していた。

しかし、その後、彼女から何の連絡もなく、ネットで「ホイアン」を検索していたところ、現地紹介の記事の中で、ホイアンのトゥーボン川上流10キロ地点に「タインチェム」に遺跡があると記載されいるのを見て、かなり驚いていたのである。

ホイアン市内を抜け、Hoang Dieu（ホアンユー通り）を西方向に進路を取り、トゥーボン川岸や水田を抜けてひたすら車を走らせた。5㎞ほど進むとタインチェム村に入り、グェンズ中学校に到着すると、校門で校内の案内の許可を求めた。出てきたのは、恰幅の良いチョンカム副校長先生だった。

先生は、校内を案内して、「確かに、以前、日本の偉い考古学の先生がタィンチェム村に来て、測量や調査をされました。しかしそれ以後、水田の拡張が始まり、御覧の通りこの辺りは田圃ばかりで、今では遺跡の痕跡さえ見つけることができません。でも、この学校の校内には、タィンチェム村の歴史を顕彰する碑があります」と言って案内してくれた。

学校の裏手にその石碑はあった。

副校長は、「この学校の敷地付近には、グェン時代、王である阮福源のお屋敷があった場所と言い伝えられています。ほら、今でも医療用に使われているあの大きなガオの樹をごらんなさい。あの樹の祖先は、当時、遠く日本からやって来た交易商人と、現地の住民たちが協同で植えたと言われる日越友好を表しいる樹なので大事に育てています。昔、この地にやって来た日本人は村を造っていたのではなく、この周辺に散在して住んでいた

ガオの樹

と言われています。そして、北に約2㎞いった所にあるトゥーボン川の支流で、今では埋め立てられて、辺り一面に田圃になっているチョクイ川の岸辺では、大きな互市が開かれていたようです。もし、よろしかったら、クアンナムで有名な『タインチェム村の歴史研究家』をご紹介しますよ」と言って、職員室に戻り、その先生の名前や住所が書かれたメモを持ってきてくれた。

私は感謝を込めて、日本から持ってきたお礼の品を渡して、手を合わせ深いお辞儀をした。

その間に、ガイドのグェンさんは、石碑の写真と碑文の模写を取ってくれた。

一瞬ガオの枝先が大きく揺れて、約400年前に遥か遠くの日本からこの地にまで交易に訪れた日本人たちの歓声やざわめきが、今、この地にやって来た遠来の日本人を歓迎して、教室で音楽が奏でられ、歌声が静かな校庭にゆったりと流れてガオの樹を取り囲み回流しているような錯覚に陥った。

私は、タインチェムの遺跡探査の過程で、「グェンズ中学校内の碑文」を発見したことや　副校長から「タインチェム村の歴史学者」の存在を知り、しかも、彼は、その先生の名前や住所まで教えてく

グェンズ中学校内の石碑

れたことに感謝し、年甲斐もなく、かなり興奮してしまった。

そして、今では、土砂で埋まってしまったチョクイ川周辺での調査をし、数軒の街道沿いの店や田圃で出会った農民たちから、遠い昔、日本人たちがこの周辺までやって来たことや、彼らは町を造らず、タインチェムに散らばって住み、交易をしていたことなどを聞き出したことも、私の単純な脳細胞を刺激し、探索のボルテージがさらに高まったのである。

私は、ただちに、碑文の模写や撮影をしたグェンさんに「碑文」の翻訳や地元での聞き取り調査の纏めを頼んだのである。

帰途、今度は、「ダイチェム」（大占）の場所を探すために、トゥーボン川沿いの道を北に向かった。

今では埋め立てられてしまったダナンからの航路があった川のどこかに「ダイチェム」の町があったのではないかと考え、車内でも、Google のネットから、「トゥーボン川の地図」を探し出し、付近を丹念に調べて「ダイチェム」の場所を検索したのだが、とうとう、見つからなかった。

そして、、浜辺に近い、クアダイの町に入って、グェンさんが必死で近隣の人たちに聞き取り調査をしたのだが、何の成果も得られず、日暮れになってしまったので、本日の調査は終了することにした。


タインチェム村の碑文（クアンナム・ディェンバン・タィンチェム）
◎碑文建立地：Nguyen　Du（グェン　ズ）中学校敷地内
◎碑文建立者：タィンチェム村有志一同

タインチェム村の歴史学者

ディェンバン・タインチェム村の著名な歴史家

氏　名：ディン　チョン　トゥエン先生（Dinh Trong Tuyen thay）

住　所：Qyang Nam省 Dien Ban県 Phuong区 Thanh Chiem村 Viet Nam.

氏　名：ディン　バァー　トゥエン先生（Dinh Ba Tuyen thay）

住　所：Qyang Nam省 Dien Ban県 Phuong区 Thanh Chiem村 Viet Nam.

◎碑文ベトナム語訳文

訳　者：グェン・ティ・ハ・ヴィ（NGUYEN THI HA VY）

履　歴：ダナン国家外国語大学在学中　日本語・韓国語・タイ語学部　日本語学科３年生

出身地：ホイアン・キムボン伝統工芸村

グェン・ティ・ハ・ヴィさん

訳　文

国には偉大な歴史があり、村にも貴重な歴史があります。

史実は国の盛衰を物語り、この碑文は、村の歴史を後世に伝える真実の石碑である。

我がタィンチェム村は、チェムドンに属している。

此の地では、昔からタィン・ホアテゥニャの集落が成立していました。

タインチェム家の家系図によると、我々の祖先は、グェン・ホァン（Nguyen Hoang 在位：紀元五年〔1525〕～弘定一三年〔1613〕）大王様の支援を受けてこの村を建設いたしました。

当初は、大きく伸びていた草を刈り、木々を切り取り、荒れた土地を耕し、家を造り農業を始めました。そして、苗を植えて、この地は気候が安定していますから、稲はすぐに育ち、米はどんどん収穫されました。その後に、桑の木を植えて、土地が良く肥えてよく育った桑の葉を、蚕が喜んで食べてくれたので、素晴らしい生糸が採れました。

昔、この地を遠征で訪れたグェン・ホァン大王様は、「クアンナムは大変良い土地だ。しかもここは、広南の喉仏のような要害の土地である」と言いました。

そして、タインチェムに大王様のクアンナムの御殿守が出来ました。その後、御殿守がある側のチョクイ川には、沢山の船がやってきたのです。川岸には市場も出来て、値段も手ごろな価格でした。その上、住民が暮らす家々には、扉がなくてとても安全だったのです。すぐ近くのホイアンの町には、近郊から多くの人が集まって来て、外国からも交易のためにたくさんの船が来航してとても賑やかでした。

ここでは、道で貴重な物を落とし物を拾っても、すぐに港務所に届け出て、誰もが自分の物にはしません。それは、家には大量の米が何時でも貯蔵されているので、誰もが一日に三度の食事をすることが出来るからです。また、各家々の倉庫や蔵にも物が溢れています。村では誰もがお金持ちなのです。

クアンナムには、銅・鉄・金の鉱山が多くあるので、これらは山から多量に採掘されます。それに、近くの海からは、魚や海老などの海産物も豊富に獲れます。ですから、住民はいつでもニコニコと皆、愉しい笑顔をしています。

グェン様の政治も良いし、この町は安全でしたから、遠くの山からは香木、蜂蜜や貴重な霊木が市場に運ばれていました。ここでは、人々は余分な物を市場で売って、不足な物を買います。海浜のクアダイはいつでも賑やかで船がいっぱい来ています。

皆は教えを受けるために、集会所にやって来ますから、タィンチェムで我が国最初の国語が生まれました。また、収穫の期間中に暇を見つけて、家屋や水田、畑の木陰で、農民が伝統の民謡を歌います。子どもたちも町中で、このように合唱します。

人間は最初に悪事に遇っても、仏を信じて修行を繰り返せば、いつかは善事になり幸せになるのです。

民衆は、精進をして神様になった人を祀るヴァン様神宮を造営し、先生を尊重して、道徳を守り修行を続けます。会堂のお寺は見上げるほど雄大で、そこでは、子どもからお年寄りまで、天罰覿面も格言を大切にします。

村人がこの地で集落を建設してから、多くの時代が過ぎて行きました。その時代が繁栄の時なのか、衰退する時なのかは全く分かりませんが、皆は、時代は移り変わっていくもので、代わらない物など一つもないと思って暮らしています。

タィンチェム村有志

タインチェム村の先生

グェンズ中学校教職員

グェンズ中学校（Nguyen Du Truong tru hoc）

創　立：１９９２年

住　所：Quang Nam 省 Dien Ban 県 khu Dien Phuong 区 Thanh Chiem 村

副校長職：グェン　ヒュウ　ヒョアン先生（Nguyen Huu Hoang)

クアンナムの鎮営となったタインチェム村

この頃一六〇〇年代、国の実権を握っていた大越国の領主たちである北の鄭氏や中南部の阮氏たちは、外国との貿易には前向きであったが、外国の支配から国を守るために外国との貿易の拠点は、王都や首都から遠く離れた場所に設けている。

北部ダーンゴアーイでは、鄭氏王都のタンロン（昇龍）から約10km離れたフォーヒェン（ヒェンナム・憲南）港では、中国人、ポルトガル人、オランダ人、イギリス人、フランス人に交易の拠点を置くことを許可している。日本の御朱印船も交易のために同港に寄港している。

そして、中南部のダーンチョーンでは、阮氏が鄭氏に対抗するためにホイアンの港を整備して国際貿易港として発展させた。ホイアンは、もう一つはトウーボン川の河口部にあったチャンパの港（互市も開かれていた湊）であったダイチェム（大占：現在のクアダイ〔大きな海口部・クアダイビーチ　Bai Tam Cua Dai〕地区）である。

グェンズ中学校の副校長先生と生徒たち

そして、豊富な資源が資源が集中するクアンナム（広南）の貿易港から、阮主の許可なく遥か離れた首都であるフースアン（富春・順化　フェ・トゥアン・ホァ　Thuan Hoa）まで勝手に行くことは出来なかった。しかも、途中には大越国第一の難所であるハイヴァン（海雲）を越えねばならなかった。

そして、クアンナムの地方行政府が置かれたタインチェム（清沾）村は、ホイアンから約８㎞も離れていたし、ホイアンからダイチェムまでは、約５㎞もあった。

当時のクアンナムの行政府は、「チェム（占）営」または、「クアンナム（広南）営」と呼ばれていた。この場所から、「官路」（現在の国道1号線）までは約４㎞である。

「官路」は、象部隊が主力の陸上船戦では、北のタイロンや中部の順化を結ぶ重要な陸路であり、鄭氏の侵攻にもいち早く王都に駆けつける交通の要でもあった。

ホイアン港には、港の監督にあたる「港務所」が置かれていた。なお、「タインチェムの碑文」によれば、１６００年に阮主である「グェン・ホァン」大王が北の富春から同地を訪れて、このタインチェム村に屋敷を造るように命じられ、この地が防衛の為に、いかに優れているかを村人に語ったという。

グェンズ中学校付近

また、約4㎞離れた、トウーボン川の支流であるチョクイ川の沿岸まで船が入り互市が開かれていたようだ。

その後、グェン　ホアンの息子の「グェン　フック　グェン」がクアンナムに赴任し、屋敷の改造を命じて「鎮営」とし、近くのホイアン港を整備し広南に大繁栄を齎すのである。

ダイチェム（大占）と路頸（ロカイン）江を探す

これまでの日本に於いての調査で、ロカイン江については、次のような資料があったので紹介する。

17世紀に阮氏から招かれた中国人僧侶の「釈大汕」は、フースアン（富春　フエ）を訪れている。

１６９５年8月には、クアハンから入る航路で會安（ホイアン）に向かったのだが、後にこの航路の状況を報告している。

この河は、タムターイ山（ノンヌオック山・五行山の一つ）に沿って走っている。また、河の水深は、朝汐に依存　しているのにも関わらず、グェン氏の食料を運ぶ船団のマストが林のように密集しているのが見える。」

タインチェム石碑建立祭

と書いている。

また、釈大汕より少し早くホイアンを訪れたクリストフォロ・ボルリは、
全ての外国人が滞在し、ここで互市が営なまれる主な港は、カチアンの地方にある港で、この地は海から入るのに、二つの口がある。一つはプルチャンペロといい、他の一つはツーロンという。

と「交趾支那誌」で述べているが、互市の開かれるのが「フェフォ」と呼ばれていた「會安（ホイアン）で、「プルチャンペロ」というのは「大沾島」（クーラチャオ島 Culao Cham）のことであると言われてきた。

当時、「大占（沾）海口」とチャム人から呼ばれていた場所は、チャム語で「大きな海口（湾）のある処」という意味である。

この海口には、当時、広南地方に布教に訪れていた宣教師たちの報告では、、広南水軍の艦艇が常時待機していたと書かれている。

そして、ツーロン（ダナン）から路頸江《ロカイン》を航行してきた交易船と、プルチャンペロから入って来た交易船の双方がぶつかるトゥーボン（秋盆）川の大海口だったと記録されている。

タインチェム村の長老たち

さらに、広南阮軍の艦艇は、ここで常時通交の監視を続けており、近くに水軍の基地が在ったとも述べている。このダイチェムの地と路頸江の場所を特定できれば、その土地で日本の御朱印船も投錨し、日本町が生まれた可能性はないのだろうかと考えたのだった。

そこで「ロカイン江」について調べてみると、19世紀の詳細な川の状況がわかってきた。

1806年に刊本された、中部ベトナムの地誌である『大南一統志』には、次のように記されている。

ロカイン江は、ズィエンフック、ホアヴァンの二県にまたがっている。この河はタィンチャウ（清州）社から北の方向に流れて行き、タムターイ（三台）山の西に至り、カムレ（綿荔）江に入る。現在、川の水は涸れて船は航行す る ことは出来ない。

そして、ロカイン江とは、現地では、当時から、ココ川（Song Co Co）と呼ばれ、別名を「デ・ヴィン川：帝綱川」と呼ばれているというのである。

19世紀に入ると、トゥーボン川の下流の地形は大きく変わり、土砂の堆積により、川の中央に「潟」が出来て、川全体が干上がり始め、支流であるココ川も次第に浅くなっていった。そして遂に、ココ川は、完全に航行が不可能になったいう。

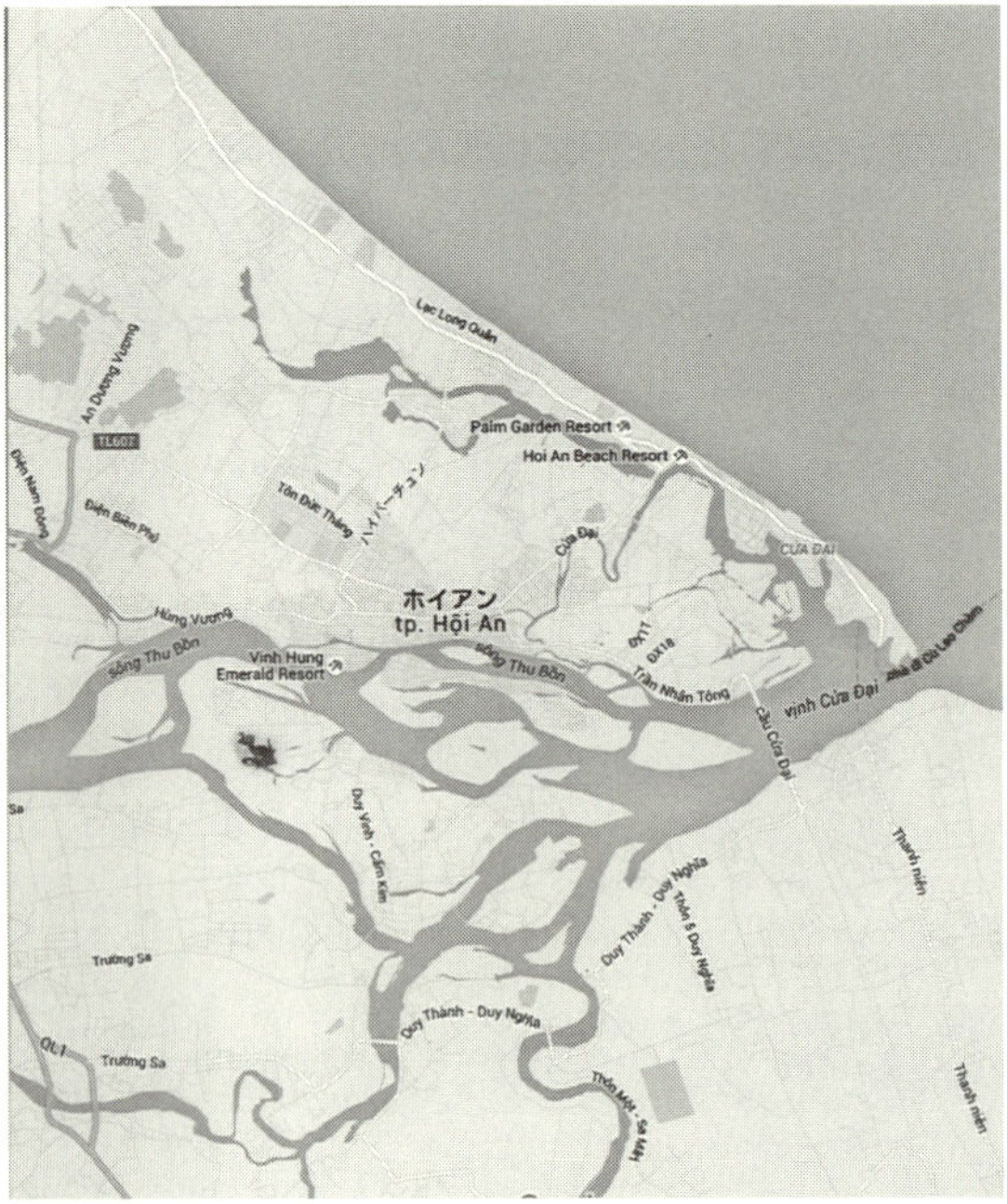

クアダイビーチとココ川近郊

現在、ココ川の痕跡を見いだすことが出来る地点は、南方面では、クア　ダイ口に接している「デ・デ・ヴィン川」の付近と、北方面では、ダナン湾に入るハン川（Han　River）に流れ込むカウリェン川の附近である。

この二つの川の中間地帯は、土砂の堆積で川は断ち切られ、川の面影は、全く見ることができない近代的な都市に生まれ変わってしまった。

しかし、一部の地域では、川の面影を彷彿とさせてくれる名称が残っている。それは、小さな沼地の在る場所で、そこは現地の住民から「ホーイ」と呼ばれている。そして、「ホーイ」とは、「小支流の潟」という意味である。

「大南一統志」とは、19世紀に書かれたベトナムの地誌で、阮朝の第四代皇帝「嗣徳」（トゥドゥク　Nguyem　Phuc　Thi〔在位：1847〜1883〕）の命令で編纂が始められ、嗣徳三五年（1883）に完成した、ベトナム全土に関する記述であるが、1806年に刊本となったのは、「中部ベトナム」の部分だけが現存している。

クアダイビーチの灯台

夕陽をいっぱい浴びたトゥーボン川の水面が暗さを増して黒墨の薄暮となってきた。私たちは、本日の探索を終了し、疲れた足取りでU-Cafeに戻ると、ハノイ出身のハンガさんと臼田さんが待っていて、「ダイチェム」の位置をネットでとうとう見つけたと叫んだのである。

そのダイチェムの漁村は、現在の「クアダイビーチ」沿いにあったのだ。「クアダイ」とは「大きな海口」という意味だったのである。しかし、そのビーチの手前のクアダイの集落が散在する地点で、食料品店などにグェンさんが「ダイチェム」の漁村があった場所を尋ねていたのだが、村民たちは、開発業者から浜辺から遠くに追いやられたのか、昔のことを知っている長老にはついに出会えなかったのだ。

私は、すぐに臼田さんのバイクの後部座席に乗り、クアダイビーチに向かった。市内から東へ5㎞ほど行ったところにあるビーチだが、近年、ビーチリゾートとして注目され始め、外国人観光客も訪れるようになった。そして、岬の突端には白亜の灯台が夕陽をあびて、薄紅に色付始めていた。その先は、立ち入り禁止地区で、ベトナム軍の駐屯地になっており、沖のクラムチャオ島からこの海域の群小島を管理している。

クアダイでは、「ダイチェムの漁村」すらわからず、19世紀に日本の御朱印船がこの地で投錨したり、ましてや日本人の村の痕跡などは全く分からなかったのである。しかし、探索の収穫はあった。U-Cafeで中国

ココ川水門地点

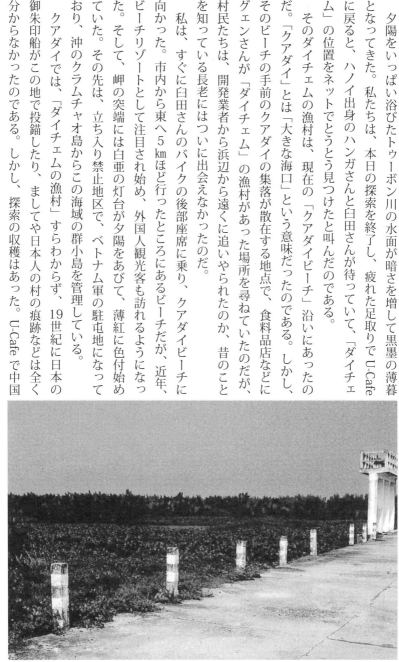

のネットの「ベトナム・ダイチェム」を再度、検索してみると、

17世紀、ダイチェムの漁村には、大沾島（クーラチャオ島）から中国のジャンク船が頻繁に寄港していた。

というwebを見つけた。このことは、少なくとも、当地で市が開かれていた可能性があることを私に示唆してくれたのだ。

クアダイビーチからの帰途、ココ川の土手で降りてみた。そこには、鉄骨の水門が川を遮るように続いていて、ココ川は、海口から北に約10㎞くらい行ったところで行き止まりになっている。しかし、川は現在でも、ゆったりと流れていて、カモメが二羽水面すれすれに飛んで、暮れなずむ沖合いの彼方でパッと消えた。

広南省城

数日後に私たち三人は「広南省城址」の探索に出かけた。

広南省城址の場所は、国道1号線（1A号線　Quoc Lo 1A）の北側に位置し、ホイアンから来る国道のHoang Dieu（ホァンユー通り）がぶつかる地点で、クアンナム省ヴィンディン（VINH DINH）地に在り、ホイアンのベッドタウンとして開発中の地区である。

タインチェム村の西南へ約4㎞の地点に、広南省城址は存在していたという。しかし、現地ではその痕跡はまったく見つからず、ホイアンのベットタウンとして発展しているこの地域は交通量も多く、広南省城址があったというその場所は、広い道路の両脇に商店が並んでいる一角であった。

日本で記録されていた広南の位置は、『南洋日本町の研究』（岩生成一著　岩波書店　２００７年改訂版）の「第二節　交趾日本町の位置、規模、研究、および戸数」、35ページ「ツーランおよびフェフォ付近の現状図」に、フェフォ町の北西方向約15㎞の地点に広南と描かれており、□に囲まれた場所がその位置として記載されている。

この場所が広南省城址とは書かれていなかったが、まさしく、この地点が現在の広南省城址であることが現地を踏査した結果判明したのである。

この広南省城が造られたのは、広南鎮営が度重なる戦争で少しずつ破壊され、最後は廃城となったためである。決定的な出来事は広南阮氏の政治に対して、１７７１年、弱体化した広南阮氏の政治に対して、中部ベトナムの西山（タイソン）で反乱（「西山党の乱」）が起こったことであった。

反乱の首謀者は、ベトナム中部の「クイニョン」（現ビンディン省の省都）出身の阮文岳（グェン・ヴァン・ニャク）、阮文呂（グェン・ヴァン・ルー）、阮文恵（グェン・ヴァン・フェ）の三兄弟であったが、多くの山岳民族の支援もあり勢いに乗った反抗勢力は、

広南省城跡地交差点附近

1773年、現在のクイニョン、クアンガイ、クアンナムなどの主要都市に攻め込み広南阮氏は敗退を続けた。この西山党の反乱の際に、広南鎮営で両軍死闘が何度も繰り広げられたのである。

そして1775年、この機をとらえて北のチン（鄭）氏が南下を始め、クアンナム（広南）に侵攻し、激戦の末とうとう、広南鎮営は無残にも業火の中で陥落した。この鎮営は、鄭軍により徹底的に破壊されたために、廃城となっている。『越南の地誌』などによって、広南省城を巡ってこれまで幾多の攻防戦があったことが少しずつわかってきた。

『大南一統志』

「広南営実録」（清沾館居）

原文抜萃

奠盤府延慶県清沾社地面、旧時公堂蒞所在此、因乱遷毀、今暫駐在会安舗

※延慶應懸は、明命三年（1823）に、「延福懸」に改名されている。

さらに1885年、フランス軍と阮朝軍が広南省城で激戦を繰り返している。1873年にフランスはハノイを占領し、阮朝にベトナムを実質的に自国の保護国と認めさせたが、国内では、ベトナム人は中国と手を結び、反仏抵抗線を結成して、小規模ながらゲリラ戦を続行していた。グェン（阮）朝自体は、1858年以降からフランスの侵攻を受け、徐々に国家権力を奪われていたのである。

同年、ダナンを砲撃されるとフランスは、それを口実にインドシナに出兵し、全面的な仏越戦争となった。しかし、阮軍は敗北を続けて、1862年フランスは、サイゴン条約で南ベトナムの一部であるコーチシナを獲得した。

この時期に抵抗軍により広南省城の戦いが起こったのである。1885年のことであるが、この年にフランス兵がフェ(順化)を攻め、皇帝はフェを脱出して南下し、各地で兵を徴収した。反仏抵抗軍は広南の広南省城に立て籠もり、仏軍との最後の決戦に臨んだ。ここに広南省城が仏軍の猛攻を受け、激しい戦闘の後、廃墟となっていく状況を詳細に記録した書がある。

『越南義烈史 抗仏独立運動の死の記録・巻一』(鄧搏鵬 著 後藤均平訳 1993年 刀水書房)
『越南の地誌』「国朝の実録」、さらには「巷間の禁書」によると、

(中略)咸宜《ハムギ》乙酉の年(一八八五年)、京城《フエ》の守りに敗れて咸宜帝《ハムギ》は出奔し、各地に勤王の兵起こる。広南の義会は阮《グエン》教公《ヒエウ》を長に推して各地の義兵を統《す》べて、広南省城に立て籠もり、フランスに対抗と決めた。

この時、公は十八歳、まだ官職はなかったが、亡父に代わり在地に兵を募って義挙に応じた。各地義兵の領将の中で最も年少である。諸将は公を易《あなど》った。さて、広南城下に着くと、諸将は争って銭庫穀庫《かねぐらこめこ》に押し入り、署営に走って金目のものをかすめとり、全兵を城内に駐め、軍旗をたてて鼓を打つさまは、さながら太平の時のよう。公は違った、まっ先に弾薬庫に行き、部下に命じて武器弾薬を全ぶ取り、そして悄然《しずしず》と城を出た。

まもなく、フランスは大兵を繰り出し、広南城に迫った。城はもともと疎陋なり、守る兵士は烏合の衆、敵軍を見て怖気づいた。その砲弾が城内にとどろき、つづいて一斉射撃の銃弾が雨霰、五十分で城は陥ちた。諸将は走《にげ》て、諸兵は潰散、軍《いくさ》にはならなかったが、公の軍だけが無恙《むきず》であった。

城を離れた時、公は山地を目指した。その諸府県を制圧した。山谷の要処に塁《とりで》を築き、射撃を練り、時をかせいで敵を待った。フランスは必ず大軍を繰り出す、我は新募の兵で抗し得ない。されば省城を出て山地に拠り、それからゆっくり対策を、との深謀遠慮であったのだ。

さて、フランスは広南城をわがものにしたが、城内無人、ベトナム人は皆逃げた。そこでまず、招撫の策を取ったので、公を追撃のいとまなく、数か月経った。

公が練兵の甲斐あって、戦闘力はそなわり銃弾も足りた。敵兵が寄せれば転嫁の険処に兵を伏せ、奇襲をつづけて打ち挫く。されば一旦逃げ去った諸将も兵を集めて公の許に。阮敎公はその奇才に感服し、軍務をすべて公に委ねた。義軍が再建できたのは、公の力によるものである。

戊子の年（一八八八年）広平《クワンビン》省以南に勤王の義兵は没し、広南省にただ一つ、公が拠る河東《ハドン》県だけとなった。兵は疲れ食は尽き、救援もまた絶えた。空拳の抗戦である。フランスの偵《いぬ》、阮紳《グエンタン》の暗索の手が伸び、阮敎公（帝）と公はついに捕えられた。京城に送られて阮敎公は斬刑。一方、公（帝）の才能を惜しんだ阮紳はフランス人に、必ず殺すなといい、公は紳の管督下に入った。（中略）

※同年十一月咸宜帝は仏軍に逮捕され、アルジェリアに流刑となった。

※咸宜は、阮朝第八代皇帝

諱号は、出帝。称号（元号）は、咸宜《ハムギ》帝（かんぎ）、姓＋諱は、阮福明《グエンフックミン》〈Nguyen Phuc Minh〉。在位は、1884～1885年。

１８８５年十月咸宜帝は仏軍に逮捕され、アルジェリアに送られ、軍の運転手として死亡するまで働かされた。

第八章　『ディェンバン・タインチェムの地誌』に書れていた「荒木曽田路と阮福源の公女との結婚」

ディン・トロン・チョン・トゥエン先生（Dinh Trong Tuyen thay）
ディン・バァ・トゥエン先生（Dinh Ba Tuyen thay）

タインチェム村の二人の歴史学者

五日目の朝、ディン・チョン・トゥエン先生のご自宅に到着したが先生は病院に行っていて留守だった。午後、再びご自宅を訪れたところ、先生は丁寧に居間で応対してくれた。細身の身体だけれども、眼光はするどく、とてももの静かな話し方をされる。

彼は、今までのクアンナムの歴史に関する著書を机に何冊か並べて、タインチェムの歴史について詳細に語ってくれた。そして、タインチェムの歴史についての地誌を手渡してくれたのである。その中に、「荒木曽田路とアニオ姫」「徳川家康」の記述を見つけて興奮してしまった。荒木宗太郎のことに関して、ベトナム側の資料を初めて見つけたからである。

私は、すぐに運転手さんに頼んで、近くのコピー屋さんに向かうように指示をした。彼は30分後には一冊分のコピーをして戻ってきた。

通訳付きで、クアンナムの歴史に関しての貴重なお話をお伺いしたが、約2時間後、私たちは、先生に深く礼をしてご自宅を後にした。なお、私の取材の半年後、先生は、国営ベトナム新聞の取材を受け、クアンナムの歴史研究家として大々的に国内で報道されたのである。

訳　文

【DINH TRAN】

THANHNH CHIEM QUABG NAM （クアンナムにおけるタインチェムの歴史）
Dinh Trong Tuyen（ディン・チョン・トゥエン）
Dinh: Ba Truyen（ディン・バー・トゥエン）
Chuong3
Thanh Chiem duoi thoi cac chua Nguyen（１６０４～１８０２年）
3．1 Cac quan tran thu dinh Chiem
chua Nguyen doi（グェン・ホァン王時代）
翻訳者：NGUYEN THI HA VY（グェン・ティ・ハ・ヴィ） ダナン外国語大学 タイ語学部 日本語学科目
12CNJ02class（3年生）（２０１８年６月卒業）

グェン・ホァン王統治下のタインチェム（１６０４～１８０２年）

ハイヴァン峠の南方の土地を開発、建設、管理をするために、グェン・ホァン（仙王〔太祖〕） 阮潢 Nguyen Hoang 在位＝１５５８～１６１３年）王は、実力のある王太子に中南部地方への赴任を命ぜられました。その後のグェン王朝の王たちも同様に王太子をクアンナム（広南）に派遣しました。それ以来、クアンナム府は王様になる前に王太子が駐屯する重大な要所となったのです。

クアンナム地方の最初の守護長官は、グェン・ホァン王の第六王子のグェン・フック・グェン（阮福源 NguyenPhuuc Nguyen）でした。

1585年、スペイン東アジア艦隊の提督であるGALLINATO（ファン・ファレス・ガリナト Juan Juarez Gallinato）に率いられた五艘の大型帆船（小型砲搭載のガレオン Gaieon船）がツアン・クァン（Thuan Quang 順化と広南地方）沿岸の沖に来航し、近隣の漁村で略奪行為を繰り返した。

グェン・ホァン大王の命令を受けたグェン・フック・グェンは、宵闇の中、数隻の小型船に乗った兵士を指揮し湾内に停泊していたスペインの大型船を襲い数隻に火をつけて沈没させ、ガリナト軍を敗走させこの海戦における勝利を齎しました。

グェン・ホァン王は全軍の将兵の前に立ち、「私の息子は本当に素晴らしい才能を秘めた天才戦略家である」とお褒めの言葉を述べられました。続いて、王様は、グェン王子を私の後継者に指名すると大声で公言しました。

1602年、王の命令でグェン王子は部下を率いてクァンナムに向かったのでございます。

グェン王子は、ディェンバンの王の館に到着すると、広南鎮営の軍営や行政官の宿舎の建設、交易のための港の整備などの仕事に素早く着手しましたが、その際に、グェン王の財政や司法の補佐をしたのは、長子のグェン・フック・キィ（阮福淇 Nguyen Phuc Khe／?～徳隆三年〔1631〕）でした。

1602～1613年の10年間にグェン王子は、様々な改革を施してクァンナムの開発発展に貢献をしました。

1613年にグェン・ホァン王が死去するとグェン王子はただちに後を継ぎ、父王の政策を継続しつつ改革も進め広南国を統治しました。

グェン王は最初、外国との貿易を強化するために、諸外国との外交関係、国際関係を重視し、毎年、ホイアンで四カ月に1回の国際市場としての大きな互市を開く命令を出し、中国人と日本人にそこで商売をすることを許可しました。それ故、ホイアンに日本町と中国町が生まれたのです。

グェン王は、「チャンラップ」（チャム・チャンパ王国 Cham Pa）の王に次女の「グェン・フック・ゴク・ヴァン／阮福玉万（Nguyen Phuc Ngoc Van）姫を、またチェム・タィン（Chiem Thanh）王には、三女の「グェン・フック・ゴク・コア／阮福玉誇（Nguyen Phuc Ngoc Khao）を嫁がせました。さらに彼は、日本国の江戸幕府と良好な貿易関係を保つために、日本人商人に最愛の里子である「公女」を嫁がせました。

　彼女は、日本名を「オカツトメ」、または、アニオさんとして呼ばれ、多くの日本人に知られています。この商人とは、ホイアンに店を持っていて、日本名を荒木曽田路と呼ばれていて、ベトナム名をグェン・ダイ・ルォン（Nguyen Dai Luong）という名前でありました。荒木曽田路を通して、グェン王は、広南国の軍隊のために日本製の高品質な刀剣を大量に購入し、チン（鄭軍）と対峙している国境最前線の兵士に備え付けさせました。

　このことをめぐって、1618年から1622年まで宣教のためにダーンチョーンに滞在したミラノ生まれの伝道師のクリストフォロー（クリストフォロ・ボルリ／Christoforo Borri）は、ローマのカトリック本国に伝えた書簡の中で、「日本製の刀剣を大量に購入するために、ダン・チョン（ダーンチョーン　Dang Trong　ベトナム中南部）のグェン王は、日本人との友好的な取引を模索していた」と、クアンナムに渡航して来る日本の交易船の貿易の実態を知らせています。

　さらに、彼は王太子の時、貿易振興策を強固する目的で、日本国の江戸幕府の徳川家康将軍やバタビア（ジャカルタ　Jakarta／当時は、ジャガタラ　Jacatra）のオランダ東インド会社、マカオ（澳門）やリゴール（マレーシア半島）のポルトガル東インド会社の商館長たちに度々、外交文書を送付していました。

　彼が異国の外交当局者たちに送った手紙の中で、「私は、ダン・チョンの王太子だったが、今は、Nguyen Dai Long　大越のアン・ナム　安南　An Nam（11世紀のベトナムの旧呼称国）の国の王である」と自ら名乗っていました。

　そして、タイン・ゲ（Thanh Nghe／現在はベトナムのタイン・ホア省とゲ・アン省の2省に亘る地域）は、チン（鄭）氏支配の敵国に属しているので、貿易相手国の交易船は、クアンナムだけに限定して、この港だけに商船を向かわせるように要請をしました。

グェン王のその意図は、ダーンゴァーイ（Dang　Ngoai　ベトナム北部）のレー（黎）王朝と連合を組んでいる強大なチン（Trinh）氏諸侯の勢力を抑えようとしたのだと思います。

１６０３年5月19日に、グェン王太子が日本国の徳川将軍に送った書簡の中では、「寛容な日本国の将軍様の御前に、まだ統一国家ではありませんが、私の直近の部下にご挨拶に行かせたいと思っています。日頃からあなた様に感謝しております」と、書かれていました。

この書簡の返書が徳川家康からグェン王太子に送られています。１６０３年11月5日付の徳川家康は手紙の中で、「日本からの商人がホイアンに居住できるよう、また、商船の貨物が盗難にあわないように、落款付の書状を保持させます。その目的は、商人たちの安全保証のためなのです」と、書いてあったのです。

この手紙の中で、徳川家康は、阮福源王太子宛てに、日本で初めて生まれる御朱印船のことを知らせてきました。これは、御朱印状を保持した商船のみが、江戸幕府から海外貿易を認可されているのだということを明言した書簡です。つまり、中国沿岸や越南の近海に出没する倭寇や密航船、他の海賊船とはっきり区別して保護してくださいと要請してきたのです。

この書簡に対して、グェン王太子が徳川家康に答えた返書では、「交易取引の為に渡航して来る貴国の商船を優先して必ず保護致します」と、約束をしています。それ故、日本の商船は、越南の他の地域にある交易港に比べて、ホイアン港により多く寄港してきたのです。

グェン王太子は、日本や中国の商人だけでなく、ポルトガルの商人たちもホイアンで厚遇しました。クリストフォロ・ボルリは、「王太子は、ポルトガル人にもホイアンの大通りに面する交易に有利な土地を提供した」と、記録しています。

国内の東西南北から運ばれてくる産物や海外との貿易でホイアン港で扱った人気の物産は、絹織物、陶磁器、胡椒、古木、希少価値の高い香木、香料のシナモン、茶、砂糖、蜂蜜、燕の巣、武具や武器、弾薬、火薬、各色金属類などで、これらがクアンナムの特産品で経済発展を促進させた商品です。

　これらの輸出品を造るために、ホイアン郊外に専業村がたくさんできました（特殊技能を持った彼らの一部は北部や中部からグェン氏にしたがって南下してきたといわれています）。たとえば、チェムソン、ランチャウ、マチャウ、ティライ、バオアン、サンダイ、ラカム、ヴァンリなどの紡績村やフクキュウという銅鋳造村、バンタイク、カムネ、イェンネという莫蓙村、キムボン木工村、タインハ陶器邑《ムラ》、ノンヌォック石工村などです。

　また、グェン・ホァン王は、ダンチョンの政治を開基した人とすると、グェン・フック・グェンは、クアンナムに派遣されてディェンバンの宮殿を警護した王太子の時から海外との外交を発展させ、広南国を繁栄に導いた偉大なる中興の人です（続いてグェン王は、王朝の官僚や親族からだけでなく、中国の「科挙」の試験制度を取り入れ、才能を持った人材を一般市民から募りました）。

　これによって、当時としては画期的な軍の防衛組織を創設しました。それは、（今までの農兵や傭兵に頼らずに）地上軍（内陸部隊という）と水軍を含む常任の専属の軍隊を設立したことです。そして、地上軍は、戦略的な軍師部、攻撃部隊の騎兵部隊、象部隊、工兵隊、砲兵隊という小型の師団で編制されました。それまでのクアンナムの騎兵はあまり強くなかったのですが、象部隊が地上軍の主力として再編成され猛訓練が連日実施されました。さらに、常任部隊の軍師隊、騎兵隊、象部隊、砲兵隊は、今までのように単独で行動するのではなく、現代の戦略のように各部隊（小型師団）の共同作戦が採られ、その後、北から侵入してきたチン（鄭）軍との戦争に勝利したのです。

　また、阮軍は、地上軍に比べて水軍にも重点を置きこの部隊も現代的に再編成されました。編成の内容を見ると、水軍は、洋式の大砲（ポルトガルから購入した物など）を設置した船が百艘もありました。水軍の拠点は、ヴァンドンに置かれ、ほとんどの戦船は、ハマト（ゴノイの東側、今は、ディェンバン県ディェンフォン社ハアン地区〔thon〕

となっている）に停泊していました。

そこでは、常時四千人の職工が働いていて、百人が漕ぐことができる400トンの船も造ることができました。ダーンチョーンの戦船は、チェム・タィン（占城）のGhe（小さい舟）のように造られました。その船は、洋式のような大型船ではありませんでしたが、機動性が高く火力も大きかったのです。昔のことですが、その船の中でも初めて大型船を造ったチェム・タィンのチェボンガ王（制蓬峩 Che Bong Nga）は、その船を使ってホン川（Song Hong）を遡り、勝手に北の首都タンロン（昇龍・ハノイの旧称：Thang Long）を攻めて戦争を引き起こしましたのでチャム王にはとても困っていたのです。

それ以前にもチャム人は、そのGheの大型船を使って、V11の時代に遠洋に繰り出し、アラブや中国の商船に恐怖を与えていました。それ故、軍事的にヴァンドン基地には、グェン王の主宮殿の近くにある水軍基地よりも大きくて強力な戦船が常時停泊していたのです。

ダクロ（Dac Lo）伝道師は、「（ヴァンドン基地は）南方にある中心的な存在で、この国で二番目の大きくて強力な水軍基地です。省民は、この基地をケチェム（Ke Chiem）と呼んでおり、中国貿易の管理や国土の防衛のために戦船がたくさん集結しています」と、カトリックの本部宛ての書簡で述べています。

この強い水軍のおかげで、ダーンチョーンは、インド、マレーシア、インドネシア、フィリピン、マカオなどという強大な国の植民地にはならなかったのです。水軍と地上軍に於いての部隊の編制組織は、「船」「軍隊」「基」（Co）「ヂン」の順番で構成されていました。

「船」部隊は、50人～100人の人数で編成されていて、現在のベトナム軍の組織では、「小、中隊」にあたり、小、中隊長が指揮を執り、その下には、2人～3人の「分隊」が所属していました。

「基」の部隊は、鎮守の本営を守る主力部隊で、600人～3000人の人数で編成され、3～5個の「ドイ」の部隊を含んでいて、同じく、「中隊、大隊から連隊」にあたり、「分基長」と呼ばれた各隊長が指揮を執り、１０００人以下の構成員で組織されていた。また１０００人～３０００人位で構成されていた場合は、さらに上の階級の「基長」が指揮にあたりました。

現在でいう軍団にあたる「ヂン」部隊は、２万人から３万人の歩兵や騎兵、象部隊、砲兵部隊などで構成されていて、全体を「チョンジン」という肩書を持った副将や将軍が指揮を執り、また、下部組織として、３～５個の地上軍や水軍（艦船）を保有していたのです。

そのことについて、Leopold Kadiere（レオポルド・カディレ）は、「グェン（阮）の軍隊は、首都（富春〔フースアン〕・順化〔トゥアン・ティエン　現在のフエ・Hue〕）には、『ヂン』と『衛』の部隊が守備にあたり、（広南などの）省や県には、『基』（中隊にあたる）の各部隊が置かれていました。海軍（水軍）は、二か所の本拠地を持っていて、『ドイ』あるいは、『半ドイ』の部隊が配備されていた」と布教の記録書の中で述べています。

タインチェムでは、阮福源は鎮守の名守護将軍と崇められていて、阮氏の政権と軍を把握し統治をしていましたが、彼は若い内から国際的な感覚が鋭敏だったので、外国貿易の重要性をとても良く認識して、その経済的な仕組みをしっかりと把握していたのです。つまり、阮福源太子は、弘定元年（１６００）の頃には、ベトナムの広南地方を実質的に支配していたのです。広南阮氏の当時の最高権力者であるホァン大王様に次ぐ権力者として、ダーンチョーンの外交大臣兼軍の総司令官として君臨していました。そして、弘定十一年（１６１１）、チェム族が広南の南の境界を侵犯しその一部を占拠した時、ホァン王は、ただちに阮福阮（源）太子に、チェム族の掃討の命令を出し、太子はヴァンフォンに赴き、現在のクアンナム省から南部にまたがっていたフンイェン省（Tinh Hung Yen）まで進軍し、激戦の末、遂にチェム軍をフンイェンから撃退しました。勝利を得た後に、阮福源はフンイェンに砦である「営」を置き、軍隊を駐留させ、それに伴って、ドンサンとディホアをクアンナムの統治の中に組み込ませました。

弘定三年（1613）、ホァン大王様がご逝去されました。ホァン様がご臨終を迎える際に、枕元に阮福源太子を呼び、彼を次期後継者に指名して、次のような遺言を授けました。

「ツァン・クアン（順化、広南）地方は、北方にガン山（横山）や急峻な流れのヤィン川（霊川）がある。そして、南方には、海雲峠（ハイヴァン峠）やダビア山（石碑山、五行山）がある。また、近郊の山々には、金、鉄、銅もたくさん採れ、海には魚が豊富で、海産物にも恵まれている。我国をねらうよこしまな者たちにとっては、どうしても手に入れたい垂涎の的の土地である。したがって、我国より武力で勝る北の鄭（チン）氏が、この土地を奪うために、いずれは攻めてくるだろう。しかし、鄭氏と戦うために、広南の人々の心を纏め、軍事訓練を重ねて行けば、恐れることはないだろう。

だが、現在の広南阮軍の力は、まだまだ未熟でかなり弱い。だから、まず領有している現在の地域の守備を固めよ。決して、北の鄭氏に、自ら戦を仕掛けてはならない。この私の遺言を忘れずに、力をためて反撃の機会を待つようにせよ」と言って、息を引き取ったと伝わっています。

弘定十四年（1614）、阮福源太子は、ダーンチョーンを支配する広南阮氏の阮主となり先王の政策を継承した。ただし、阮福源は、自ら王を名乗らず、仁国公（Nhon Quoc Cong）と自称し順化の鎮守本営に入った。そして、長子である「阮福淇」を新しい広南鎮守の長官として派遣したのである。

クアンナム（広南）の先生たち（歴史研究家）

『マク時代（mactrien rn）』の著者、ディン・グェン・フック・トゥン先生（Dinh Nguyen Phuoc Tuong）

ホイアンは重代の宝の地

ホイアンの歴史は古く、重代の宝の地であるという。サーフィン文化の遺跡が秋盆川（トゥーンボーン川・Song Thm Bon）の中流から下流に分布していて、ホイアン市内でも遺跡が発見されている。サーフィン文化とは、西暦紀元前数百年から紀元後2世紀の間に、現在の中部ベトナムで栄えていた稲作をともなう初期金属器文化のことである。この文化の特色である埋葬の様式としては、甕棺墓が普遍的であり、副葬品として鉄器や瑠璃製装飾品、ガラス玉、有角玦状耳飾り、双獣頭形耳飾りなどや中国の五〇銭、貨泉をともなうこともある。副葬土器には、赤色塗彩や黒色塗彩が施され、また文様としてS字文や線文、貝殻文なども見られ古代中国の影響がみられる。このサーフィン文化が発展して、次のチャンパ文化が誕生していったと考えられている。

チャンパ王国は、オーストロネシア系チャム人を中心とした国で、2世紀から15世紀頃まで、現在の中部ベトナムを支配していた。このチャンパ王国は、北部の大越国と長い間度重なる抗争を繰り返していたが、やがて、キン族に追われていく。16世紀以降は、現在の中南部のニントゥアン（Ninh Thuan）、ビントゥアン（Binh Thuan）省地域に残存勢力を保っていた。しかし、19世紀前半にはベトナムの属国として何とか存続していたようだ。

チャンパ文化の遺跡は、中部一帯に分布するヒンドゥー教の祠同群を特徴としているといわれている。その分布の中心的な都であるチャキウ（Tra Kieu）や彼らの宗教的なセンターであるミーソン（My Son 4～13世紀）遺跡がこの秋盆川の流域に多数築かれている。そして、現在のホイアン地域は、チャンパの経済の中心地である貿易港が営まれていたと考えられている。

チャンパ王国の動向を知る上で貴重な情報を提供する。中国の『水経注』は、チャンパ王国の前身と考えられている「林邑」の建国の状況を記述している。

「建国起自漢末、初平之乱、人懐異心。象林功曹姓区、有子名連、攻其県、殺令、自号為王。値世乱離、林邑遂立、後乃襲代、伝位子孫」

とあり、初平、つまり190～193年の間に、林邑は漢の支配地域である日南郡の象林県から自立したことを伝えている。

さらに、9世紀に書かれたアラブ商人の記録である『シナ・インド物語』にも、この地域の様子が描かれて、チャンパ時代のホイアンの地域のことが書かれている。

それから船はサンフといわれている所に行くが、10の行程でここにも真水がある。この地からサンフの沈香が輸出されている。ここには1人の王がいて、住民は褐色の人種で、それぞれ2枚の腰巻を身に着けている。ここで水を補給して、スンドル・フラートといわれている所にむかって出航行する。ここは、海の沖に位置する島で、ここまでの距離は、10行程である。この島にも水がある。

と記されている。このサンフ（Sanf）とは、Chammpa の音訳と似ている。この時期のチャンパの国都はトゥーボン川の流域にあった。現在のクアンナム省のドンズォン（Dong Duong）である。また、スンドル・フラート（Sundur Fulat）とは、ホイアン沖のクーラオチャム島のことだと考えられている。また広南の地名では、錦舗（カム・フォー Cam Pho）があり、これは現在のホイアン市内の地名の一つである。また、現在のダナンからホイアン地域一帯は、ディェン

バン府「奠盤府」と記されていて、その風俗として阮朝の史書では、

婦人着占布之裾、男子持北人之扇、分乖貴賤、所食器用非鳳則龍、等、爽尊界所服衣衣裳非朱則紫、奠盤風俗、其厚多薄少也如此

とある。

広南地方は、1558年の阮潢の南遷を契機に、実質、チャンパとの共存政策を目指した広南阮氏の政権下に置かれ、やがて、本格的な国際貿易港として発展していく。当時のベトナムは、黎朝の皇帝の下で権力を掌握した武人によって、北部と南部（現在の中部）とに政権が分断され、激しい対立抗争を繰り返していた。両者は、その後、200年近くも抗争を繰り返している。

東京鄭氏と広南阮氏が相争ったこの分裂時代を、ベトナムでは、「鄭阮紛争」（Trinh Nguyen phan tranh ）と呼んでいる。

北部の鄭氏政権は、現在のハノイに都を置き、現在のフンイェン（Hung Yen）省のフォーヒェーン（Pho Hien）に国際貿易港を開港し、広南阮氏政権と対峙している。当時の外国人は、北部をトンキン（東京）、あるいはダーンゴアーイ（Dang Ngoai）と呼び、中部をコーチシナ（交趾支那）、あるいはダーンチョーン、または広南地方と呼んで両国をはっきりと区別をしていた。

帝都のあるベトナム北部をがっちりと鄭氏に抑えられていた阮氏としては、南下して、新領土を確保せざるを得なかったが、チャンパと本格的にぶつかれば、阮氏は、はさみうちにされる危険性があったため、チャンパに対する懐柔政策が取られたのではないだろうか。結果的にはダーンチョーンにおいては、チャンパと阮氏の大きな戦いは起こらなかった。

1618～1622年にホイアンに滞在したクリストフォロ・ボルリ（Cristophoro Borri）の記録によると、ポルトガル人は、中部をダーンチヨーン（Dang Trong）と呼び、日本人はコーチ（河内 Cochi）と呼んでいたという。ボルリの記録によると、広南阮氏は中部の支配地域を五つに分けている。

ダンチョン地域は五地方に分割されている。


第一は、ダンゴワイに接し、トァンホア（Thuan Hoa）と呼ばれ、チュアの居城である。

第二は、カチアム（Cacciam）で、皇太子が鎮守をしている。

第三は、クァンギァ（Quangguia）である。

第四は、クイニム（Quingnim）で、ポルトガル人は、プルカンビス（Pulucambis）と呼んでいる。そして、
第五は、レンラン（Renran）である。

トァンホアは、現在のフェ・クァンチ地域。

カチアムは、現在のクァンナム地域。

クァンギアは、現在のクァンガイ地域。

クイニムは、現在のクイニョン地域。

レンランは、現在のフーイエン地域である。


このクアンナム地域のトゥーボン川の河口部の左岸にホイアンがあり、その繁栄の様子は、ボルリや1624～1626年にホイアンに滞在した、アレクサンドル・ド・ロードなどの外国人宣教師や17世紀末の中国人僧侶の釈大汕や、

ベトナム人学者の記録に登場する。

ホイアンが貿易港として繁栄した背景には、トゥーボン川上流に森林生産物や鉱山資源があったからである。クアンナム地域のトゥーボン川上流地域は、ベトナム北部から南部に地域にかけて伸びているチョオンソン（Truongson）山脈があり、この山地地域は現在でも肉桂や香木の産地である。また、過去には、象や犀などが生息し、その象牙や犀角が貴重な物産となっていた。17世紀の中部の物産品として、外国人宣教師の記録に、金、胡椒、生糸、砂糖、香木、海燕の巣のことが登場するが、こうした物産は、現在のクァンナム省地域で主に採取される物である。たとえば、ロードの記録によると、

ダンチヨンには金鉱が多くあり、胡椒や生糸を中国人が購入する。また、（中略）砂糖も多く採れ、彼らはそれを日本へ輸出している。（中略）ダンチヨンにしかない物として、沈香と呼ばれる、大変に香の良い木で、薬としても使用し、それらの木は3種類もあり、（中略）黄金と同じ価格である。（中略）また、ダンチヨンだけしかない物としては、海燕の巣がある。

とある。また、ボルリの記録によると、

クアンナム地域は、肥沃な土地で、果物や肉類、魚が豊富に取れ、また、リム（Lim）と呼ばれる質の良い材木の採取されていることなどが記憶されている。

さらにボルリは、

領土は気候の変化があり、肥沃な土地で、食糧や米、果物、鳥、動物が豊富である。海にはおいしい貝がある。領土は、健康に良い気候で住民はペストという病気を知らない。領土には、たくさんの金鉱や絹糸、奇南があり、他に価値ある産物もある。

と記してあるように、気候や天然資源にも恵まれ、疫病とはまったく無縁の土地であった。また、ここに記された金鉱は、『撫辺雑録』（1776年）によると、「広南所升華府、灘川秋汾皿源、茶奴茶細緒山産黄金」とあり、トゥーボン（秋盆川）の中、上流域で産出される。また、香木の一種である奇南は、「出広南所、平康延慶二府各社山頭、為第一、富安帰仁府為第二」とあり、広南で良質な物が採れることがわかる。

現在でもホイアン市内では、「香木」「沈香」と書かれた大きな看板のある名店が数軒ある。

さらに、19世紀の阮朝（1802～1945年）の地誌である、『大南一統志』には、「広南省で採れる黄金、銅、鉄、絹紗、黒綾、桂、沈糖などの産物が採れる」と産物が記され、この地域は、天然資源などに恵まれていたのである。

この豊富な天然資源や森林の原木が、トゥーボン川の河口部のホイアンを貿易港として発展させた大きな要因になったと思われる。また、17世紀前半にホイアンに滞在したボルリとロードの二人の宣教師は、ホイアンに関する豊かな情報を提供している。ボルリは、その著書の中で、当時存在していた日本人町と中国人町のことを詳細に報告している。

この都市は、フェイフォと呼ばれていて、かなり大きな都市で、二つの都市に分けることができる。それらの町の名は、中国人町と日本人町である。各町はそれぞれ別個の地区で、各々の統治官を置き、別個の慣習にしたがって生活をしている。中国人は、中国人の慣習と法律を持ち、日本人も同様である。

とある。フェイフォ（Faifo）とは、現在のホイアンのことであり、日本町の存在を示す重要な史料である。

また、トーマス・ボウヤーも、同年にホイアンに滞在し、こちらの記録には、鎖国後にわずかに残る日本人家族のことが記述されている。

18世紀になると、1744年にピエール・プロヴァ（Pierre Poivre）がホイアンに滞在し、また、ジョン・コッファ（Jean Koffler）も同地に滞在している。

1765年に南海を漂流し、ホイアンに滞在した日本人漁師の記録である、『南国逗留中見聞之次第』に当時のホイアンの町並みや風俗、産物の様子が記録されている。それによると町並みは、「会安は海口より一里ほど川上の湊にて御座候、家数大概五六百軒、表向は瓦葺塗塀、裏家はかり草葺にて御座候、畳と申は一切これなく候」とある。当時の町並みや住居の様子が書かれている。

そして、そのホイアンには、「若広南則百貨無所不有、諸番邦不及、華府奠盤帰仁廣義平康等府、及芽荘営所出貨物、水陸船馬、威湊集於会安舗、此所南北客多就商販回唐」と記録され、遠くニャチャン（Na Trang 芽荘）からも水陸交通で中部の物産が運ばれて来ている。その物産とは、檳榔、胡椒、蘇木、犀角、燕巣、鹿筋、タイマイ、象牙、氷糖、白糸、奇南香、沈香、肉桂である。また、中国からは、漢方薬、各種の紙、線香、顔料、衣服、硝子、扇子、筆、墨、針、椅子や机、各種銅器、磁器や陶器、茶葉、柑橙、梨などが豊富に運ばれている。

ところが、前章、前々章でも述べたように、諸外国との貿易で繁栄していたホイアンは、広南阮朝が汚職にまみれて衰退を見せ始め、1771年から始まった阮文岳（グェン・ヴァン・ニャク）、阮文呂（ヴァン・ルー）、阮文恵（グェン・ヴァン・フェ）らの三兄弟を指導者とする西山党（Tay Son　タイソン）の乱と、その機に乗じた北部の鄭氏政権の南征によって、壊滅的な敗北を喫した。
1778年にイギリス人のチャプマン（Chapman）がタイソンの乱で荒廃したホイアンを目撃している。

会安に着いて、我々は、その所に整然と区画の上に煉瓦で築いた建物で取り込まれた道路は、舗石を敷き詰めて四通八達していた大きな都市の幾許も立たぬ廃墟しか見当らないのに驚かされた。嗚呼！　これらの建物は外観を残すのみである。

やがて、西山朝が滅び阮朝の時代になると、ホイアンは徐々に復興し、また、貿易港として繁栄を始めている。

小さな軍団だった阮氏

さかのぼること1545年、阮氏の頭領グェン・キム（阮淦）の次男であった阮潢（グェン・ホァン）は、権力掌握をめざした鄭氏の鄭検《チンキエム》によって父と長男を毒殺された。そして権力闘争に勝利して、太師となった鄭検は、鄭阮同盟を反故にし反莫軍の実権をすべて握った。当時、阮潢は、タンホア（清華　現タィンホア）で莫軍と交戦して敗北している。鄭検の不穏な動きを悟っていた阮潢は、身の危険を感じ、不倶戴天の敵と呼ばれた莫氏と手を結ぼうとしたのかもしれない。莫家の地誌では、タィンホアにいた阮潢は、この頃一時、莫朝の傘下に入っていたがすぐに離脱したという。この頃に、今まで謎とされてきた、敵対する莫氏の一部と阮氏との不思議な結びつきが始まったのではないかと思われるのだ。

鄭氏も北部の大河である紅河（Song　Hong　Ha）の南岸で莫軍と対峙して、度々、北進を繰り返していたが莫朝の王都である東京を攻略することが出来なかった。１５５８年、それまでの軍功により、黎朝より端郡公に封ぜられた阮潢は、鄭検から半ば追放されるように都を追われ、阮氏一族を連れて南下し、荒れ果て盗賊が跋扈していたこの地方の治安回復のために中南部に向かった。

　このようなどん底の状態の中でも、阮潢は、表面では鄭氏に従いつつも阮氏再興の夢は棄てていなかった。それどころか、この不運を払拭し、やがて南部の支配権を握り、鄭氏と互角にわたりあうようになるのである。

　１５７０年、鄭主の鄭検が死去し、長男の鄭檜《チンコイ》がその地位を継承するも、すぐに猛将といわれた次男鄭松《チントゥン》がクーデターによりその皇位を奪った。

　その一方、阮氏は、最初ベトナムの北端に位置するクアンチ（現Tinh Quang Tri　北緯17度線の北）で、軍団の基地である愛子営を置き、さらに、茶鉢営、葛営と本拠地を変え、近隣の反抗勢力を征圧し力をつけた。そして海から16㎞離れていて、背後を安南山脈の支脈が囲み、町の中心にフォン川（Song Huong Giang）が流れ、丘に囲まれた風光明媚な土地である順化（トゥアン・ホア　Thuan Hoa　現フェ　Hue）の近郊にようやく入った。その後、福安営、金竜営、博望営と拠点を移転していった。そして遂に、１６９１年に順化に入り、富春営という本格的な拠点を置いたのである。それらの軍営は後年になって、「鎮守府」と呼ばれた。

　やがて、阮氏は広南阮氏と呼称し、新国家は「広南国」（チュア・グェン／Chua Nguyen　１５５８〜１７７７）と呼ばれた。そして、阮潢は、外国船が広南の沖合に交易の為に出没し始めると、急遽、現地を視察し、官道沿いのタインチェム村に屋敷を建てさせ、「鎮土衛門」を築き広南営を置いた。トゥーボン川沿いの湊を整備し、広南鎮守府として発展させ、水軍を配置し、港の整備、貿易の管理、治安などを担当させた。

　その長官として、最初に派遣されたのが息子の阮福源である。

広南阮氏の本拠地の変遷

①愛子営（Ai Con）　1558〜1570　クアンチ省チェウフォン県
②茶鉢営（Tra Bat）　1570〜1600　クアンチ省チェウフォン県
③葛　営（Dinh Cat）　1600〜1626　クアンチ省　チェウフォン県
④福安営（Phuc An）　1600〜1635　トゥアンテイエン（Phuc Yen）＝フェ省クアンディエン県
⑤金龍営（Kim Long）　1635〜1687　トゥアンテイエン＝フェ省フェ市キムロン区
⑥富春営（Phu Xuan）　1687〜1712　トゥアンテイエン＝フェ省フェ市
⑦博望営（Bac Vong）　1712〜1738　トゥアンテイエン＝フェ省クアンディエン県
⑧富春営（Phu Xuan）　1738〜1775　トゥアンテイエン＝フェ省フェ市

※したがって、現在のフェが阮氏の本拠となるのは、17世紀に入ってからのことである。それまでは、広南阮氏は、ベトナム北中部のクアンチ省やクアンビン省内およびフェ近郊を転々としていたのである。

そして、この時期は、北部の莫朝、紅河地帯の鄭氏、南の阮氏が権力をめぐって、激しい興亡を展開した時代だったのである。

阮福源の陵墓

広南阮氏時代の陵墓

陵墓は頭文字が、各阮主に対しては、「長」の称号をつけて、各妃には、「永」で始めている。広南阮氏の国主（阮主）の王と妃嬪の陵墓は、共に「陵」となっている。阮主の陵墓は、阮朝時代に再造営されたもので、それぞれ構造はよく似ている。陵墓は、フォン川沿いの都城の西、あるいは、西南の方角に位置している。それぞれ、長方形の2重の囲壁があり、石と磚、石、木、竹などで建設されている。

阮朝の陵墓群に比べれて、忘れ去られたようにひっそりと存在していたが、２０１７年度の私の訪問時には、ようやく広南阮主たちの陵墓群に対して、本格的な修復が始まった。

・２０１６年、２０１７年における　フェの「広南国阮主の陵墓」探索隊の結果

探索隊員（２０１６年1月）＝沖田英明、グェン・ティ・ハ・ヴィ（ダナン国家外国語大学三年生）、ディソン運転手で、２０１６年1月、ホイアンで事前にチャン・ハン・ガさん（ハノイ国家大學卒業）にグーグルで検索した現地の陵墓群の該当箇所を明示した地図を用意してもらった。注意することは、世界遺産のフェでは、王宮内部や郊外には、阮朝歴代の皇帝の陵墓が数多くあるが、広南阮氏の陵墓を訪れる観光客は皆無であるとい

グェン・ホァンの陵墓

う事実である。したがって、広南阮氏の初期三代の陵墓を参拝した時は、フェの運転手でも、その陵墓の場所をほとんど知らなかったのである。しかも2016年の時は、陵墓自体も手つかずの荒れたままの状態で、入口の門には厳重な鍵がかかっており、内部に入ることさえ出来なかった。

私たちは、フェ市内にある遺跡管理組合の出先機関を訪れて、墓の位置を再確認した。まず、向かったのが、広南国の創始者であり、阮福源の父親である「阮潢」(グェン・ホァン　太祖皇帝)の陵墓である。

①Nguyen Hoang Lang(陵墓)　初代太祖仙王(在位1558～1613年)

陵墓の名称＝長基陵(Truong cong)

陵墓の所在地＝香茶県羅溪社(Huong Tra huyen県 Huong Tho社 La Khe村)

2016年1月末、ホイアンから列車で来た私たち探索隊員は、フェの駅前からタクシーに乗り、フェの京城前を流れる香江(香

グェン・フック・グェンの陵墓

川 Perfume River）沿いの道を西南方向に向かい、仏教寺院（Chua Thien Mu）前を通過し、ミン・マン９（Minh Mang 9）地区に入ると、川は二筋に分かれていたので、左側のアン・ニン地区を目指し、墓は約10㎞行った地点にある香川支流のSong Huong川の左岸附近、川岸から約３００ｍの所にあった。

細い道路の入口には、この陵墓の標識石板が建っている。参道は広くて、煉瓦を敷き詰めてあるが、陵墓の門は固く閉められていた。陵墓はかなり広くて、近年に修復されたような石垣が積まれていた。運転手が左側の塀をよじ登って上部に立ち、写真や陵墓の概要を調べてくれた。

運転手の目測によると、陵墓の広さは約１５０ｍ×約２６０ｍ×約70ｍ位であるとの事だった。なお、２０１７年に近くまで行ったので、この陵墓に寄ると、墓所の入口に白い大きな柱が何本も建っていて、工事人に尋ねると、グェン・ホァン王の親族の陵墓を建設中であると言った。

②Nguyen Phuc Nguyen（グェン・フック・グェン　阮福源）Lang（陵墓）　煕宗　仏王（１６１３～１６３５年）

陵墓の名称＝長衍墓陵（Nhon Qcoc cong）

陵墓の所在地＝香茶県羅溪社（Huong Tra huyen

グェン・フック・グェンの陵墓

県 Huong Tho dien社 La Khe hurong thon村）

運転手は、この陵墓はグェン・ホァンの陵墓の近くにあると言う。だが、正規の川沿いの道は、前日の雨で道がぬかるんでいて通行ができない。ここで車を降りて、山を越す経路を通って行くしかないと言うのである。私たち3人は、カメラなどを手に持ち山越えをすることになった。

最初は、黄色とオレンジが混ざったピーコックフラワーが雑草のように密集している小高い丘をゆっくりと下った。すると、この葉の降り積もった森が現れ、ニッパ椰子や下草が大きく背を傾けている小川にぶつかった。川に近づくと一歩ごとに足が沈み、グェンさんは、沼地のような所で携帯を落としたが、すばやく運転手が回収してくれた。

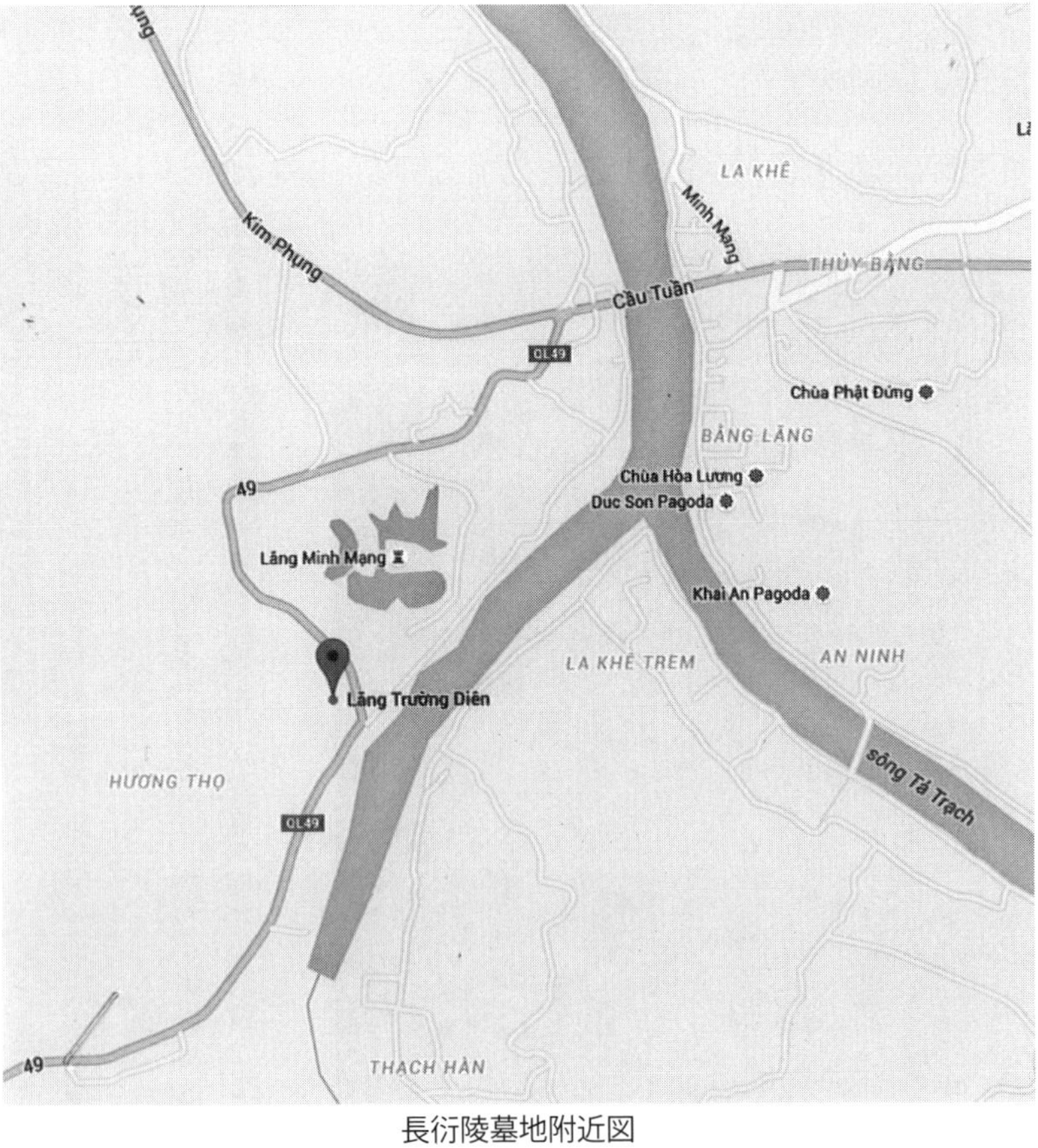

長衍陵墓地附近図

三人は手を取り合い、水の冷たさに歯を食いしばって、泥濘の上に小石を敷いた重い川を渡った。ようやく森を抜けると、鉄条網が張りめぐらされた畑に出た。私が背を丸めても足が引っかかると、二人は力を合わせて引き上げてくれた。いつしか陽は大きく傾き、宵闇が辺りを包み始めている。

こんな場所に、阮福源王の陵墓があるのだろうかと心の中で疑問が生じてきた。すると、遠くに森の中にテリハボクやタキアンなどの数本の高木が聳えている間に石垣があり、その周りには、竹藪が生い茂っているのが見えた。「とうとう阮福源さんのお墓にきたぞ」、私はよろめくようにやせ細った裸木の下の獣道を急いだ。

陵墓は石垣が苔むしていて、全体として手入れをした形跡がなかったが、それなりに荘厳とした空気が漂い、何の音も聞こえず、静寂に包まれた陵墓の門前で、私は、遠く長崎の大音寺にある、荒木宗太郎とアニオーさんの墓を思い浮かべながらそっと手を合わせた。

運転手が、また塀によじ登り墓所の広さなどを報告してくれた。陵墓はかなり大きくて、約１５０ｍ×１５０ｍ位の大きさだとのことだった。遠回りしなければ、グェン・ホァン王の陵墓と同じ道路を進むが、こちらは、フェの宮城から西南に向かい、約６㎞のSong Huonng川の左岸から３００ｍ上った場所に位置していると話してくれた。

③Nguyen Phuc Lan（グェン・フック・ラン　阮福瀾）Lang（陵墓）　神宗仏王（１６３５～１６４８）

陵墓の名称＝長興陵（Truong　Dien）

グェン・フック・ランの陵墓

陵墓の所在地＝香茶県羅溪社（Houngng Tra huyen 県 Huong 社 Hai Cat 村）

グーグルの地図をもとに次に行こうと言った私に、グェンさんと運転手は、口を揃えて言った。「そこには、グェン・フック・ランの陵墓はない。彼の陵墓は、クアンナム省（Tinh Quang Nam）のズィ・スェン県（Duy Xuyen）にあるというのである。

「それは少しおかしいんじゃないのか？　日本での資料では、陵墓の名称や位置までしっかりと書いてあるのだから……。」

だが二人は、フェ市内の遺跡管理事務所の出張所で聞いたのだから間違いないと言った。

「それでは、今から、フェの遺跡管理事務所へ電話をしてみて、確認をしてください」

運転手はすぐさま、電話をかけて聞いた結果は、そこには「グェン・フック・ランの墓はない、彼の墓は、クアンナムのハイズオンにある」とのことだった。

心の底で違和感が生じたが、私はしぶしぶ承知し、三人はフェ駅に戻り、6時発のダナン行きの列車をホームで待つことにした。

2017年6月、フェの陵墓の探索に再度行くことになった。

探索隊員＝沖田英明、カム・ハング（Cam Nhung　ダナン国家外国語大学三年生）、トング運転手。

それは、フェの遺跡管理委員会から、グェン・ホァンの王妃であるグェン・テイの陵墓がフェのハイ・カト村にあるという回答書からだった。

回答書では、「所在地はフェ省フォンチャ県フォントのハイカト村で、現在は、フェ省フォンチャ県フォントのハイカ村（xa Hai Cat, huyen Huong Tra, xa Huong Tho Thien Hue）に在ります」と書かれてあった。

私は、この「ハイ・カト村」に聞き覚えがあった。それは、グェン・フック・ランの陵墓があるという同じ村の名前だったからだ。急遽フェに向かい、駅前で運転手を探し、まず、グェン・フック・ランの陵墓の探索に出発した。

カム・ハングさんと運転手はインターネットに精通していた。フェの京城前を流れる香江（香川　Perfume River）沿いの道を西南方向に向かい、仏教寺院（Chua Thien Mu）前を通過し、ミン・マン9（Minh Mang 9）地区に入ると、川は二筋に分かれていたので、今度は右側の道路を進んで、Huong Tra 地区を進んだ。グーグルでやり取りをしながら、あっという間に11㎞ほど行くと目的地に着いた。グェン・フック・ランの墓は、以前、探索しようとしていた場所にあったのだ。

参道の入口に石板の標識が建っていた。しかし、陵墓を囲む塀は崩れている。私たちが中に入ると、近くの30歳位の農民の男性がやって来た。彼は、この陵墓は修復中であり、自分が責任者だと言った。

私は、ハイ・カト村にグェン・ティ王妃の陵墓があるかどうかをカム・ニュンさんに彼に尋ねるように指示した。

「このハイ・カト村には、グェン・ティ王妃の墓はないと彼は断言した。

私は前回のこともあるので、一応書かれてある彼女の陵墓の所在地まで行くことにした。着いた場所は、黄土色の川沿いの竹藪がうっそうと茂っている森の中だったが、標識となる石板はどこにも無かった。なお、グェン・フック・ランの陵墓の広さは、運転手の目測によると、１００ｍ×１００ｍ位であるという。

なお、フェには、広南国と所縁の深い寺がある。

天姥寺（ティエンムー寺院　Chua Thien Mu〔Thien Mu　Pagoda〕）
所在地＝Kim Long Huong Long Tp Hue（承天府安憑社の山）
天姥寺はフェの京城の郊外で、フォン川に面している古刹である。天姥寺の建立は、広南阮氏の祖であるグェン・ホァン王の時代に始まる。

辛丑四十四年（１６０１）、広南阮氏の仙王であるグェン・ホァンが香江一帯を行幸した時、この平原に突起して、竜が鎌首を回して周囲を徘徊しているような姿の雲を見たという。その前方には、香江が流れ、後方には、平胡が広がり、風光明媚なこの地に感動してしまったようである。

仙王は、地元の長老に、ここはどのような土地であるか？　と問いかけてみると、

「この丘は霊異の土地であり、伝説によると、昔ある人が赤い衣で、緑色の裾の長衣を着た一人の老婆に崩れた寺の参道で出会うと、老婆はいきなり丘の上に座り込み、『やがて、この地にやって来て、この寺を修復するであろう、霊気が集まっているのを感

ティエンムー寺院

じる』と言い終わるやその姿が見えなくなったという。そこで、この山を天姥山と名付けた」のだと話した。その話を感服して聞いていた仙王は、大きな寺を建立し、天姥山と名付けた」

「大南寔録前篇」（巻一太祖嘉裕皇帝寔録、辛丑四十四年六月条）

天姥寺建立以来、幾多の戦いがこの地を襲った。中でも、1771年に起こった西山党の反乱よって、フェも天姥寺も西山党軍に占領され、徹底的に破壊された。その後、西山党を滅ぼし、阮朝を興した嘉隆帝（在位1802～1820）が、荒れ果てた寺を再建している。以後、代々の阮朝皇帝の庇護を受け、ベトナム戦争の戦禍を免れ、現在に至っている名刹である。

広南国の王妃たちのお墓

①グェン・ティ王妃の陵墓

グェン・ティ（Nguyen Thai））阮氏（生歿不詳）

君　主＝仙王（太祖）阮潢（Nguyen Hoang　在位1558～1613）の王妃

出身地＝順化（トゥアン・ホア）の名門、阮氏一族

陵墓名＝永基陵（Truong Dien Lang　阮潢の陵墓地隣接地）

陵墓所在地＝Hue（フェ　Thanh pho Hue　Thua Thien Hue省 Thi Xa Huong Tra県 Hai Cat村 Hai Tra社(フェ市から西方約1・5㎞　ハイカト村）

※2017年6月30日、現地調査を行ったが、発見できなかった。地元の農民たちは、グェン・ティの墓は、ハイカト村にはないという。

②グェン・ティ・ザイ王妃の陵墓

孝文皇后（グェン・ティ・ザイ　Nguyen Thai Giai　阮氏佳（1579～1631　享年52　マグ朝王女時代〔Mac Thai Giai　莫氏佳）

君　主＝孝文皇帝、仏王（熙宗）阮福源（Nguyen Phuoc Nguyen　在位1613～1635）の王妃、王太子時代は阮福阮

出身地＝ハイ・ズオン（Hai Duong）街キン・モン（Kinh Mon）府コー・チャイ（Co Trai）村（海陽郡宣陽県古斎村？）現在ハイ　フォン市（thanh pho Hai Phong）キエン・ズイ県（huyen Kien Thuy）、グド・アン村（thuy xa Ngu Dan）

陵墓名＝廟号・永基陵（Truong Dien Lang）阮福源陵墓の隣接地

（第1）陵墓所在地＝Hue（フェ　Thanh pho Hue）香茶県羅溪社（Huong Tra県 Huong Tho dien社 La Khe huong thon 村）

（第2）陵墓所在地＝クアンナム省（Tinh Quang Nam）ズイスェン県（Huyen Duy Xuyen）チェム・ソン村（xa Chiem Son）

※ホイアンからズイスェン県に向かい、ミーソンという村にある。附近は、ダナンからの高速道路の建設が始まって

いて、頻繁に砂利を積んだトラックが通る。

墓の場所はとてもわかりづらくて、道が農道で車が1台やっと通行できるだけである。さらに、コクフンヒルという谷筋が存在するが、陵墓は平坦な地に存在する。行く途中で、何回も近くの農家や農民たちに場所を確認した。

墓地は寂れているが、墓守をする人が現れたので、グェン・ティ・ザイ（阮氏佳）の話をするがよくわからないようだ。王妃の出身地を尋ねても北の人だというだけで詳細は知らないようだった。近くには、彼女の溺愛した長女であるグェン・フック・ゴク・リェン（Nguyen Phuc Ngoc Lien）さんの陵墓があるというが誰も知らなくて、とうとう辿りつくことができなかった。なお、最初に町のハイズオン市役所を尋ねると親切に王妃たちの陵墓の位置を教えてくれる。

・クアンナム遺跡帝廟群＝グェン・ティ・ザイ王妃の墓（名誉ある栄光の陵墓 Truong Dien Lang）などである。

③ドアン・ティ・ゴク王妃の陵墓

孝義皇后＝ドアン・ティ・ゴク（Doan Thai Ngoc　１６０１〜１６６１　享年61）

ドアン・ティ・ゴク王妃の陵墓

孝義皇帝＝君主・上王（神宗）・阮福瀾（Nguyen Phuoc Lan 在位１６３５〜１６４８）の王妃、グェン・ティ・ザイ王妃の第二子

出身地＝クアンナム省（Tinh Quang Nam）ズイスェン県（Huyen Duy Xuyen）

阮福瀾王との共同墓地

二人の陵墓所在地について＝阮福瀾王とドァン王妃は、フェの永基陵に存在するといわれていたが、フェに到着後、フェの遺跡管理委員会に尋ねると、フェには二人の陵墓は存在しない。彼らの陵墓は、クアンナム省（Tinh Quang Nam）ズイスェン県（Huyen Duy Xuyen）に存在するといわれた。

陵墓名＝クアンナム遺跡帝廟群　グェン・ティ・ザイ王妃の墓（名誉ある栄光の陵墓　Truong Dien Lang）

陵墓所在地＝クアンナム省（Tinh Quang Nam）ズイスェン県（Huyen Duy Xuyen）チェム・ソン村（xa Chiem Son）ズイスェン村（Duy Trinh）

※ホイアンからズイスェン県に向かい、ミーソンという村の途中にある。

附近は、ダナンからの高速道路建設が始まっていて、頻繁に砂利を積んだトラックが通る。墓の場所はわかりやすい。雨が降っていて、道はとてもぬかるんでいた。先のベトナム戦争で戦死した白い塀に囲まれた共同墓地の手前約２００ｍの小さな農道

グエン・ティ・ザイ王妃の陵墓

を左に折れる。コンクリート工場を通り過ぎると大きな陵墓があった。行く途中で、何回も近くの農家や農民たちに場所を確認した。墓地は比較的綺麗に整備されている。墓守りは現れなかった。

名誉ある共同墓地（ドァン貴妃の陵墓）について

ウェブサイト「Lang Vinh Dien」（ヴィンジェンのお墓）より抜萃する。

Tong quan

翻訳者＝Nguyen Thi Havy（グェン・ティ・ハ・ヴィ）
履　歴＝ダナン国家外国語大学在学中　日本語・韓国語・タイ語学部　日本語学科３年生　12CNJO2Class
出身地＝ホイアン・キムボン伝統工芸村

翻訳文＝タンタン奥様（Chua Tam Tang）、ドァン貴妃（Doan Quy Phi）、あるいは、ヒュウチゥウ王妃（Hieu Chieu Hoang Hau）、グェン・フク・ラン（Nguyen Puc Lan）の奥様、ヒュウチゥウ王妃のお墓

概　要＝ドァン・ティ・ゴクのヒュウチゥウのお墓（ドァン貴妃）とも言う。１６０１年に生まれて、新丑年の１６６１年５月17日に死去されました（享年61）。

彼女のお墓は、コクフンヒル（ユィスェン、ユィチン村、チェムソン村）の間に置かれています。このお墓の近くには、グェン・ティ・ザイ（マク・ティ・ザイとも言います）と娘さんのグェン・フク・ジュン（Nguyen

Phuc Ngoc Dung）お姫様のお墓があります。この３人は、生前とても仲が良かったそうです。

あちらは、グェン時代の一番古いお墓の区に在ります。彼女が眠っている栄光の墓の隣には、最愛の夫であるグェン・フク・ラン（阮福瀾）皇帝の墓石も仲睦まじく並んで建てられております（２００５年10月12日付）。

クアンナム遺跡管理委員会は、ベトナム国指定重要遺跡に指定した。

銘版陵墓の名称＝名誉ある栄光の共同墓地

この陵墓は、建立されてから４００年以上経過している。その上、クァンナム省内で存在している一番古い遺跡である。そして、遺跡のある場所は、今後、この地方の有名な観光地になる可能性がある等の理由により、政府公認の遺跡と認定し登録することにする。

歴史的遺跡類類＝甲、乙、丙」

帝廟号数＝436,1 QD，- UB

ドアン・ティ・ゴク王妃の陵墓

グエン・フック・ラン王の陵墓

第九章　莫氏佳（莫氏の王女）

莫朝遺跡管理会社の学芸員キェンさんと偶然に出逢う

２０１７年7月2日、ベトナム北部の重要な港湾都市であるハイフォン市（Hai Phong）のハイフォン駅（Than Pho Hai Phong）に午後4時に到着した私は、ハイフォン駅まで迎えに来て欲しいというメールを前もって発信しておいたのだが、迎えに来ているはずのマク遺跡管理会社学芸員のキェンさんの姿はなく、仕方がないので駅前のホテルに一泊した。

キェンさんと知り合ったのは、不思議な巡りあわせが重なって起こった幸運からである。

２０１６年1月、ベトナムのホイアンに到着し、１週間も経った頃、私は、阮福源の王妃についての探索を続けていた。日本では、阮福源の王妃については、孝文皇后としかわからず、どういう王妃なのか、どうしても、素性や実名が知りたかったのである。

到着以来ずっと「U-Cafe」のスタッフの皆さんにネットなどでの検索をお願いをしていたが、王妃の実像はまったくわからなかった。ところが20日になって、「U-Cafe」オー

ハイフォン市街地

ナーの臼田さんが、阮福源の王妃や彼女の両親の名前を乗せているブログを見つけてくれた。

そのブログは、ベトナム、ダナン在住の日本人が運営してい てる「DaNang お天気 Blog」で、ベトナムの中部ダナン市より毎日、お天気と身近な情報を日本に届けていた。

その中でホイアンの情報として、グェン時代のことが紹介されていて、阮福源の王妃のことが記載されていた。


グェン・フック・グェンの王妃は孝文皇后で、王妃はマク（莫）の王女であったマク・ティ・ザイ（Mac Thai Giai／莫氏佳）で、父親の名前は、マク・キン・ヂェン（Mac Kinh Dien ?～1580）さんで、母親の名前は、マク・カィン・フォン（Mac Can Houng 1542～?）さんである。


と書かれていた。ようやく阮福源の王妃の実像に近づいてきたぞ。勢い込んだ私は、今度は、マク・ティ・ザイ王女についてのネット検索をスタッフに頼んだ。

日本に帰国後、ハノイのチャン・ハンガ（Tran Hang Nga）さんが、遂にマク・ティ・ザイ王女の詳細が書かれているブログ「mactrieu.vn」や「マク時代」の本を見つけ出してくれた。著者は、Dinh : Nguyen Phuoc Tuong（ディン・グェン・フック・トゥン先生）と書かれていた。

私はメールで、このブログの本文の翻訳とこのブログを運営している責任者のメールの宛先に、私の名前で、日本語で照会の手紙を出すようにグェンさんに指示をした。

ところが、1カ月を経過しても、グェンさんからは、何の連絡もなかったのだ。私は焦って、ダメモトで、この責任者のメールの宛先に日本語で書いた照会状を送った。なぜなら、このメールの宛先であるハイフォン市には日本の企業が何社も進出して活躍しているという記事を新聞で読んでいたからである。

そんな甘い考えで本当に連絡がつくのか、私は内心途方にくれていた。ところが、すぐに日本語で返信メールが送られてきたのだ。送信者は、マク遺跡管理会社の学芸員であるキェンさんだった。

彼は日本文化が好きで、町の日本語教室に通っていると言う。この広いベトナム国の中で、日本語を学ぶ青年と偶然に知り合うなんて、私は何と幸運なのだろうか。私はひとしきり、感涙にむせんだ。

それ以来、約1年間にわたって莫族のことやマク・ティ・ザイ王女のことに関して、彼とメールのやり取りを続けてきたのである。

しかし、私がホイアンに到着後、メールでキェンさん宛てに、2017年7月1日午前4時、ハノイ発ハイフォン行き列車で午後1時までには、必ずハイフォン駅に到着するので、改札口で待っていてくれるように再度確認のメールを打っておいたのだが、改札口にはキェンさんの姿はなかった。

しばらく待っても彼は現れなかった。そして、ケータイも通じないので、仕方なしにハイフォン市内を荷物を抱えてブラブラ歩いていると、マイリンタクシーの運転手が声を掛けてくれた。彼の案内で駅から3分の格安ホテルに行き、チェックインの手続き

ダオ・キエンさん

を無事に終えた。

運転手は運転免許証を私に見せて、「自分はマク族の末裔である」と言ったので、そのままタクシーを待たせておいて、すぐに運転手に莫朝の遺跡を案内してもらった。彼によると、ハイフォンには、マク一族の遺跡が数多くあるので、キェンさんがどこに所属しているかは、まったくわからないという。

そして、10時頃、キェンズイ県（huyen Kien Thuy）の莫朝遺跡を運転手のたどたどしい日本語通訳で廻っていた時である。お布施をする用紙に私の名前を書いていた時、隣で詳しい説明をしていた青年男性が、突然声をあげた。

「あなたは、オキタヒデアキさんですか？　私、キェンです」と日本語で言った。

お互いが写真でしか見ていなかったので、彼も私も想像以上に若く見えてしまったのである。細面の華奢な身体で、遺跡の紹介をする時の彼は、真面目そのもので、とても礼儀正しかったので好印象を持っていた。

彼は、遺跡管理会社を休むと給料が貰えないので、今日の夕方、前に連絡したホテルへ行くつもりだったと話してくれた。私はそのことを聞くと、文句を言う気持ちも失せてしまい、内心、不安と恐れに揺れ動いていた心がいっぺんに、平静さを取り戻し、彼に頭をさげるばかりであった。

莫朝（マク朝　Nha Mac）

「マク遺跡管理会社教本」

ドンキン時代（Dong Kinh／１５２７～１６９２）
カオバン時代（Cao Bang／１５９２～１６７７）

ドンキン時代の歴代皇帝

1、「太祖」（莫登庸　マク・ダン・ズン／Thai To Mac Dung　1527〜1529）
2、「太宗」（莫登瀛　マク・ダン・ドァン／Thai Tong Mac Dang Doanh　1530〜1540）
3、「憲宗」（莫福海　マク・フック・ハイ／Hien Tong Mac Phuc Hai　1541〜1546）
4、「宣宗」（福　源　マク・フック・グェン／Tuyen Tong Mac Phuc Nguyen　1546〜1561）
5、「英祖」（莫茂洽　ムク・トン・マク・マウ・ホップ／Muc Tong Mac Phuc Mau Hop　1562〜1592）

1428年、明との10年に及ぶ戦争に勝利した黎利《レロイ》（1385〜1433年〔Le Loi〕）は、明の支配から自立し大越国（ベトナム）を建国し、15世紀後半から繁栄を続けてきた黎朝も、後期黎朝の時代である16世紀に入ると、短命の国王が続いたこともあり、次第に王権は腐敗し弱体化して国力も急速に衰えていった。

そして、1505年に即位した威穆帝の暴虐ぶりはあまりにもひどかった。当時、大越国を訪れていた明の特使である許天錫から鬼畜王と比喩されたほどであった。

1509年、遂に従弟の黎晭を中心としたクーデターが勃発し、黎晭が襄翼帝として即位した。だが、この新皇帝である襄翼帝は、即位するやいなややたら享楽に耽り、社会は極度の無秩序状態となり、腐敗した政権はますます不安定な混乱状態となっていた。

そして、国内に大きな反乱が起こると、1516年、この皇帝は殺害されて新皇帝として神皇帝（昭宗　黎椅　Le Y Chieu Tong　在位1516〜1522）が即位した。

だが、この時期になると、朝廷内では力を持った権臣が私兵の軍を横行させ、恣意活動が活発化した。朝廷内の権力闘争が顕著となり、またもや各地で内乱が勃発するようになった。こうした不穏な情勢を平定するために、前期黎朝第11代皇帝の黎昭宗は、軍の力士（親衛隊隊長）という要職に就いていた権臣のマク・ダン・ズン（Mac Dang Dung　莫登庸）に、内乱平定のため朝廷軍の指揮を任せた。

これらの内乱を素早く鎮圧したマク・ダン・ズンは、腐敗した黎朝に不満を持ち、新しい政治をめざすという大義名分を掲げて政権打倒に立ち上がっていった。

そして、日増しにマク氏の専横が強まると、身に危険を察知した昭宗帝は、富春（フースアン　現フェ）の宮城（Dong Kinh）を脱出して、黎朝皇帝の黎利（黎朝建国の祖レ・ロイ　Le Loi）の出身地である西京（現タインホア省清化　Tinh Thanh Hoa）の鄭綏のもとに身を寄せた。

マク・ダン・ズンは、すぐさま昭宗の捕縛を命じ追跡の軍勢を差し向けたが、鄭軍の反抗に合い双方の間で交戦状態が続いた。その間に、マク・ダン・ズンは、昭宗帝の弟を恭王（レ・スアン　黎椿　Le Xuan　在位1522〜1527）と呼称し、次期皇帝として即位させた。

そして、鄭軍を撃破したマク・ダン・ズンは、1525年、昭宗を捕縛し都城に軟禁した。1527年、彼は軟禁していた昭宗を殺害する

キェンズイ城址の葬祭殿

と、恭皇に皇位の禅譲を迫り、遂に黎朝は滅亡したのである。

では、マク・ダン・ズンという人物の素性を解明する。

彼は、莫登庸（ばくとうよう　マク・トウ・ヨウ Mo Deng Yong Mac Dang Dung）などと呼ばれている。彼の誕生月は不明であるが、生まれた場所は辺鄙な土地と呼ばれていた東道のハイズオン（海陽　現ハイズオン省）の宣陽県古斎《コーチャイ》の出身といわれている。ただし、この当時のハイズオンの領域は、かなり広範囲に及んでいて、ハイフォン（現ハイフォン省　Thanh pho Hai Phong）やタンビン（現タイビン省　Tinh Thai Binh）が含まれていた。したがって、後述するマク・ティ・ザイ王女は、現在のハイフォンで生まれたことになる。

マク・ダン・ズンの父は、13世紀に大越（ベトナム）に建国された陳朝（Nha Tran　1225~1400）の著名な外交官であったマク・ディー（ディン）・チー（莫挺之）」の7世の子孫である。彼は力士という朝廷の護衛隊長に任官されてから、大部隊の指揮官となり、朝廷内で絶大なる力を持つ大臣となって出世している。

マク・ダン・ズンは、第2代皇帝に擁立した恭皇帝から皇位を強制的に禅譲させ簒奪したといわれているが、マク一

キエンズイの莫朝史碑

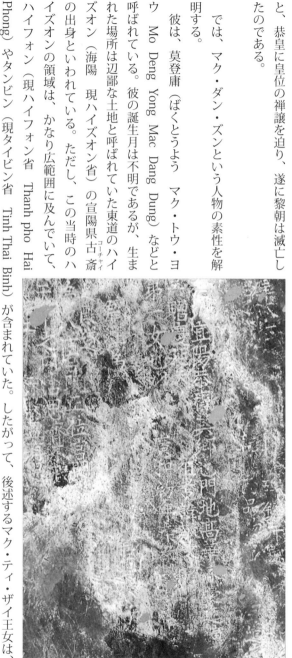

族の人々は、簒奪したのではない、腐敗し壊滅寸前の黎朝から納得ずくで皇位を引き継いで、新王朝を誕生させたのだと主張している。だから、彼は莫朝を興した後には善政を施したという。

そして、マク・ダン・ズンは、いち早く中国に臣下の礼を取り、戦乱に怯えた民衆の動揺を抑えるために、次のような新しい政策を実施した。

①黎朝の年号でなく、明徳を始めとする莫朝の新しい年号を採用する。
②田制度や兵制度を新たに制定し、村民の定着を図る。
③黎朝時代の厳しい法令を、柔軟な方向へと整備しなおす。
④新しい貨幣を鋳造し、経済を流通させる。
⑤大国の明に入貢することで、人民の信頼と国内の反対勢力を抑える効果をねらった。

彼の在位期間は、意外と短期間で、明徳の１５２７年～１５２９年の約2年間である。１５３０年、莫登庸は明の第12代嘉靖帝（世宗　１５２１～１５６６年）から安南都統使を拝命した。

2代目には、マク・ダン・ズンの息子のマク・ダン・ドァンが即位する。莫朝はいよいよ最盛期を迎えるのであるが、その一方で、黎朝の復興を掲げる黎朝の旧臣たちが、グェン・ティ（阮氏）のグェン・キム（阮淦　１４６８～１５４５）を頭領として反抗勢力を纏めていった。

その勢力の中に加わっていたのが、チン・ティ（鄭氏）一族の将軍である鄭検（チン・キェム　１５０３～１５７０）である。

彼は、グェン・キムの娘のグェン・テイ・ゴック・バオ（阮氏玉宝）を妻に迎えていた。そして、ここに莫氏対鄭氏、莫氏対鄭氏黎氏連合、莫氏対鄭氏阮氏連合、阮氏と莫氏の一部協力勢力対鄭氏、及びチャンパ族などがかかわり複雑な戦いの構図が変遷し、権力をめぐる血みどろのベトナムの戦国時代が始まったのである。

さて、マク・ダン・ズンの死亡日は、1541年8月22日だが、その死亡日にあわせて、ハイフォンのマク遺跡（運営遺跡管理会社＝ハイフォン人民遺跡管理委員会）のある広大な庭園において、2017年陰暦の8月20日～22日まで「莫登庸475周年記念祭」が開催された。

このお祭りには、毎年、ベトナム各地に住む莫（マク）族たちが一万人くらい集まって来るが、中国の廣西省や広東省からもこの祭典にやって来る。中国には莫族が多くいるが、2013年広州市において、「世界マク族大会」が開催された。この大会には、世界から莫族の代表が二百人以上が集合し、盛大な大会が行われた。

ベトナムに於いてマク族の誇りとする人物は、マク・ディ・チー（莫挺之）である。陳朝の時代の1304年に、科挙の試験を首席で合格した。その後、陳朝の外交官となり、中国の元に派遣された時、恵宗宣仁普孝皇帝（在位1333～1368）がマク・

マク・ダン・ズン記念祭

ディー・チーが賢さで有名だったので、難しい漢詩の問題を出したところ、いとも簡単に回答をしたことで、皇帝はとても感心されたということが中国史のなかで語られている。

陳朝では、王族の陳氏だけでなく、文人や外交官、学者も詩文を著し、マク・ディ・チーは、漢詩の優れた書き手として現在まで伝わっている。

死亡日は、１３４６年2月10日。廟堂はハイズオン市にあり、毎年、旧暦の2月10日にハイズオンの廟堂の前で、賢人莫挺之を偲ぶ盛大なお祭りが行われている。

なお、陳朝の王族である陳氏の祖先は、中国沿海地方の福建、桂林からの移民であり、一族は漁業と海運業を営んでいたといわれている。渡来してからの彼らの居住地は、ナムディン（現ナムディン省）とタイビン（現タイビン省）一帯を根拠地としていた。また、中国の莫（ばく）の姓は、中国県圏の姓の一つ、百家姓の一つで、１６８番目にあたるという。

２００７年、公安部の統計局によると、中華人民共和国で97番目に多い姓であるという。祖先は、「魏書」によると、北部の鮮卑の莫那婁氏が莫氏に改めたと書かれており、廣西省広西チワン族自治区では、13番目に多い姓で、その人口は１０３万以上であるといわれている。

なおベトナムでは、莫（マク mac または、マック mach）という姓のひとつである。

・莫族の出身の二人の人物
・莫登庸（マク・ダン・ズン）＝莫朝の初代皇帝。
・孝文皇后（莫氏佳）広南国の阮福源の皇后。

マク・ティ・ザイ（莫氏佳）王女

mactrieu.vn（マク時代）
HOANG HAU MAC THI GIAI（マク・ティ・ザイ〔莫氏佳〕王女）
Dinh Nguyen Phuoc Tuong（ディン・グェン・フック・トゥング）

インターネット検索者
経済学士　Tran Hang Nga（チャン・ハンガ）ハノイ出身、ハノイ国家大学経済学部卒、ハノイ英語学校経営
翻訳者　NGUYEN THI HA VY（グェン・ティ・ハ・ヴィ）ダナン国家外国語大学タイ語学部日本語学科　12CNJ02クラス（3年生）（2018年6月卒業）、ホイアンキムボン工芸村出身
監修　DAO VAN KHIEN（ダオ・ヴァン・キェン）ハイフォン出身、マク遺跡管理会社学芸員（ハノイ私立大学日本文化部卒）

翻訳文　マク・ティ・ザイ（Mac Thi Giai　莫氏佳　1578～1630年）

マク朝史　マク遺跡管理教本

チャン・ハンガさん

王女は、キェン・トゥイ県（Huyen Kien Thuy）グ・ドアン社（Xa Nau Doan／五端社）の郊外にある現在のハイ・フォン（Hai Phing）市に生まれました。

顔立ちが、マク・ダン・ズンの奥様であるブティ・ノック・トア（Vu Thi Ngoc Toan）伯母さまに良く似ていたので、彼女は、マク・ティ・ザイ王女を自分の屋敷のあるファット・ラム・ソン寺（Cuua Lam Son Phat／旧天福寺 Thien Phuc Tu 今のヤン寺 Chua Gian）に連れて帰りました。

彼女は、ご幼少の頃からこの寺で英才教育を受け、恵まれた環境の中で伯母様と一緒に住んでいました。住所は、Tra Phuong Kien Thuy Hai Phuong／ハイフォン市キエン・ズイ県です。

ちなみに、このファット・ラム・ソン寺からマク・ティ・ザイ王女様の生誕地までは、ここから北東に約２００ｍほどしか離れておりません。この近くには、当時、黎朝の有力名武官であったマク・ダン・ズンの生誕地にマク（Mac／莫）氏の最初の都であるズイキン（ドンキン Duong Kinh）が建てられていましたが、現在は、その一部が修復され遺跡となっており、マク遺跡管理会社が保存工事などを手掛けている。

祭祀殿のブティ・ノック・トアの像

当時から、この地区一帯がマク・ティ・ザイ王女様の故郷であるといわれていま す。そして、何と近くには、マク・ダン・ズンの王妃であるブティ・ノック・トア様の末裔の人々が今でも住んでいます。そのお方たちは、ブティ家第17代当主のVu Kong Doann（ブイ・コン・ディン）さんや、15代目でこの地区の社長をしておられるHoang va Ke（ホァン・ヴァ・キィ）さんたちです。

１５００年時代は、この地域は東道と呼ばれた辺境地帯の海陽郡宣陽県（ハイ・ズオン　海陽県）のコー・チャイ村（古斎村）でございましたが、現在では、１９９５年にベトナムの地方行政区画が変更されて、この地域はハイフォン市（Thanh pho Hai Phong）に編入されていますが、当時の宣陽県は、広範な領域を保持していた。

なおコー・チャイ村は、キェン・ズイ県コー・チャイ（Cotrai）村として現在でも存続していて、莫朝時代の古い建造物群などが点在している。しかも、マク・ダン・ズンの末裔の方たちが、今でもその遺跡を大切に守っている。そのお方たちは、マク（莫）氏第15代目当主のマク・ニュー・チル（Mac Nhu Truc）さんや県の出納社の社長をしていたマク・ニュー・テェット（Mac Nhu Thiet）さんたちで、彼らがマク一族を纏めて、マク・ダン・ズン生誕祭などを執り行っている。

マク・ティ・ザイ王女様は、マク朝（Nam Mac　莫朝　１５２７〜１６７７年）の時代、そして、南北朝（南北朝時代　Nam trieu Ba trieu　１５３３〜１５９２年）、およびチン・グェン（鄭阮）紛争（Trinh Nguyen phan tranh　１６２７〜

マク・ティ・ザイ王女の故郷

右がプティ家第17代当主の
プティ・コン・ランディォンさん

１６７３年）の活中にいた３人の有名な歴史上の偉人たちと深い絆で結ばれて、戦国の世に翻弄されながらも、逞しく生き抜き、数奇な運命を辿りました。

　彼女の一生を紐解くと、まず、縁のある人物の先頭にあげるのは、マク・キン・ヂェン（Mac Kinh Dien　莫敬典　？～１５８０年）さん、次にあげるのは、マク・カィン・フォン（Mac Canh Houng　１５４２～１６７７）さん、最後にあげるのは、グェン・フク・グェン（Nguyen Phuc Nguyen　阮福源　１５６３～１６３５）さんたちです。

　マク・キン・ヂェンさんは、マク・ティ・ザイ王女の父親で、マク朝を創立した初代の王様であるマク・ダン・ズン（Mac Dang Dung　太祖　莫登庸　Mo Deng Yong　１４８３（？）～１５４１年）から、１６３０年に帝位を譲受されて、その後の、マク朝を最盛期にまで押し上げた人物といわれるダイチン・マク・ダン・ドァン（Dai Chinh Mac Danh Doanh

ファット・ラム・ソン寺

右がマク家第 15 代当主のマク・ユー・チルさん

太宗　？～1540年）王様の第2子です。また、後にマク朝第3代王様になる、クァン・ホア・マク・フク・ハイ（Quang Ha Mac Phuc Hai　憲宗　1541～1546年）の実弟でもあり、トン・ビン・タイ・フオッ／マク・フォン（Thong Binh Thai Pho Mac Huong）の実兄でもあった。

ここで、特に強調したいことは、当時、マク軍の猛将と称賛されていたマク・キン・ヂェンさんは、マク・テイ・ザイ王女の父親であったことなのです。このように、マク・テイ・ザイ王女は、マク朝直系の王族の娘として生まれた。なお、彼女の母親の名前は不詳です。マク朝は、チン（鄭）氏に討幕されるまで、125年間の短期王朝だったことと、その後のチン（鄭）軍の徹底的な弾圧により、マク一族の貴重な資料が消失してしまったことが原因の一つなのです。

マク・キン・ヂェン将軍は、自らマク軍を率いて何度もチン軍と交戦しましたが、幸運にも、あの強敵のチン軍に殺害されないで生存していました。しかし、マク朝5代目のムク・トン・マク・マウ・ホップ（Muc Tong Mac Mau Hop　1578～1585年）王の時代である1580年1月、マク軍の前線で指揮していて、チン軍との激戦中に、とうとう戦死されてしまいました。

マク・キン・ヂェンさんは、性格が穏やかで、頭脳明晰、その上、武勇の誉が高く、とても勇猛な人であると民衆から熱狂的に称えられておりました。

彼は、マク・マウ・ホップ王の叔父さんで、朝廷では、内務大臣と防衛大臣を兼務していて、トン・ソァイ・チュン・ヅァイ（現在の総理大臣）という、重要な職務に就いて、お国のために全力を尽くし、およそ20年間も政権を支えていました。

マク・マウ・ホップ王様は、彼のこれまでの偉業を褒め称えて、彼に最高の栄誉である謙大王という称号を与えました。彼は、朝廷内で働く官僚たちにも丁寧な態度で応対し、マク軍の軍人たちにも冷静な指示を出して、職務には厳しい態度で接していました。それに、今までのとても困難な国政の難局に対しても、敢然と立ち向かってきたのに、彼は驕ることなく、マク・マウ・ホップ王様に対しては、あくまでも忠誠を誓い、忠実な臣下として振る舞って参りました。

王様は、その時のチン（鄭）軍の侵攻などの重要な国政の諸問題は、すべて彼に依存していたのです（チン氏 鄭氏 Trinh - thi とは、ベトナムの後期黎朝時代（Nha Le trung hung 1533〜1789）。前期に、鄭氏の鄭主（Chua Trinh チュワ・チン）であるチン トゥン（鄭松）がダンゴーアイ（Dang Noai 現在の北部ベトナム）に興した政権（1600〜1787）で、王都は東京（ドンキン Dong Kinh 現在のベトナムの首都であるハノイ Thanh po Ha Noi で当時は、マク朝がここを王都して政権を維持していた）。したがって、チン軍はマク朝の王都に、たびたび総攻撃をかけてきて、マク軍と激戦を繰り返していたが、当初はチン軍を常に撃退したマク軍がまだ優勢を保っていたのでございます。

1542年に、衰退した後黎朝を倒しマク朝を開いたマク・ダン・ズン王（在位1527〜29）が突然に死亡しました。そして、彼の孫のマク・ダン・ドアンが王位に就いて、叛乱軍である鄭氏の軍との戦闘の指揮をマク・キン・チェン将軍に任せました。

チン（鄭）氏を詳しく述べますと、ベトナムの後黎朝時代（Nha Le trung hung）後黎朝大越の旧権臣の一族であった鄭主（Chua Trinh 1545〜1787）は、名目上の黎朝の皇帝を奉じたまま政治の実権を握った鄭氏一族（東京鄭氏 Dong Kinh Trinh - thi ）のことです。

初代の鄭主は、専横的に振る舞ったチン・キェム（鄭検 Trinh Kiem 1503〜1570）で、彼が死亡すると長男のチン・コイ（鄭檜）が鄭主となりましたが、マク軍との戦いで敗北を重ね、また、彼の統治による悪政により鄭氏はかなり弱体化しました。そして、この機を捕えてクーデターを起こしたのは、あの悪名高い次男のチン・トゥン（鄭松　１５５０〜１６２３）で、チン・コイを追放して鄭氏第三代の鄭主の地位に就きました。

１５７２年、勢いに乗ったチン・トゥンは、チンの軍陣頭を指揮してマク氏の王都である東京《トンキン》（現在ベトナムの首都ハノイ　Thanh pho Ha Noi）を総攻撃して攻略し、マク軍は一時城を捨てて敗走しました。だが、翌年の１５７３年、マク・キン・ヂェン将軍の指揮がするマク軍の精鋭部隊は総力を挙げて東京を攻撃し奪回しました。

以後、鄭氏とマク氏は、各地の戦線で小競り合いを続けていました。

マク・キン・ヂェンさんの死亡時について仔細に述べると、１５８０年、彼は、チン軍との激戦中に敵弾に斃れて、戦場で名誉の戦死をしました。

その悲報を聞いた民衆は、大いに悲しみ、慟哭の響きは巷に渦まき、彼らはその死を悼み、山中から集めてきた花で町の通りを埋め尽くして、長い喪に服したのです。

彼には、９人の息子と2人の娘がおりました。そして、マク・キン・ヂェンさんの故郷は、東道（ドン・ダム Dong Dam）のハイ・ズオン（Hai Duong）街、キン・モン（Kinh Mon）府、コー・チャイ（Co Trai）村（海陽郡宣陽県古斎村）、現在のハイ・フォン市（thanh pho Hai Phong）、キェン・ズイ県（huyen Kien Thuy）、グド・アン村（thuy xa Ngu Dan）です。

マク・キン・ヂェンさんがお亡くなりになった時、マク・ティ・ザイ王女は、まだ2歳になったばかりでした。「ダイ・ナン・リェット・チュエン・ティエン・ビエン」という史書、および「グェン・フク（フオック・フック）」家系図によると、マク・ティ・ザイ王女は、マク家の長女ではなく、次女だったようです。

マク・キン・ヂェン将軍が戦死なされてから、チン（鄭）軍は、ようやく、戦場でマク軍に勝てるようになったのです（つまり、マク軍が優勢だった戦いは、謙大王様が戦死なされてから急に負け戦が続き、形勢が逆転し、マク朝の衰退が一気に加速されたのです）。

そして遂に、1592年、勢いづいたチン軍は、マク氏の王都であるドンキンを包囲し、総攻撃を開始すると、王都は陥落し、マク朝はついにここで事実上消滅しました。

なお、この王都落城時の状況を述べますと、王都陥落と同時にマク朝第5代の王様であった、マク・マウ・ホップさんは、他の莫朝高級官僚と共に鄭軍に捕縛されて、彼は見せしめのために、両目をえぐられ、身体中を切り刻まれ、遺骸は王城の北門に数日間晒されたといわれています。

また、かろうじて生き残ったマク軍の残党は、グェン・ビン・キェン官吏の勧めにより、中国国境近くのカオバン(現在カオバン省　Tinh Cao Ban)山地に逃げ込み、混乱の中ですぐにマク・トァン(Mac Toan)を王位に就かせ、1592年から1593年まではマク・キン・チィ(Mac Kinh Chi)が王位を継承し、以後、中国の明〜清の保護のもと次々と王をたて、1677年まで、地方政権として存続しました。

マク軍に勝利したチン・トゥン(鄭松)王様は、マク族への憎しみのあまり、各地に残っているすべてのマク系の人たちを探し出して、皆殺しにするように、各部隊の兵士たちに命令しました。

この通達は、レー(黎　Le)後期黎朝の王様(毅皇帝　レー・ズイ・ダム　Le Duy Dam)とチン王様の虐殺命令だったので、マク系の大部分の人たちは、恐れおののき慌てふためいて、すぐさま故郷のコー・チャイ村を離れ、全国各地に逃亡を始めました。

当時、マク系の人々は、主に、マク(莫)という名字を使用していましたが、そのままでは危険なので、すぐに、ゴ(呉)という名字に変更致しました。また、ハー・ティン市に住んでいたマク系の一つの部落は、(ここの人たちは、ほとんどがマク〔莫〕という名字だったのですが)素早く、全員がホアン(潢)という名字に変ええました。なお、他の名字に変更した例としては、「パン・版」や「タイ族の泰」の名字を使った例もありました。

ハイ・ズオンのコー・チャイ(古斎)村にあるマク(莫)家およびゴ(呉)家の所有する家系図によると、マク家系の一部の人たちは、クァン・ビン（現在クァン・ビン省　Tinh　Quang　Binh）、クァンチ県（huyen Quang　Tri）、ヒェン・ルオン郡（Quan Hien Luong）、ミン・リン村落（市社　Thi xa Minh Luong）、ミン・ルオン坊（Phuong xa Minh Luong）地区にある、クア・トゥン村（xa　Cua Tung）にまで逃亡し、そこに自分たちの村を造ったということです。

村民たちは、その場所で故郷を大いに懐かしんで、ミン・ルオン坊にできた新しい村の名を母コー・チャイ村（母古斎村）と呼び、さらに、近くにあった村々の名をダイ・フォン・コー・チャイ村（大穏古斎村）、コーチャイ・ダイ・フォン村（古斎大穏村）と、次々と名付けていったそうです。

１５４６～１５５６年代のマク・フク・グェン（莫朝第4代君主莫福源）王様の時代を研究している、歴史学者のズオン・ヴァン・アン（Duong　Van　An）先生は、「コー・チャイ村は、マク・フク・グェンの時代（１５４１～１５４６年）から、海産物の取引で名高く、村は潤い大いに繁栄していた」と村の地誌に書かれてあったと記録しております。そのことは、コー・チャイ村が既に16世紀には、チェウ・フォン府のミン・リン郡ミン・ルオン地区に既に存在していたということです。

チャン家（Cham pa王国）の時代（１９２～１８３０年）である１３０７年、それまでチャンパ国の領土であったチャウ・オとチャウ・リの二つの地域が大越（ダイ・ベト　１０５４～１８０４　ベトナムの正式な国号）の新領土となりました。10世紀になると、ベトナムの北部にある紅河地方（紅河デルタ　Dong bang song Hong）流域に住むベト族が大越国を興すと、チャンパは都である南中部のアマラー・ヴァティ州（現在クァン・ナム省　Tinh　Quang Nam　ダナン市　Thanh pho Da Nang）を放棄して、南部に下り活路を見いだしました。

前述したマク・カィン・フォンさんは、マク・ティ・ザイ王女の叔父です。彼は、広南阮氏の頭領（阮主）であったグェン・ホァン（Nguyen Hoang　阮潢　１５２５～１６１３）の有能で強力な支援者でした。当時、グェン・ホァンさんは、阮氏一族からドァン・クァン・コン・グェン・ホァン（偉大なグェン・ホァン公）と称賛されていました。

１５５８年、ホァン阮主は、初めてレー王様（後期黎朝の毅皇帝）に謁見し、トゥ・アン・ホア（Thuan Hoa 順化　現在フェ省　Thanh pho Hue）地方の守備に就きたいと陳情して、その請願が皇帝から許可されて端郡公に封じられました。その守備隊長となって南に下る時、マク・カイン・フォンさんは16歳になっていましたが、まだ、結婚はしていなかったといわれています。

マク家系の資料や作者Nguyen Phuoc Tuongが推考したところによると、彼が、１５５８年にグェン・ホァン阮主と一緒に順化に行ったと伝えられてきた話は、ほとんど無理だと思われます。

そして、グェン・ホァンが総軍師となって、ナン・ディン市のダイアン地区に拠点を築いて不法に占拠していたファン・ガンやブイ・ヴァン・ケーの二人頭領が率いる盗賊の一味を鎮圧し、この地方一帯の治安を回復して、１６００年に順化に2回目のご帰還をなされた時にも、マク・カイン・フォンさんが同行していたという話は、年齢や時間的な経緯などの問題を考慮すると、これもまた無理があるとのことです。

クァン・チ省（Tinh Quang Tri）ズイ・スェン県（huyen Duy Xuyen）ズイ・ソン部落（xa Duy Son）チャー・キェウ地区（lang Tra Kieu）にある集落は（西山党の乱〔西山朝　タイ・ソン朝　Nha Tay Son〕の時）西山軍の殺戮や破壊を恐れ、村の名をグェン・チュオン〔Nguyen Truong〕に変更している。

ベトナムのタイソンの乱

西山（タイ・ソン）地域とは、（現在ビン・ディン省　Tinh Binh Dinh）タイ・ソン県（huyen Tay Son）です。

1778年にタイ・ソンを根拠地としていた阮3兄弟による反乱が勃発した場所で、タイソン党の乱は、およそ2年で全国に広まりました。（1774年、それを好機とみた鄭主の「鄭《チン》森《シャム》 1739～1782」は、100年間の休戦を破り、広南国に侵入したため、1777年、西山党と鄭軍に追われた広南阮氏は、12歳の阮《グエン》福《フク》淳《ツアン》当主らは、タイランド湾に浮かぶフーコック島（富国島 Dao Phu Quoc）に逃げ延びましたが、わずか12歳のグェン・フク・アィン（Nguyen Phuc Anh 1802～1819・阮福暎）を除き一族は皆処刑されてしまいました。

さらに、西山朝は1782年、北に進軍して鄭軍を破り、新しい指導者となっていた鄭《チン》楷《カン》は、農民軍に囚われて自殺しました。

その後、グェン・フク・アィン様は、タイのチャクリ朝ラーマI世の保護のもと軍事的な支援を受けて、1802年、西山朝軍を破りハノイに入城し、阮朝（Nha Nguyen）を興しました。そして、西山朝（1788～1802）は短期政権で完全に消滅したのです。

このクアン・チ省のズイ・スェン県にある部落が保存していたマク家系図によると、マク・カィン・フォンさんは、1558年に順化に拠って、阮氏の勢力を固めたグェン・ホァン王を応援することを既に誓っていたと伝えられています。

また、北部でチン（鄭）氏がマク（莫）軍との戦闘で苦戦している間に、阮潢王は着々と領土を拡げていて、いずれ、北の鄭氏とぶつかることも予測していました。

マク・カィン・フォンさんは、グェン家を支援するために、1568年、家族を引き連れて、トゥ・アン・ホア（順化）の軍団の基地である営に滞在していたグェン・ホァン王のもとに馳せ参じました。なぜならば、彼は、グェン・ホァン阮主と以前から義兄弟の契りを結んでいたからで、彼の奥様は、何とグェン・ホァン様の妹であるグェン・ティ・ゴク・ズォン（Nguyen Thi Ngoc Duong・阮氏玉陽）様だったのです。

また、マク・カィン・フォンさんは、マク・ティ・ザイ王女の叔父さんでしたが、グェン・ティ・ズォンさんも、グェン・フク・グェン（阮福阮）王子の伯母さんでした。

ですから、1600年に、グェン　ホァン王様（私たちは既にホァン様をこのように呼んでおりました）が、トゥ・アン・ホア（順化・フェ）にお戻りになられた時には、マク・カィン・フォンさんは、グェン軍の頼もしい武将の一人になっていて、ホァン王様がダンチョン（Dang Trong　ベトナム中南部地方）に新しい領土を拡大し、海外との交易事業を展開しようと目論んで、密かに広南に視察に向かう時に自ら進んで随行しました。

『大南寔禄』によれば、甲子年（1594）夏5月に阮潢は軍を率いて莫氏残存勢力の掃討作戦に従い、丙申年（1596）春3月には黎帝と共に中国との国境の地諒山へ出向き、丁酉年（1597）春2月に明の神官を出迎えた。フエに戻るのは1600年であると書かれています。

そして後には、マク・カィン・フォンさんは、広南阮氏が南部に築いた広南国（Quang Nam Quoc　1558〜1777年）創生期の神々と崇められている建国3勇士の一人になりました。

ここで、1580年頃のマク・ティ・ザイ王女のことについて、少しお話を申し上げます。

1580年に彼女の父親のマク・キン・ヂェン将軍が戦場で名誉の戦死をなされてから、12年後の1592年のことです。マク朝が事実上滅亡して、マク家もとうとう凋落の時を迎えた時、マク・ティ・ザイ王女は15歳になっておりました。母親の名前は不詳ですが、この時点でもまったく不明なので、母は既に死亡していた可能性が高いと考えられています。逃げずにコー・チャイ村に隠れていたマク一族は、存亡の危機を回避すべく族会館に長老たちが集められ、王女を迎えて重大な会議を開いたのでございます。

その長老会議の結果、マク一族は、ハイ・ズォンのコー・チャイ村を離れて、広南阮氏の拠点のある、遥か南のトゥ・アン・ホア（順化）地方を目指して出発することになりました。そして、全村民が広場に集められ、故郷を離れる日、不安と焦燥の眼差しで村人が見守る中、マク・ティ・ザイ王女は毅然と立ち上がり、次のように話し出されたと伝わっています。

「皆様、長年にわたって暮らしてきた故郷のコー・チャイ村を離れることには、深い憂いが残り、慙愧に堪えないことでしょう。でも、ここに留まっても、村人全員があの残虐な鄭軍に皆殺しにされてしまうでしょう。だから、いつまでも悲しみに打ちひしがれていないで、皆様、広南阮氏を頼って、希望をもって南に向かいましょう」

と、同行する人たちにご決意を述べられたのでございます。

村長は、王女様のその逞しさに気圧されながら、「皆さん、いつまでもここで憔悴していないで、いざ出発しましょう」と声高に叫びかけて、呼応した村人の歓喜の雄叫びが、コー・チャイ村の広い空に響いたようです。

うら若き王女様の励ましのお言葉をいただきまして、泣きぬれていた一族はきっぱりと涙を拭い、俯いていた顔を前にあげて、南に向かったのでございます。マク・ティ・ザイ王女のこのご決意の場面は、コー・チャイ村の地誌にしっかりと記載されております。

王女は、性格が優しくて、態度がいつも丁寧で、その上気立ても良く、とてもお上品なお方だったので、王室の習慣もきちんと身につけておられました。

そして、苦難の長旅を乗り越えて、遂に、中北部のクァン・ビン（現在クァン・ビン省 Tinh Quang Binh）に拠点を築いていた阮氏（広南阮氏）の営団に到着したのでございます。マク一族が現地に到着してから、王女様は、広南阮氏の貴族たちから、たいそう可愛がられました。ですから、一族の出身で現地に居住していた伯母さんのグェン・ティ・ゴク・ズォンさんは、この娘を溺愛し、すぐに、身の回りの世話を始めさせたのです。

彼女は、マク・ティ・ザイ王女の新しい住まいの場所として候補にあがっていた、クア・ドウン地区（coi Cua Tung）のコー・チャイ村（xa Co Trai 古斎村）に、王女を同行し下見に行きました。また、キン・ズォン（Kinh Duong）というコー・チャイ村では、部落の人たちの共同体としての集会場であるトン・ミェウ（Ton Mieu）と呼ばれている族会館（郷土会館）を建てました。その会館の本堂にあるトン・ジェウ（Ton Dieu）と呼ばれている廟堂では、家長らが先祖代々伝えられてきた尊い位牌を祀り参拝しました。

また、マク・カイン・フォンさんは、もう既にグェン・ホァン王の有力な武将の一人として活躍をされておられ、彼は以前から、仏道に帰依しておりましたので、村民たちが集会でお寺を造ろうという提案をした時、ラム・ソン・ファット・ツー（Lam Son Phat Tu）という名前の仏教寺院の建立にあたって、多額の寄金をし全面的な支援を致しました。

マク・莫家系、ゴ（呉）家系の古い家系図の中には、「この時、当地において、一族が誇る初めての立派なご先祖として祀られたのは、オン・キェン（Ong Kieu）さん　とゴ・ダイ・ラン（Ngo Dai Lang）さん、そして、グェン・ティ・ズオンさんである」と書かれており、ゴク・ズォンさんに関しては、「彼女は、誰からも文句が出ない立派な人で、とても優しい人だったといわれていた」と付け加えられております。

そして、彼女は、マク・ティ・ザイ王女が後に、グェン（広南阮氏）家の正式な王妃になられることに関して、重要な役割を果たしたのでございます。前にも申し上げましたが、マク家とグェン家は、古くから歴史の中で色濃く結びついておりましたが、ここで固く結合したのは、ゴク・ズォンさんがマク・ティ・ザイ王女の伯母さんだったことが最大の理由であったのです。

さらに、彼女は、グェン・フク・グェン（Nguyen Phuc Nguyen 阮福源　１５６３年8月１６日～１６３５年11月19日）という、それまで、若いながら戦で数々の戦功をあげ、将来、広南阮氏一族の栄光を背負っていくだろうと嘱望された、英傑の王子の伯母であり、また王子の義母であったのです。ここで、一言述べたいのは、グェン・フク・グェンさんは、父のグェン・ホァン王の息子であったことはわかっていましたが、母親の名前については、日本では不詳とされてきましたが母親は順化の阮氏の名門一族の出身で「グエン・ティ」と申します。

さて、グェン・フク・グェン王子とマク・ティ・ザイのお二人の結びつきの理由の一つは、ゴク・ズォン伯母さんが宮中におられるグェン王子に伺候する際には、必ずマク・ティ・ザィ王女を同行させ、王子にお目にかけるように仕向けていったことです。やがて、王子のお目にかなった王女は、王子の正式な結婚相手として選ばれたのでございます。

結婚後、最初にグェン・フク・キィ（阮福淇　Nguyen　Phuc　Ky　?～１６３１）が誕生して、その後に、グェン・フク・ラン（阮福瀾　Nguyen　Phuc　Lam　１６００～１６４８）さんがお生まれになりました。彼の誕生年が１５６３年であることがはっきりしているので、私たちは、お二人のご結婚の時期は１５９５年から１５９６年頃ではなかったのではないだろうかと推察しており、すなわち、その時のマク・ティ・ザイ王女の年齢は18歳から19歳位で、グェン王子は、32歳から33歳位だったと思われます。

当時、グェン家の王子たちの結婚年齢は、とても若かった（早い）ので、フェの歴史学者であるレオポルド・カディエール（Leopold Cadiere）は、「マク・ティ・ザイ王女は、グェン・フク・グェン王子の最初の妻ではなかったようだ」と言っています。また、グェン家の正統なる家系図によると、マク・ティ・ザイ王女は、グェン・フク・グェン王子の本妻になってから、ずっと経った後に、正式な王妃になられたということです。つまり、グェン家の王様は、本妻の他に何人もの妻がいて、さらに本妻になっても、王妃になられたお方は数が少ないとのことで、正式な王妃となって初めて、グェン家の家系図に王妃名が載せられたようでございます。

１９９５年に本格的に調査をしたグェン家系図によると、グェン・フク・グェン王様は生涯で、11人の息子と４人の娘がいたということです。ちなみに、彼の父であるグェン・ホァン大王様は、10人の息子と2人の娘がおりました。
さらに、「ダイ・ナン・リェット・チュエン」(Dai Nam Liet Truyen)という史書と、コー・チャイ村にあるマク・ティ・ザイ王女が記載されている項目を調べると、彼女は、5人の息子と4人の王女を産んだということです。

実子

男子

Nguyen Phuc Ky
Nguyen Phuc Lan
Nguyen Phuc Anh
Nguyen Phuc Trung
Nguyen Phuc An

女子

Nguyen Phuc Ngoc Lien
Nguyen Phuc Ngoc Van
Nguyen Phuc Ngoc Khoa
Nguyen Phuc Ngoc Dinh

すなわち、他の息子や娘たちが、各年に生まれたことは書かれているのですが、そこには、母親の名前がはっきりと記載されていないので、それらの子どもたちは、側室や王族の娘(公女)、従者の娘など、いろいろな地位のない女性たちにも産ませたようでございます。

１９２０年に、「グェン（阮）家系図」という本を書いたトン・タット・ハン（Ton That Han）教授によると、グェン・フク・グェン王様の息子と娘の中には、母親の名前も知らない子どもたちもいたようです。また、そのような子どもたちの中には、母親の名前を絶対に知らせぬように指示されたり、母親の名前を公式文書から削除したり、抹消したケースもたびたびあったということです。

弘定十四年（１５１３）、グェン・ホァン大王様が逝去されました。享年88でございました。すぐに、第6子である阮福阮が家督を嗣ぎ、阮福源と改姓され、自らは王と名乗らず、仁國公（Nhon Quoc Cong）の称号を用いることを宣言しました。そして、父の政策を継承して、チン（鄭氏）の支配から離脱し対決姿勢を鮮明にしていきました。

また、マク・ティ・ザイ王女は正式な王妃となり、彼女の産んだ子女たちは、順調に育っていったのでございます。長子のグェン・フク・キィ（Nguyen Phuc Ky　阮福淇）さんは、弘定十五年（１６１４）、広南（現在クァンナム省　Tinh Quang Lan）の営から鎮守府に昇格していた広南鎮守の長官となりました。2男のグェン・フク・ラン（Nguyen Phuc Trung　阮福瀾）さんは、武官として阮福源主の付き人となり、3男のグェン・フク・アイン（Nguyen Phuc Anh　阮福渶）さんは、広南鎮守の副長官となり、4男のグェン・フク・チュン（Nguyen Phuc Trung・阮福忠）さんは、広南全域を守備する「軍の武官」に任命されております。

そして、長女のグェン・フク・ゴク・リェン（Nguyen Phuc Ngoc Lien　阮福玉蓮）さんは、チャン・ビェン（Chan Bien　カンボジア国境地区）を統括する軍のグェン・フウラップ（Nguyen Huu Lap　阮福栄）副将に嫁いでいます。2女のグェン・フク・ゴク・ヴァン（Nguyen Phuc Ngoc Lien　阮福玉萬）さんは、チャン・ラップ（クメール帝国・カンボジア）のチェイチェッター2世（Chey Chetta Ⅱ va　在位・，１６１８〜１６２８）に嫁いでいます。３女のグェン・フク・ゴク・コァ（Nguyen Phuc Ngoc Khoa　阮福玉誇）さんは、ポロ・メチ（Porome Po Rome　ポー・ロメ）

と呼ばれていたチェム・タン（Chame Than）王に嫁いでいます。４女に関しては、嫁ぎ先は不詳でございます。

ここで、あえて強調したいことは次のようなことであります。

王妃は性格が温厚で頭もかなり良かったし、その上、態度がいつでも丁寧な人だったことです。そのため、彼女はすぐに、阮朝（広南阮氏）の皆様方に可愛がられました。やがて、ホァン王の信頼を得て、グェン家の由緒あるグェン姓（Nguyen Thi　阮氏）を名乗ることを許されて、グェン・ティ・ザイ（Nguyen Thai Giai　阮氏佳）とか、グェン・ティ・ゴク・ザイ（阮氏玉佳）などのグェン家直系の女性が使用する「阮」という偉大な名字を拝受されたのでございます。

そのおかげで、彼女の妹のマク・ティ・ナウ（Mac Thai Lau）さんは、グェン・ティ・ナウという名字を戴き、また、親族であるマク・カィン・ヴィン（Mac Canh Vinh）さんと呼ばれていたマク・カィン・フォンの嫡男の従弟も、グェン家の男子が呼称するグェン・フク・ヴィンという「阮福」の尊い名字を戴いたのでございます。

また彼女の妹のマク・ティ・ナウさんは、仏門に入って厳修業を終えた後、マク一族の村々の訴訟や仲介を行う代弁人（後の弁護士）と結婚して、幸福な人生をまっとうしました。仲睦まじかった2人の墓は、クァンナム（クァンナム省　Tinh Quang Nam）ズイ・スェン県（huyen Duy Xuyen）ズイ・ソン村（xa Duy Son）に今でも現存しております。

マク・ティ・ザイ王女様は、グェン・フク・グェン様の奥様になられた１５９５年から１６０２年まで、ビンデン郡（現在Tinh Bjnh Dinh）クァンチ県（huyen Quang Tri）ヴー・スオン郡（Quan Vu Xuong）チャ・バット部落（bo lac Tra Bat）にある主上府（行政府）に住んでおられました。

１６０２年、グェン・ホァン大王様は、グェン・フク・グェン王子に対して、クアンナム（広南地方）に鎮守長官として出向するように命じられました。お二人は、ただちに、守備軍団を伴って、クァンナム（広南）のチェム・タン（Chiem Thanh　チャンパの古城）があるお屋敷（鎮守府）に向かわれました。

現地に到着後、クアンナムの住民は、グェン・ティ・ザイ王女様の振る舞いに魅了されて、ドゥック・バーバー（Duc Ba Ba　高貴な伯母様）という親しみのある名前をつけてお呼びしたのでございます。

1613年6月、グェン・ホァン大王様はご逝去され、後黎朝（Nha Hau Le）のフク・フェ・ホァン皇帝（Phuc Hue hoang de　福恵皇帝　1600〜1613）から勤義公の諱号を贈られ、仙王と称されました。

当時、グェン・ホァンの6男であったグェン・フク・グェン王子は、すでに52歳になられておられました。そして、多少の揉め事がありましたが、無事に広南阮主の家督を継いだのでございます。即位するとグェン王様は、自らは、皇帝や王と呼ばないことを民衆に宣言をいたしました。

それから彼は、レー（黎）の王様から、クァン・コン・ハム・ダイ・バオ（Quang Cong Ham Thai Bao　新開地の郡公）という爵位を拝受され、トゥア・ティエン（順化）地方の長官として正式に任命され、グェン・ホァン大王様の後を引き継いで、この地方の守備にあたることになりました。

グェン・フク・グェン王は、以前から仏道に帰依されておられましたので、ダーンーチョーン（Dang Trong　現在のベトナム中南部）の人民の信頼も厚く、仏教上の大僧正のような徳のある阮主(Chua Sai)と呼ばれておりました。

ビン・デン郡（現在ビン・ディン省　Tinh Binh Dinh）クァン・チ県（huyen Quang Tri）コー・チャイ村（xa Co rai　古斎）の言い伝えによると、マク・カィン・フォン、グェン・（マク）ティ・ザイ、グェン・フク・ゴク・リェン（この王女は莫家直系の娘だといわれている）の3人は、全員がマク家系が誇る偉大な人物であると書かれております。

グェン・ティ・ザイの長女であるグェン・フク・ゴク・リェン（Nguyen Phuc Ngoc Lien　阮福玉蓮）さんは、コー・チャイ村の行事や運営に積極的に参加して、マク共同体の社会では、なくてはならぬ人だといわれておりました。

コー・チャイ村で守られてきた資料によると、グェン（マク）・ティ・ザイ王妃は、村の治安のことやファット・ラムソン寺院の運営のこと、村の大切な廟堂のことなどで困難な問題が生じると、自ら進んで智慧や寄進を授けてくださいました。彼女は、村がどうしても、必要とした時にたくさんのお金を短期間で用意してくれたそうです。6万ドンもの高額なお金を寄付してくれたこともありました。

コー・チャイ村の村民たちは、歴史を刻んできた地誌の中で、「村の大切な娘だし、村の栄光に尽くしてくれた人だし、村の大恩人でもある。さらにこれまで、マク家系を存続させてきた奇跡を起こしてくれた3人の神の一人である」と書かれていることを、常々、全村民の子々孫々まで伝えるようにしてきたという。

1630年（徳隆二）12月12日、グェン・ティ・ザイ王妃は、ディェンバン府のタィンチェム村にあるお屋敷で、危篤の報を聞いて集まった民衆に惜しまれながらお亡くなりになりました。享年52でした。

村民たちは、コー・チャイ村にある族会堂、廟堂、寺院などを改装することを全員の総意で決定しました。そのことは、マク家系に偉大な功績を残した彼女に敬意を表すとともに、いつまでもお慕いをするために、廟堂や寺院を美しく改装して祀るという意味だったのです。

その改装工事が終了し、壮大な完成の式典が開催され、お祝いの席で、コー・チャイ村の村長は、次のような挨拶をしたようです。

「今までこの村は、400年もの間存続をして参りました。この村が大きな発展ができたのは、すべて彼女の功績のおかげなのです。マク・ティ・ザイ王妃様の御恩は決して忘れないことを村民一同ここでお誓いを申し上げます」

村長は、涙ながらにこのように話したと伝わっていります。

その後、クアン・チ県のクア・トウン地区のコー・チャイ村の会堂が古くなって、昔のような、王妃を祀る盛大な式典が出来なくなってしまったので、1842年、村民たちは時の皇帝であるミン・マン帝（阮朝 Nha Nguyen 家阮・聖祖・明命帝 Minh Mang 在位1819〜1845年）に対して、

「我々の村にある、グェン・ティ・ザイ王妃様のご縁のある族会堂、廟堂、寺院などが老朽化してしまったので、昔のような大々的な式典を行うことができなくなってしまいました。そこで改装を思い立ちましたが、いかんせん村人から集めた資金が僅かなので困っています。しかし、村人たちはなんとしても総力を挙げて、改装をしたいと願っておりますので、祀りと改修のご許可をしていただけないでしょうか」

という趣旨の請願書を差し出しました。

そして、ミンマン帝は、即座に賛成して、村民の代表に対して改装などのご許可を与えたのでございます。

これらの経緯について、ベトナムの史書である「ダイ・ナム・トゥック・ルク・チン・ビエン」（Dai Nam Thuc Luc Chinh Bien）には、次のように記されている。

「ミン・マン帝は、彼らの請願書を熟読すると、よくわかりました。ミン・リン郡のコー・チャイ村（現在 Huyen Minh Linh）には、私財から18万ドンを寄付いたしましょう。なんて言ったって、コー・チャイ村は、偉大な先祖にあたるヒエウ・トン（Chua Sai Hieu Tong 孝文皇帝 阮福源）の王妃であるヒエウ・ヴァン（Chua Sai Hieu Van 孝文王妃 阮氏佳 グェン・ティ・ザイ）の故郷でもある村なのに、今では村民たちは、王妃を祀る盛大な儀式もあげられないほど困窮している。おまけに、会堂や廟堂、寺院までもが老朽化してしまったと言ってきている。早く、改築ができるように、私が高額の寄進をすることにしましょう？」

と語ったことが仔細に書かれております。

その後、このコー・チャイ村の仏教寺は、長い時間が経過し、幾たびかの戦乱の渦の中に巻き込まれて完全に崩壊してしまい、今では跡形もなく、古い床板が散乱しているばかりでございます。

キェン・トゥイ郡（Quan Kieu Ong）の母コー・チャイ村（マク家系部落）やゴ（呉）家系部落に保存されている資料によると、これらのコー・チャイ村の村民たちは、毎年、旧暦の5月15日に、村の貢献に尽くしてきた偉人たちと呼ばれている3人であるマク・カィン・フォン、マク・ティ・ザイ、マク・フク・ゴク・リェンなどの神様たちを偲んで、壮大な式典を伴った年忌法要の法事をしております。

グェン・ティ・ザイ王妃が突然にお亡くなりになったので、グェン・フク・グェン王はとても悲しんで、彼女の死を悼み、生前の功績を讃えて、フイ・クン・ツー・タン・オ・ン・トゥック・トゥアン・チャン・ヒエウ・ヴィアン（Huy cung Tu Thanh On Thuc Thuan Trang hieu Van Hoang Hau　順化が誇る二人目の徳のある孝文・孝文皇后）という諱号とゾアン・コン（Doanh Co　私心のない大きな人）という誉号を授けました。

この諱号は、やがて五年後の1635年（徳隆七）11月19日にご逝去されるグェン王様と同じである「孝文」という諱号であったのです。

ヒエン・ヴァン（グェン・テイ・ザイ）皇后は、フェ皇宮にあるタイ・ミエウ（Thai Mieu）の1番目陵墓（Lang）に、グェン・フク・グェン主上（フイ・トン・ヒエウ・ヴァン王様）と一緒の陵墓に祀られています。（現在グェン・フク・グェン（阮福源）の祀られている陵墓は、フェ市の宮城の西方に向かって、約10㎞地点を流れるフォン川（Houng Giang　香江川）の河岸に存在している。墓地名は、「永基陵」である。

グェン・ティ・ザイ王妃はお亡くなりになるまで、クアンナム（広南）管区（現在クァンナム省　Tinh Quang Nam・ディェン・バン郡（現在ディェン・バン県　huyen Dien Ban）ディェン・フォン区（khu Dien Phuong）タィンチェム村（xa Thanh Chiem）にあるお屋敷（鎮守府）に、嫡男である長子のグェン・フク・キィ（Nguyen Phuc Ky　阮福淇　1595?～1631）さんと一緒に住んでおられました。

ここで、母の血を引いた高徳の人であるグェン・フク・キィさんについて一言述べたいと存じます。

彼の生誕日は、いまだにはっきりしませんが、最初に広南阮氏の史書に登場したのは、１６１４年のことでございます。

弘定十四年（１６１３）に阮主の家督を継いだグェン・フク・グェン王様は、翌年の弘定十五年（１６１４）に長子のグェン・フク・キィさんに対して、海外貿易で繁栄する広南鎮守の長官に任命しました。この事は、広南国の王に次ぐ地位で、海外との交易の管理を任されることで、次の王位が約束される重大な職務に就いたことを意味するのです。

そして、グェン・フク・キィは、徳隆三年（１６３１）に亡くなるまでの、わずか16年の短い在任期間であったのですが、広南地方の発展に全精力を注ぎこみました。

『大南烈伝』によると、「彼は広南に善政をしき、その死を悲しまなかった者は誰もいなかったという」と書かれております。

その前年の徳隆二年（１６３０）に母親のマク・ティ・ザイ様が亡くなりましたが、母の愛情を一身に受け、その子息のなかで最も母親の性格に似ているといわれ、民衆から敬愛されていた彼には、母の急死はかなりのショックを与えたに違いないと思われます。

さて、本題に戻りますと、グェン・ティ・ザイ王妃の陵墓は、クァンナム省にもございます。

所在地＝クアン・ナム郡（quan Quang Nam）、ズイ・スェン地区（coi Duy Xuyen）、チェム・ソン村（xa Chiem Son）ゴー・ハム・ロン丘（doi Go Ham Rong）という小高い丘にあるコク・フン谷（lung Coc Hung）という谷合にひっそりと存在しております。現在は、クアンナム省（Tinh Quang Nam）ズイ・スェン県（huyen Duy Xuyen）チェム・ソン村（(xa Chiem Son）とズイ・スェン村（xa Duy Chiem）の両域に跨って存在しています。

マク・ティ・ザイ王妃の陵墓は、地元では、ラン・ズォイ（Lang Duoi 心の広い人のお墓）と呼称され敬愛されています。

お墓を御参りしていると、必ず村のどこからか、お墓を守る人が現れます。王妃がご逝去されました1630年から、先祖代々その帝廟を管理し、墓守をしてきた地元の管理人による話と、彼らの長老たちが見たマク（莫）一族の過去帳によると、その帝廟の規模（敷地面積）は約9万㎡で、墓地の号数は1220号だったと記憶しています。

グェン家の史書によると、グェン・フク・グェン（阮福源）王は、グェン・ティ・ザイ（阮氏佳）王妃がお亡くなりになってから、彼女の生前の偉業を讃えるために、広南（クアンナム）のズイ・スェン郡（quan Duy Xuyen）東チャ・キエウ村（xa dong Tra Kieu）と西チャ・キエウ村（xa tay Tra Kieu）の両地区にわたる、約5万㎡の土地と、クェーソン郡（quan Que Son）、フォンケ村（xa Houng Que）の約2万㎡の土地を確保し、王妃の陵墓用地として買い入れて、村民たちに寄進したと書かれております。

また、グェン・ティ・ザイ王妃のお寺がございます。その寺院は、グェン（阮）朝時代（Nha Nguyen 1802～1945）に、ズイ・スェン郡、現在のズイ・スェン県（huyen Duy Xuyen）、ズイ・チン村（xa Duy Trinh）にあるヴォン・ジェン寺（Vuon Dien Chua）の建立時にその敷地内に造営されました。

阮朝の世祖ザー・ロン帝（嘉隆帝 Gia Long 1802～1819）の時代である1806年、グェン・ティ・ザイ王妃の陵墓は、ザー・ロン帝国からヴィン・ジェン（Vinh Dien）帝廟と名付けられて、1816年になって大改修されました。

そして、1945年、ベトナムの8月革命により、東南アジア最初の社会主義国家であるベトナム民主共和国 Viet Nam Dan Chu Cong Hoaが成立いたしました。初代国家主席・ベトナム労働党中央委員会主席は、ホー・チ・ミン（Ho Chi Minh 1890～1969）さんで、ホー叔父さん（バック・ホー Bac Ho）と親しみをこめて呼ばれ、国民から絶大な信頼を得ておりました革命家であり、偉大な政治家でもあった統治者でございます。

彼は殖民地時代からベトナム戦争まで、ベトナム革命を指導して参りました。そして、彼の指導により、１４３年にわたりこの国を支配してきたバオ・ダイ（Bao Dai）王朝である阮朝は、完全に滅亡しました。

さて、その当時のことでございますが、その当時、我国は、革命の真っ只中でございましたので、ヴィン・アン（Chua Vinh An）寺、およびウォン・チュア（Vuon Chua）寺などを管理する者がいなかったのと、その後の反仏戦争中（１９４６〜１９５４）に、これらの寺院は、完全に荒廃してしまいました。

さらに戦争は拡大していき、クアンナムはアメリカの支援を受けた南ベトナム傀儡政府の拠点となっていましたので、革命軍はベトナム解放のために南下して反撃を開始しました。当時、軍事境界線だったベンハイ河を越えて農村で最前線の米軍と対峙し、サイゴン（現ホーチンミン市 Thanh pho Ho Chi Minh）を目指したのでございます。

その間、奇跡とでも言うのでしょうか、ズイ・スェン郡ズイ・チン村チェム・ソン村にあるヴィン・ジェン帝廟（Lang Vinh Dien）は、戦争で追われた人々が勝手に住み着き、まるで村人から見捨てられたかのように、ひっそりと存在していたのです。

その現状は、内部の土壁に無数の穴があいており、中柱や束柱も途中で折れ曲がっていたり、なんといっても一番ひどかったのは、屋根がまったくなく崩れ落ちていたことです。それに寺院の広大な敷地は丁寧に開墾されて、玉蜀黍畑の隣には、いろいろな果物の樹が植えられていました。

１９７５年４月30日、傀儡政権の南ベトナムの首都であるサイゴンのアメリカ大使館にテト攻勢として、北ベトナム人民軍（ＮＶＡ）及び南ベトナム解放戦線（ＮＬＦ）の戦車が突入し、首相官邸を征圧すると、南ベトナム共和国は崩壊し消滅しました。翌年の１９７６年、ベトナム社会主義共和国が成立しました。そして、１９８６年、ドイモイ（Doi moi 刷新）政策がとられ、社会、経済、文化に対して改革を推し進めることとなりました。

１９９８年、クアンナム省は、地方の活性化を促進させるために遺跡管理委員会を発足させ、クアンナム省にある遺跡を調査し、遺跡類を歴史的遺産、歴史的遺跡などとして選別し、順次、修復を始めています。

以上でございます。

莫氏と阮氏の恩讐を越えた結びつき

２０１７年５月１８日付

質問内容＝（マク遺跡管理会社学芸員）Khien Dao　キェン・ダオさんに、莫氏と阮氏の恩讐を越えた不思議な結びつきについてお尋ねします。

male 送信者＝Khien Dao

male 受信者＝沖田英明

沖田様ご質問のメールありがとうございます。

わかっている範囲でお答えいたします。

１５３３年にグェン・キン（阮淦）様はラオスで、ネタントン王様の子どもを見つけました。この人は、ネズニンと言う人でした。彼は、ネズニンをラオスからベトナムに連れて帰りました。それから、ネズニンという人は王様になりました。それから後にネズニンはグェン・キンの援助によりタンホア省で朝廷を造られました。今頃、王様になっても、（まだ小さかったので）大切な仕事は、グェン・キン様が決めなければならなかったのです。

グェン・キン様には子どもが３人います。息子さんが２人で、グェン・ウオンさんとグェン・ホァンさんでした。

娘さんは1人で、グェン・ティ・グォク・バオさんでした。

　この娘さんは、チン（鄭）のチン・キェム様と呼ばれた人と結婚していました。チン・キェム様はとても頭が良くて、かなりずる賢い人でした。それで、1545年にチン・キェム様は、スイカに毒薬を入れて、グェン・キン様と息子のグェン・ウオンさんに勧め、スイカを食べた2人は、その場で倒れ亡くなられました。

　息子のグェン・ホァンさんは、2人は姉婿チン・キェン様に殺されたと疑って、当初から父と兄の死に疑いを抱いていました。そして、1558年になって、グェン・ホァンさんは姉のグェン・ティ・グォゥ・バオさんから二人の毒殺の真相を密かに聞かされました。すぐに、グェン・ホァンさんは、グェン・ビン・キェンという人に会って身の振り方を相談したところ、彼は、「ホァンサン山は渓谷が深くて、長期間にわたって住める所である」と言って、遠まわしにここからすぐに離れるよう勧めました。

　それで、グェン・ホァンさんは、グェン・ティ・グォク・バオさんにそのことを話して、彼女に哀願して、今のクァンナム省やクァンガイ省の守備に行くことにして、彼女が無理矢理チン・キェム様に頼み込み、彼はしぶしぶこの請願の許可を出しました。

　鄭氏の有力な武将たちは、この機に乗じてグェン一族を都から追い払い、彼らは小さな軍団なので、いずれ野垂れ死にするだろうと、チン・キェム様に讒言したようでございます。

　当時は、この地方は荒野でしたが、グェン・ホァンさんは一族を連れて難儀を乗り越えてやっと目的地に到着しましたが、やがて、阮氏は開拓精神の熱い努力が実を結び、やがてグェン王朝（広南国）を造るのでございます。だから、グェン王朝のはっきりした開墾の土地は、クアンナム省からなのでした。

　グェン王朝を造る際には、グェン・ホァンさんは、マク（莫）氏のマク・カィン・フォン様に、たくさん手伝ってもらいました。だから彼は、阮氏の中では、初めてグェン朝の成立を助けた人物として、その功績を讃えられ、人々に知られています。

それから、マク・カィン・フォン様は、グェン・ホァン王様の奥さんの妹と結婚していました。だから、マク・カィン・フォン様とグェン・ホァン王様は義兄弟となっていたのです。マク・カン・フォン様がマク朝に仕えた期間は、都合、38年間でした。グェン・ホァン、グェン・フック・グェン、フック・ナン王様たち3人に長期にわたって忠実に仕えていました。

ここで研究したい問題点は、マク・カィン・フォン様はマク王朝のマク・フック・ハイ王様の子どもで、マク・ティ・ザイ王女のお父様のマク・キン・ヂェン様の弟だった当時の王朝の直系だった人で、阮氏や鄭氏の敵方だったことでございます。

しかし、不思議なのは、マク・カィン・フォン様はマク王朝に仕えなくて、莫軍と戦争中の広南阮氏の朝廷に仕えたことなのです。ベトナムの歴史学者はこの謎について、鋭意解明すべく、日夜、研鑽している最中でございます。

以上です。

第十章　フェ遺跡管理委員会

王妃の名前について

フェ遺跡管理委員会　TTBTDTCD（Trung tam bao ton di tich Co CO）からの回答書（maile）
メール代理受信者＝キェン・ダオ（マク遺跡管理会社学芸員）ハノイ私立大学卒日本文化部
To ＝ Chao anh Khien Ve thac mac cua anh. Phong NCKH co tra loi nhu sau

質問内容（1）＝広南国仙王（太祖）グェン・ホァン（阮潢　Nguyen Hoang）王妃の名前について

　王の王妃の名前がわかりません。フェにホァン王のお墓がありますが、そこの墓地に埋葬されていませんか？　ご教示くださいませ。

回答内容＝グェン・ホァン（Nguyen Hoang）の王妃は、グェン・ティ（Nguyen Thi　阮氏）です。

原　文

Loan

　CO TICH KIEM SAT UY－BAN Thanh po Hue　7.30.2018

　　NGUYEN（PHU NHAN）

　　Theo NGUYEN Phuc Toc The Pha, NGUYEN Thi vo chinh chua NGUYEN Hoang, tieu su khong ro Ba mat ngay 16 thang 5 Am lich, khong ro nam, Lang duoc tang tai lang Hai Cat(Huong Tra, Thien Hue).

Nam Giap Ty(1744),Vu Vuong (tuc chua Nguyen Phuc Khoat) truy ton:? Tu Luong Quang Thuc Y Phi?, sau them hai chu? Minh Duc?, Nam.
Binh Dan(1806), vua Gia Long truy ton:? Tu Luong Quang Thuc Minh Duc Y Cung Gia Du Hoang hau?,
Ba chi sinh mot nguoi con la Nguyen Phuc Nguyen(Hy Tong Hoang de).
Ba la than mau duc Hy Tong Hieu Van Hoang de Nguyen Phuc Nguyen.
Lang ba la Lang Vinh Co toa lac tai khu vuc nui xa Hai Cat, huyen Huong Tra, Thua Thien, nay la thon Hai Cat, xa Huong Tho, thi xa Huong khoang 400m, cach trung tam thanh pho Hue khoang 6.5km ve phia tay nam,
Lang quay ve huong dong bac.

翻訳文

翻訳者＝NGUYEN THI HA VY（グェン・テイ・ハ・ヴィ）
　ダナン外国語大学タイ語学部日本語学科目12CNJ02 CLASS（3年生　２０１８年6月卒業）
監　修＝DAO AN KHIEN（ダオ・ヴァン・キェン）マク遺跡管理会社学芸員

グェン婦人（Nguyen Phuc）＝グェン・フク家系図によると、グェン・ティ（Nguyen Thi）は、グェン・フク・ホァン（Nguyen Phuc Hoang）（1）の正式な奥さまです。しかし、その伝記情報は、あまり明らかではありません。グェン・ティは、旧暦の5月16日に亡くなりました。享年の歳は不明です。でも彼女の陵墓は、フェのハイ・カト（Hai Cat）村のフンチャ（Huong Tra, Thien Hue）に存在しています。

甲子年（1774）に、ヴヴォン（2）は、グェン・ティ王妃に、テゥ・ルォン・ワン・テュク・イ・フィー（Tu Luong Quang Thuc Y Phi　慈良光淑皇后）という名誉号を授けました。その後、ホァト王様は、彼女にミン・ドク（Minh Duc　明徳）という尊敬名を追加して授けております。

さらに、阮朝（Nha Nguyen）の時代（1802〜1945年）に入って、丙寅年（1806）、Gia Long（ザーロン　嘉隆帝《かりゅうてい》　阮福暎　Nguyen Phuc Anh　グェン・フク・アィン　1802〜1819年）は、テゥ・ルオン・ワン・テュク・ミンドク・イ・クン・ジャ・ジュ・ホアン・ハウー（Tu Luong Quong Thuc Minh Duc Y Cung Gia Du Hoang hau　慈良光淑明徳慈仁　心恭嘉裕皇后）という名誉号を授けました。

グェン・ティ王妃は、Thai Mieu（フェ省の大廟）にグェン・ホァン王様（廟号は烈祖）と一緒に祀られています。グェン・ティ王妃の唯一の息子は、阮福源（Nguyen Phuc Nguyen　ヒント王（Hy Tong）です。

ちなみに、グェン・ホァン王の息子は10人で、阮福源

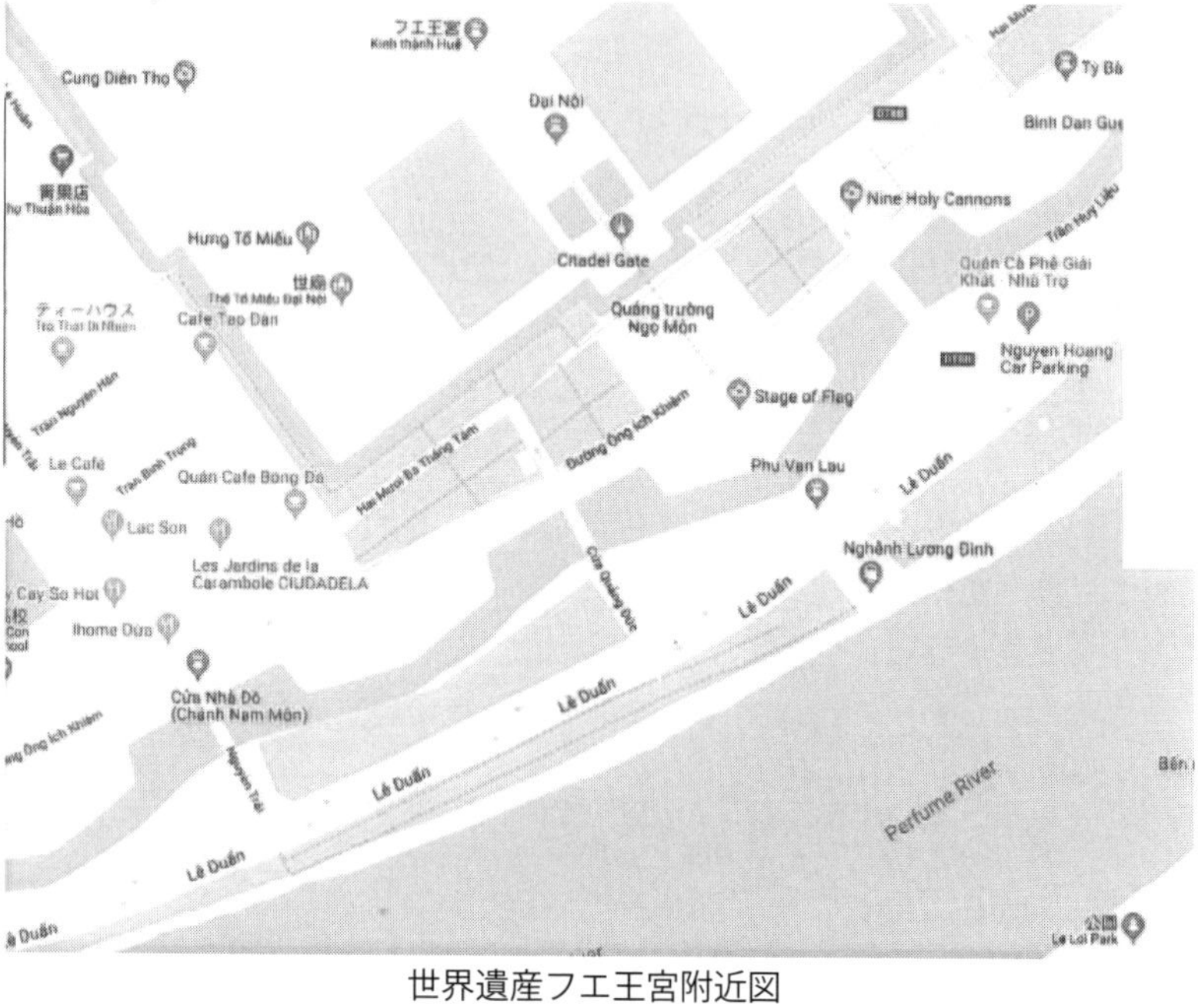

世界遺産フエ王宮附近図

は第6子と伝えられています（3）。グェン・ティ王妃のお墓は、ヴィンコ墓（Lang Vinh Co）と呼称されていて、所在地は、フェ省フォンチャ県フォントのハイカト村、現在は、フェ省フォンチャ県フォントのハイカ村（xa Hai Cat, huyen Huong Tra, xa Huong Tho Thien Hue ）に在ります。

陵墓は、フオン川（song khoang）の左岸に存在しており、河岸からは約４００ｍの所にあります。フェ市の中心街から西南の方向に向かって約6・5㎞の位置です。お墓の方角は、東北の方に向いております。

日本側の索引による付帯事項

（1）阮潢・仙王・広南国（Quang Nam Quoc　１５５８～１７７７　初代君主　１５２５～　１６１３）

（2）Nguyen Phuc Khoat（グェン・フック・ホアト・１７３８～１７６５年）、阮朝・（Nha Nguyen　１８０２～１９４５（グェン・フック・ホアト・１７３８～１７６５年））、第8代君主・武王（世宗）阮福濶

（3）子　女

男子

阮　河（Nguyen Ha　和郡公）

阮　漢（Nguyen Han）

阮　成（Nguyen Thanh）

阮　演（Nguyen Dien　豪郡公）

阮　海（Nguyen Hai　錦郡公）

阮福源（Nguyen Phuc Nguyen　阮熙宗）

阮福洽（Nguyen Phuc Hiep）

阮福沢（Nguyen Phuc Trach）
阮福洋（Nguyen Phuc Duong　義郡公）
阮福渓（Nguyen Phuc Khe　義興郡王）

女子
阮福玉浅（Nguyen Phuc Ngoc Tien）
阮福玉秀（Nguyen Phuc Ngoc Tu　夫は鄭氏政権初代鄭主鄭検《チンキエム》　１５４５〜１５７０）

フエ遺跡管理委員会へ　TTBTDTCD（Trung tam bao ton di tich Co C0）

質問内容（２）＝荒木宗太郎とアニオー姫について

日本の江戸初期である１６００年頃の朱印船貿易家で、安南国にたびたび渡航し、１６１９年（元和五）に阮主であるグェン・フック・グェン（阮福源）の王女を嫁に迎え朱印船に乗せて長崎に連れ帰り、現地でアニオーさん（アニオー姫）と呼ばれて慕われていたベトナム女性についての見解をお知らせください。
２０１７年３月22日付
male 代理受信者＝キェン・ダオ（マク遺跡管理会社学芸員）
Chao anh Khien Ve thac mac cua anh. Phong NCKH co tra loi nhu sau

回答内容

Arakisutaroについて、広南国第二代阮主であるグェン・フク・グェン（阮福源）の娘が、荒木曽太郎（宗太郎）と結婚したことは、広南阮氏の史書に記載されているが、その娘の名前は、まったく書かれていないのである。しかし、当時のベトナム戦国時代の王族の風習として、王族の娘を公女あるいは、養女とみなして、日本国との貿易促進のために、日本の交易商人に嫁がせた記録が存在するので、王家ゆかりの娘であったことは間違いないと思われる（当時は、ベトナムも中国の儒教の影響を受けて、女性の地位はとても低く不安定であったので、これらの行為を一種の政略結婚と見なしている歴史家が多いのである）。

フェ遺跡管理委員会へ　TTBTDTCD（Trung tam bao ton di tich Co CO）

質問内容（3）＝白浜顕貴について

２０１７・３・25日付

maile代理受信者＝キェン・ダオ（マク遺跡管理会社学芸員）

Chao anh Khien Ve thac mac cua anh. Phong NCKH co tra loi nhu sau

１６０１年、安南国のグェン・ホァン（阮潢）から豊臣秀吉に呈された外交文書に書かれていた白浜顕貴については、秀吉は慶長三（１５９８）年に薨去していたので、日本国の征夷大将軍となり江戸幕府を開いた徳川家康　との書簡での通信となりました。

書簡の内容（抜萃）

阮氏の阮主である阮潢は、黎朝の皇帝に仕えて王都である東京（ドンキン）に上京していた頃（1593〜1600）年に日本人の白浜顕貴が安南の順化沖に来航し、顕貴の船客と現地の官憲との間で衝突が起きたこと。1601年になっても、まだ、順化で拘束されていた「白浜顕貴」を日本へ帰国させるので、阮潢は、旧約の通りの日本国との通交を希望していること。

と書かれておりますが、白浜顕貴についてベトナム側の見解をお知らせください。

2017年4月13日付の回答書

maile受信者兼文書翻訳者＝kien Dao（ダオ・キエン　マク遺跡管理会社）

Chao anh Khien Ve thac mac cua anh. Phong NCKH co tra loi nhu sau

牽引：Sitahamakenkiとは、

「白浜顕貴」について、「Sitahamakenki」とは、「白浜顕貴」のことである。

弘定元年（1600）、安南国端王。（阮潢　グェン・ホァン）は、日本の徳川家康に書簡を送り、前年に長崎から順化に来航してきた白浜顕貴らの日本船が暴風に遇って船が難破し、官憲の立会いのもと積荷の没収にあったが、阮潢は彼らを救済し保護した。そして、同年に再び来航した日本船に乗せて日本国に送還することを報じ、これらの措置により、日本国と安南国との交易を結びたいと願い出た。

日本国の家康も、白浜らが倭寇（海賊）の一味であることを承知の上で、この事を謝し、今後は江戸幕府から与えられた朱印状を携えた交易船（朱印船）のみを交易の相手として公認してもらいたいとの返書を阮潢宛てに送り、日本とベトナムの貿易が開始されたのであるが、実際は、白浜らの倭寇のベトナム海沿岸での幾多の狼藉に手を焼いた為グェン・ホァンが息子のグェン・フク・グェン（阮福源）に命じて白浜らの日本船を襲撃させて、彼らを捕縛し牢に入れていたのだが、彼らの釈放と日本国への送還を口実に、遥か遠くの日本国との国交を結んだグェン・ホァンの画期的な外交政策により、その後の日本と安南国との対等なる貿易が始まり、華やかな「御朱印船時代」が築かれた。

なお、『大南寔録前編』巻1第13葉表には、顕貴について次のように記されている。

「乙酉二十八（黎光興八、明万暦十三（１５８５））年、時、西洋国の賊帥顕貴と号する者、巨舟五艘に乗り、越海口に泊し、沿海を却掠す。」

フェ遺跡管理委員会へ　TTBTDTCD（Trung tam bao ton di tich Co CO）

質問内容（4）＝グェン・フック・グェン時代の主要な阮主をご教示ください

２０１６年8月10日付

male 代理受信者兼翻訳者＝ダオ・キェン（マク遺跡管理会社学芸員）

Chao anh Khien Ve thac mac cua anh. Phong NCKH co tra loi nhu sau

翻訳者＝NGUYEN THI HA VY（グェン・テイ・ハ・ヴイ）

ダナン外国語大學　日本語・韓国語・タイ語学部　日本語学科 12CNJ0　2CLASS
フェ遺跡管理委員会へ　TTBTDTCD（Trung tam bao ton di tich Co CO）
質問内容（４）＝グェン・フック・グェン時代の主要な阮主の履歴をご教示ください。

２０１６年８月10日付
maile 代理受信者：（ダオ・キェン）「マク遺跡管理会社学芸員」
Chao anh Khien Ve thac mac cua anh. Phong NCKH co tra loi nhu sau Chuong3
Ttanh Chien duoi thoi chua Nguyen（１６０４～１８０２）
3.1 Cac quan tran thu dinh Chien

訳　文
訳者＝Vy Nguyen Thi Ha（ヴィ・グェン・テイ）　ダナン国家外国語大学　日本語学科三年生
①グェン・フク・グェン（Nguyen Phuc Nguyen・阮福源　王様）
誕生日＝１５６３年８月16日
死亡日＝１６３５年11月19日
享　年＝73歳
在　位＝１６１３～１６３５年

グェン・フク・グェンが付いたお名前の他に、Chua Sai や Chua Bat と呼ばれました。この王様は頭が良くて、とても戦が上手かったと伝えられています。

１５８５年、22歳の時に軍隊を指揮して、Cua Viet 沖で、日本の Shitahamakenki の海賊船を襲撃して同船を拿捕し、彼ら数名を捕縛しました。その事件の功績から、グェン・ホァン王様は、国の大事な案件を息子のグェン・フック・グェンに任せることにしました。

１６１３年に彼が王に即位してから、城や港を建て直して互市を奨励し、市民の生活の向上に務めました。それ故に、彼は「仏陀王」と呼ばれたのです。

この時代から、海外との貿易場所は、Dang Trong（ダーンチョーン）で、Hoi An をはじめ、他の小さな湊で、取引は飛躍的に延びました。さらに、グェン・フク・グェン王様は、Hoi An で、日本人と中国人が長く交易を続けていくために、彼らが日本人の街と中国人の街を造ることを許可しました。１６１８年、Hoi An の日本人街に日本人の市長が誕生しました。市長の名前は、Furamoto Yashito です。

グェン・フク・グェン王様は、日本の王様や商人に手紙を送って、交易のために、Hoi An まで来航して来るように招待状を出しました。Toba が付いていた日本人の名前男姓は、グェン・フク・グェン王様の里子となっていました。

１６１９年にグェン・フク・グェン王様の娘は、Hoi An でお店を構えて貿易をしている Arakisutaro という人と結婚しました。Arakisutaro は、１６０４年から１６３５年の間、日本から Dang Trong までの商船の渡航数で、17回も来航してきたのです。

グェン・フク・グェン王様は、Tokugawa という王様が支配する日本の政権宛てに、交易や外交などの問題に関する諸懸案の手紙をたくさん送りました。この時の資料は、現在でもまだ、日本の図書館に残っています。

②グェン・フク・ナン（ラン）（Nguyen Phuc Lan　阮福瀾　王様）
誕生日＝１６０１年８月13日
死亡日＝１６４８年３月19日
享　年＝48歳
即　位＝１６３５年
在　位＝１６３５〜１６４８
この人は、グェン・フク・グェン王様の後で、３番目の王様でした。
即位してから、グェン・フク・グェン先代の王様の政策を継承して、広南の住民の信頼を集めていきました。
１６４７年に、ダーンチョーン（Dang Trong）政権で、一般人で優秀な人材を官職につけるため、初めて中国の科挙のような試験制度を確立させました。
この人の奥さんは、Doan hi Ngoc（ドァン・ティ・ゴク）でした。彼女は、３人の息子と1人の娘を産みました。35歳の時に市民から、Chua Thuong（飛び上るほどの智慧の王様）と呼ばれました。Thuongとは、日本語で「上意」という意味です。
ちなみに、チン（鄭）主の侵攻を防御した彼は、南方に広南阮氏の版図を拡大させています。
１６４０年には、アレクサンドル・ドゥ・ロードが広南阮氏の都城で、１６３０年に完成した富春（フースアン現フェ）にやって来て教会を建設しています。

③グェン・フク・タン（ヒン）（Nguyen Phuc Tan　阮福瀕　王様）
誕生日＝１６２０年7月18日

死亡日＝１６８７年4月30日

享　年＝67歳

即　位＝１６４８年

在　位＝１６４８年～１６８７年

この人は、亡きグェン・フク・グェン王様の後の4番目の王様です。

彼は、市民からChua Hienと呼ばれました。このHienの言葉は、「優しい」という意味です。ちなみに、１６７９年、中国の明が滅亡した時、楊彦迪（ユオン・ガン・ディック　Duong Ngan Dich）を首領とした明国の明兵約３０００人が、多数のジャンク船に乗り富春（フェ）近海に漂着しました。

亡命を願い出た彼らに対して、亡命を許可したグェン・フク・タン王様は、南部メコンデルタ（Dong bang song Curu Long）の嘉定（ザーディン　旧サイゴン、現ホーチンミン）、辺和（ビエンホア）、美林（ミトー）の各地に入植させています。

参考文献

岩生成一　『南洋日本町の研究』　岩波書店　１９９６

小和田泰経　『家康と茶屋四郎次郎』　静岡新聞社　２００７

富田春生　『アニオーさんの影を訪ねて』（7）

富田春生　『アニオーさんの鏡』（5）

永積洋子　『朱印船』　吉川弘文館　２００１

ベトナム航空機内誌「HERITAGE」　1～3月号　２０１５

Trong Tuyen / Ba Truyen「DINH TRAN THANH CHIEM QUANG NAM」　ベトナム地誌　２０１１

張燮（明）『東西洋考』　新中華書店（北京）　１９８１

奈良修一　『鄭成功』　山川出版社　２０１６

菊池誠一　「ベトナム日本町の研究」　論文　国会図書館蔵　２０１５

菊池誠一　「朱印船貿易絵図と考古学調査」（ハノイ国家大学主催　国際シンポジウム）　２０１３

白石一郎　『異国の旗』　中央公論社　１９９１

Nguyen Phouc Tuong　「Mactrieu.vn」　ベトナム論文　２０１６

クリスト・フォロ・ボルリ（Christoforo, Borri）『交趾支那誌』　岡田秋雄　訳〔写〕

潘佩珠（ファン・ボイ・チャウ）『ヴェトナム亡国史』　長岡新次郎・川本邦衛　訳　平凡社　１９６６

ファン・タイン・ハイ（Phan Thanh Hai）『阮朝期の皇族の陵墓』西村昌也・新江俊彦　訳）　２０１１

小倉貞男　『朱印船時代の日本町　消えた東南アジア日本町の謎』　中公新書　１９８９

小倉貞男『ヴェトナム 歴史の旅』朝日選書 2002

市場嘉輝『活き続ける木造の町並「ホイアン」』Consul tant Vo.230 2006

昭和女子大学国際文化研究所 昭和女子大学創立80周年「世界遺産ホイアン展」カタログ 2000

日本ベトナム研究者会議編『海のシルクロードとベトナム ホイアン国際シンポジウム』（アジア文化叢書10）
穂高書店 1993

昭和女子大学国際文化研究所紀要Vol・1（3）「ベトナムのチャンフー通りを中心とした地区の木造建築の町並みと建築」1996

昭和女子大学国際文化研究所紀要Vol・1（4）「ベトナムの日本町 ホイアンの考古学調査」1998

櫻井清彦・菊池誠一編『近世日越交流史—日本町・陶磁器』柏書房 2002

北村元・桜井恵美子「愛のベトナム支援隊 ホイアン（会安）を語る（2）（3）（4）」ainovietnamu.blogspot
2007

高力猿猴庵『猿猴庵日記 安永～文政十一年の記録』『日本庶民生活史料集成』第九巻 三一書房 1969

高力猿猴庵『金明録—猿猴庵日記』（明和九年～文政四年の庶民の記録）『名古屋叢書三編』第十四巻、名古屋市教育委員会 1986

『大南寔録《だいなんじつろく》』(Dai Nam thuc luc) 阮朝欽定 全548巻 史書

『大南寔録 前篇』12巻 広南阮氏時代の歴史 紹治4（1844）刊行（写本） 国会図書館蔵

『大南烈伝 前篇』6巻 広南阮氏の后妃・王子・諸臣の列伝 嗣徳5（1852）年刊行（写本） 国会図書館蔵

「徒然なるままに……ヴェトナム（沈没記）」Blog

「Lang Vinh Dien」Blog

「Nam Tung BO, Quang Nam」Blog
「mactrieu.vn・BAN QUAN LY DI ICH・KHU TUONG NIEM CAC VUA NHA MAC」Blog
沖田英明　『アラカンの黄金王都 ミャウーのキリシタン侍』東洋出版　２０１３
Dinh Tran・THANH CHIEM QUANG NAM・Dinh Trong Tuyen-Dinh Ba Truyen　改定　２０１１
松竹秀雄　「朱印船時代とそれ以後の長崎の海外貿易（１）」「長崎大学学術成果リポジトリ」長崎大学経済会　１９８９
近藤守重　『安南紀略藁』寛政七（１７９５）年～文化五（１８０８）年　文化四年長崎奉行所勤務　江戸城紅葉山文庫　国立公文書館・国立国会図書館デジタルコンテンツ
西村　康　「ディエンバン・タインチェム遺跡の探査結果」　海のシルクロードからみたベトナム中部・南部の考古学的研究　シルクロード学研究Ｖｏｌ・15
『大南一統志』巻之五広南省　サイゴン再版本　１９６４
『大南寔録前篇』巻二　壬寅四十五年の条
黒板勝美　「安南普陀山霊中仏の碑について」『虚心文集』8、吉川弘文館　１９４０
桃木至朗　「ベトナム北部・北中部における港市の位置」『港町と海域世界』歴史学研究会編・村井章介責任編集　青木書店　２００５
桃木至朗・樋口英夫・重枝豊『チャンパ　歴史・末裔・建築』めこん選書　１９９９
鄧搏鵬　『越南義烈史　抗仏独立運動の死の記録』後藤均平 訳　刀水書房　１９９３
黒岩義嗣　「荒木宗太郎鮑之浦邸趾發見」「長崎談叢第三十二輯」長崎史談会　昭和十七（１９４３）年

ズォン・ヴァン・アン（楊文安）編『烏州近録』１５５３年編纂
「Da Nang」ホイアン編　お天気 Blog
「macttrieu.Vn」（マク時代）・Oinh Nguqen phuoc Tuong
史料「莫朝」（Vuong Trieu Mac）　マク遺跡管理会社　Hai Phong
『大南寔録前篇』第一七七第十三葉表　巳酉二十八
澤田謙　『山田長政と南進先驅者』　潮文閣　１９４２

荒木家資料集（故 荒木宗男様より提供）

本書内にいろいろと調査をしましたが、どうしても出典を確認することができなかった引用があります。それらの出典がわかる方がいらっしゃいましたら、ぜひご連絡をいただけましたら幸いに存じます。

エピローグ

「茶屋新六郎交趾渡航図」に描かれた茶屋船がまず訪れたのは、広南の本拠地であるディェンバンのタインチェム鎮営ではなかろうか。

今ひとつ不明の根拠は、18世紀になるとトゥーボン川周辺も地盤が大きく変動し17世紀の日本町の痕跡さえもまったくかき消されてしまい、それに加え、川の流域が土砂の堆積により狭まれ、あるいは水深を浅くし、大型帆船の航行が不能となり、港の岸壁さえも流失してしまったからである。

ベトナムの日本町が存在したといわれるホイアンの港も例外ではなく、トゥーボン川に土砂が堆積し国際貿易港としての機能を失ってしまった。しかしこのクアンナム地方において、17世紀に日本とベトナムの深い絆がうまれたことを忘れてはならない。かつてベトナムと日本との間を結んだ遥かな航路は、当時の帆船では、命の危険と大きな海難を伴うものであったが、交易商人たちはそれらの苦難を乗り越えて交易の道を拓いたのである。しかも日本人は、正規の許可証を持った御朱印船が現れる何年も前から、ダーンチョーン地方にやって来て交易をしていた。また、現地の人々は、遠方からやって来る商人たちの労をねぎらい友好的にもてなしてくれていたのである。

これらの勇敢な小さな帆船は、住民の支援を受けながら、阮氏から貿易の許可を受けるためにトゥーボン川本流を遡り、支流のホイアン川沿岸の会安、広南を目指したことだろう。ここで強調したいことは、1600年頃の日本の交易船が交趾に渡航し、クアンナム広南港に到着したのは、現在の世界遺産のホイアンからトゥボーン川を約10km遡ったこの川の支流であったチョクイ川沿岸であったということである。現在でも、この上流一帯は、「チョクイ」と呼ばれている。

ここでは互市が開かれて、阮氏の出張所である港務所があり、大いに繁栄したという。また、当時のクアンナムの地方行政府である広南鎮営からも約2㎞とかなり近かったという。そして、私が御朱印船が当地に渡航してきたと考えたのは、「茶屋新六郎渡航図」を再三にわたって見てからのことである。

絵巻図の中に、「日本町、両輪三丁余」と記した町並みは、現地の町並みを描いたもので、さらに、「猟師浜、万市町」

とあり、対岸には、「寄舟唐人町」「寄舟こや色是にて商」とあり唐人の船宿らしき建物がみられる。南方の川岸には、「港務所」、その後方に四本柱草葺の粗末な式台と監視塔がある。

この図では、式台の左側には衣類、屏風、蒔絵、などが積まれている。また右隅には、船長の茶屋新六郎が港務所に出頭して挨拶をし、広南鎮守であろうと思われる長官に拝謁して日本からの土産を献じている場面がある。

ではなぜ、茶屋船がトゥーボン川を遡り、支流であるチョクイ川の港まできたのか？　従来から、ホイアンは、「ケーチェム（Ke Chiem）と呼ばれていたチャムの貿易港であった」といわれて来た。しかし、ベトナム語のケーチェムとは、「チャム人の土地」の意味であり、広範に読み解けば、現在のホイアン周辺地域を含む一帯ではないかと思われるが、もっと精緻に言えば、ケーチェムは広南鎮営の存在する近くの場所ではないだろうか？　そしてタインチェム村の石碑の文面から、近隣のチョクイ川では、互市が開かれて繁栄していたことがわかったことも理由のひとつである。しかも当時、日本から、ケーチェムに向かったと思われる交易船が存在する。

『大南寔録』前篇　光興七年（1585）、条「1585年以前にも白浜顕貴は、常時、ダンチョンを訪れて交易を行っていた」。

さらに、『南洋日本町の研究』（岩生成一著　岩波書店　1966）から記載する。

朱印船統計表

渡航地および年次　　印度支那諸地　　派遣数一　　慶長九（1604）年　　迦知安

この迦知安こそ、ケーチェム(Ke Chiem)であり、広南鎮営のあった場所ではないのか？　と考えるのである。そして、交趾を目指した日本の商船の数は、実際には幕府の発行した朱印状の発給数よりずっと多かったことを日本側も把握していた記録がある。すなわちこのことは、正規の御朱印船に代わって、日本の名だたる船主が代理人を乗せた交易船を交趾に密かに派遣していたことをベトナム側でもはっきり認識していた。その上で、現地長官が彼らを拝謁し、吟味した上、入港を許可し、積荷の検査や税の徴収を行っていたと考えられるのである。

１６１３年に広南阮主のグェン・ホァン（阮潢）が死去し、その第六子であるグェン・フク・グェン（阮福源）がその地位を嗣いだが、彼はチン（鄭氏）に対抗するために、中部にある都の鎮守である福安営（フェ省クアンディエン県）に赴いており、広南の屋敷兼鎮守には、母親のグェン・ティ・ザイと、新たに阮福源王から広南鎮守の長官に任命された長子のグェン・フック・キィが（阮福淇）住んでいたという。

したがって、「茶屋新六郎渡航図」の茶屋新六郎と考えられる人物が現地で拝謁している長官は、グェン・フック・キイ（阮福淇）であろうと思われる。彼は、弘定十五年（１６１４）に正式に鎮守官となり徳隆三年（１６３１）に亡くなっている。

この鎮営に近い場所には、幾つもの阮軍の水軍基地が置かれ、チョクイ川の川岸では互市が開かれ、タインチェム村は交易で大いに潤っていて渡来してきた日本人は、鎮営の周りに散在して商いをしていたようだ。

今では、チョクイ川は完全に埋まってしまったが、現在でもこの上流であるヴィン・ディン地区（66 Tran Nhan Tong- Vinh Dien）一帯には、トゥーボン川の支流であるタン・チェム川（Song Thanh Chiem）が流れていて、常時、小船が繋留されていて、昔日の交易の面影を色濃く残している。この地で１６００年頃、両国のこれからの交易開始を祝って、現地の住民と日本人は共同で鎮営の庭内にガオの木を植樹したと伝わっている。

この頃、荒木宗太郎は、当時、出来つつあるホイアンの町に商店を持ち、阮主のグェン・フック・グェンに寵愛され、王族の公女と結婚している。彼女を同伴した荒木宗太郎もこのタインチェム鎮営をたびたび訪れたことであろう。

史料によれば、ホイアンの町は１５５３年頃は、会安庫（土塀で囲まれた倉庫　会安舗　ホイアン川の河口近く）などと呼ばれて、大型船の積荷の荷卸しをしていた場所であった。本格的な町が形成されたのは、交易に日本人が頻繁に訪れるようになる17世紀後半に入ってからで、日本人町が生まれ中国の商人と共生して商いを繁栄させたようである。

その後、日本人は、ホイアンで現地の住民とも融和し、この地方の風俗習慣を良く理解して、次第にうまく適応し、御朱印船時代に日本とベトナムの二つの民族の文化の交流が始まったのである。

しかしながら、今回の取材でも、残念ながらホイアンの日本人町が初めて造られた場所の確認情報は、まったく得られなかった。しかしながら!、400年の時を経て、今なお東西文化が融合し、力強く発展しているホイアンは、夕暮れになるとランタンの灯りに彩られ、どこまでも続く淡い黄色の壁がくっきりと夜空に浮きあがり、その心癒されるノスタルジックな町並みは、世界のあらゆる国から来る観光客が旅の空の下で、昔の風景を懐かしむような空気が漂う町なのだ。(完)

２０１８年10月15日　沖田英明

ヴィン・ディン地区のタン・チェム川

●著者略歴

沖田 英明（おきた ひであき）

１９４２（昭和１７）年、東京生まれ

バックパッカー兼歴史ミステリー探検家

著　書

・『ビルマのサムライ』（文芸社 2008 年 文芸社ヴィジュアルアート大賞審査員特別賞受賞）
・『ミャンマーの侍 山田長政』（東洋出版 2010 年 日本図書館協会選定書）
・『アラカンの黄金王都ミャウーのキリシタン侍』（東洋出版 2013 年 日本図書館協会選定書）

現在も、アジアのどこかで、しつこく日本人町の痕跡を探索中！

荒木宗太郎と阮福源

発　行　2019 年 5 月 25 日　第一版発行
著　者　沖田英明
発行者　田中康俊
発行所　株式会社　湘南社　http://shonansya.com
神奈川県藤沢市片瀬海岸 3-24-10-108
TEL 0466 - 26 - 0068
発行所　株式会社　星雲社
東京都文京区水道 1-3-30
TEL 03 - 3868 - 3275
印刷所　モリモト印刷株式会社

©Hideaki Okita 2019,Printed in Japan

ISBN978-4-434-25934-0 C0022